NATAN SZNAIDER

DIE JÜDISCHE WUNDE

LEBEN ZWISCHEN ANPASSUNG UND AUTONOMIE

HANSER

1. Auflage 2024

ISBN 978-3-446-28131-8

Umschlaggestaltung: Anzinger & Rasp, München
Satz: Greiner & Reichel, Köln
Druck und Bindung: GGP Media GmbH, Pößneck
Printed in Germany

MIX
Papier | Fördert gute Waldnutzung
FSC® C014496
FSC www.fsc.org

Judesein gehört für mich zu den unbezweifelbaren
Gegebenheiten meines Lebens, und ich habe an solchen
Faktizitäten niemals etwas ändern wollen.
Eine solche Gesinnung grundsätzlicher Dankbarkeit
für das, was ist, wie es ist, gegeben und nicht gemacht,
physei und nicht nomoi, ist präpolitisch …

HANNAH ARENDT

INHALT

VORWORT

In diesem Essay erzähle ich Geschichten von Juden und Jüdinnen. Manche von ihnen sind wahr, andere könnten wahr sein. Geschichten haben Theorien voraus, dass sie Versionen der Welt ans Licht bringen, die sonst nicht zu sehen wären, dass sie also finstere Nächte erhellen können. Die hier erzählten Geschichten berühren zentrale Fragen des jüdischen Lebens wie Assimilation, Emanzipation, Autonomie, Anpassung, Verfolgung, Exil und Heimatlosigkeit. Manchmal regten aktuelle Ereignisse diese Geschichten an, etwa die Antisemitismus-Debatte im Sommer 2022 während der documenta 15, eine Debatte, die gerade für Juden und Jüdinnen in Deutschland ein einschneidendes Ereignis war. Schon seit einigen Jahren beobachte ich im progressiven Milieu innerhalb und außerhalb Deutschlands immer häufiger eine universalisierende Erinnerung an den Holocaust, die unter dem Deckmantel der Aufklärung die Ermordung der europäischen Jüdinnen und Juden in eine Reihe mit anderen Verbrechen massenhafter und organisierter Gewalt stellt. Im Falle der Shoah kann das zu einer Missachtung, ja sogar Auslöschung partikularer jüdischer Erinnerungen führen.

Deshalb will ich mit diesem Buch zu den Geschichten und Erinnerungen zurückkehren, die sich gegen das Vergessen stemmen. Es geht mir um das, was Juden und Jüdinnen zugestoßen ist. Natürlich verstehe ich die Versuchung, universell, europäisch, progressiv, inkludierend zu denken und zu fühlen. Sie ist auch mir nicht fremd. Sie ist aber auch eine Verlockung, die in ihrem eigenen Fortschrittsgedanken gefangen bleibt. Auch davon bin ich beeinflusst, sonst könnte ich gar nicht darüber schreiben. Aber ich weiß auch, dass Gewaltgeschichten Menschen voneinander trennen und nicht miteinander verbinden.

Dieser Essay schließt an mein vorheriges Buch an, steht aber für sich. In *Fluchtpunkte der Erinnerung: Über die Gegenwart von Holocaust und Kolonialismus* hatte ich 2022 aus einem wissenssoziologischen Blickwinkel die Perspektiven der Debatten zur Vergleichbarkeit von Holocaust und Kolonialismus untersucht. Ich hatte – aus Israel blickend – den Eindruck, dass diese Debatten in eine Sackgasse geraten waren, und ich hatte den Wunsch, einen Weg aus dieser Sackgasse heraus zu finden. Ich fragte mich, wie man Holocaust und Kolonialismus analysieren kann, ohne die verschiedenen partikularen Erfahrungen zu relativieren. Nach meinem Verständnis verlaufen die Linien der Erinnerung an Holocaust und Kolonialismus parallel, sind scheinbar nah, und doch treffen sie sich vielleicht in der Wahrnehmung der Leser und Leserinnen. Es handelt sich um parallele Beschreibungen aus bestimmten Perspektiven. Gemeinsame Beschreibungen von Holocaust und Kolonialismus sind daher möglich, können Zusammenhänge im Bewusstsein herstellen, die tatsächlich existieren – oder auch nicht. Der »Fluchtpunkt der Erinnerung« ist für mich der Punkt, an dem sich Wirklichkeit und Vorstellung treffen. Zwei Jahre danach scheint es, dass diese zwei moralischen Narrative oft unübersetzbar sind. Ich versuche auch zu verstehen, warum diese Unübersetzbarkeit sich festsetzt.

Es geht also auch um Gespräche und nicht geführte Gespräche zwischen Juden und Nichtjuden. Und es geht um den Staat Israel als Umsetzung jüdischer politischer Souveränität. In der Spannung zwischen dem Zionismus als säkularer Nationalbewegung, die Selbstbestimmung für das jüdische Volk erstrebt, und dem Judentum als religiöser Tradition und Volksreligion leben nicht nur Juden und Jüdinnen in Israel, sondern auch außerhalb Israels. Mir geht es gar nicht um die großen Erzählungen, nicht um die Klärung von historischen oder theoretischen Begrifflichkeiten wie Totalitarismus, Faschismus, Kolonialismus, sondern um das konkrete jüdische und nichtjüdische »Ich war dabei«.

Ich schreibe von Israel aus nach Deutschland. Das Buch ist aus diesen Bruchlinien hervorgegangen. Es sind auch die Bruchlinien eines Bürgers eines Staates, der die Moderne aus einer anderen Perspektive als seine Leser und Leserinnen außerhalb Israels verhandeln muss. Ich begann dieses Buch, als dieser Staat in den ersten Monaten von 2023 von einer Protestwelle erfasst wurde, bei der es um den modernen, westlichen Charakter des Staates ging. Den letzten Teil des Buches schrieb ich, während die Terrororganisation Hamas am 7. Oktober 2023 in Israel eindrang, ein Massaker anrichtete, Menschen aufs Brutalste ermordete, Geiseln in den Gazastreifen verschleppte und Israel als Antwort darauf den Gaza-Krieg begann. Ich spreche bewusst von »während«, weil wir nach dem 7. Oktober immer wieder am Morgen des 7. Oktober 2023 aufwachen. Diese Ereignisse sind miteinander verknüpft, sie zeigen die Bruchlinien zwischen Israel und Europa, aber auch die Bruchlinien zwischen dem Jüdischen und Nichtjüdischen. Der Blick des Buches ist ein jüdischer Blick aus Israel. Israel hat sich nie als universales Projekt verstanden. Israel ist die partikulare jüdische Lösung für ein partikulares jüdisches Problem. Diese der Moderne inhärente Mehrdeutigkeit macht sich an der Gegenwart der Juden fest. Ihre Sichtbarkeit in der Welt durchdringt diese Mehrdeutigkeit, ihre Unsichtbarkeit versucht sie zu verdecken.

In diesem Buch geht es auch um visuelle Darstellungen des Jüdischen und die Spannung zwischen dem Sichtbaren und Unsichtbaren. Das ist mit ein Grund dafür, dass ich dieses Buch wie ein Triptychon gliedere. Es setzt sich aus drei Tafeln zusammen. Auf jeder dieser Tafeln erzählen Menschen Geschichte und Geschichten. Es geht dabei um die Zerbrechlichkeit der Figuren. Diese Geschichten zeigen auch die Grenzen der Universalisierung auf. Nicht allein um den Gegensatz von Universalismus und Partikularismus geht es, sondern eher um den Gegensatz von Ein- und Mehrdeutigkeit. Das Triptychon symbolisiert auch drei Linien und drei Punkte, die nicht auf einer Geraden liegen. Es ist dieses Dreieck, welches die deutsche (und auch europäische), jüdische und israelische Geschichte in ein Verhältnis setzt, das Dreieck zwischen universaler Menschlichkeit, israelischem Bürger und Juden in einer Minderheitengesellschaft. Die erste Tafel erzählt die Geschichte des jüdischen Traumes von Gleichheit und Anpassung, die zweite Tafel handelt von der Ernüchterung, und die dritte setzt sich mit dem Übergang vom Traum zum Albtraum auseinander.

Mein Dank geht an zwei Institutionen, die für mich wertvolle Orte des Austauschs waren und mir erlaubten, von der »anderen« Seite her nachzudenken und die jeweiligen Bibliotheken in München und Wien zu nutzen. Im Sommer 2022 durfte ich am CAS (*Center for Advanced Studies*) in München sein, im Frühjahr 2023 am IFK (*Internationales Forschungszentrum Kulturwissenschaften*) in Wien. Ohne die Großzügigkeit dieser Institutionen gäbe es dieses Buch nicht. Großer Dank auch an Albert Gröber für seine ständige Hilfe.

Natan Sznaider.
Tel Aviv, Februar 2024

I

NENNEN WIR IHN NATHAN

Titelbild »Jüdisches Leben in Deutschland. Die unbekannte Welt nebenan«, *SPIEGEL GESCHICHTE* 4/2019

UNBEKANNTE WELTEN

Die unbekannte Welt nebenan. So titelt der *SPIEGEL* im April 2019 sein Sonderheft *GESCHICHTE* über jüdisches Leben in Deutschland. Zwei Herren im besten Alter, in ein Gespräch vertieft, schauen sich an und reden, die Welt um sie herum scheint sie nicht zu interessieren. Eine gewöhnliche Alltagsszene? Ganz im Gegenteil. Die beiden sind nicht Teil der Welt. Sie scheinen die Wirklichkeit zu ignorieren und sind ganz auf sich selbst bezogen. Sie tragen abgewetzte Kleidung und Schuhe, Äußerlichkeiten interessieren sie offenbar nicht. Im Hintergrund ist der Hauseingang einer vermutlich Berliner Straße zu erkennen, darübergeblendet ein großer Davidstern. Das Foto macht sie sichtbar: Die beiden sind unverkennbar Juden, »Ostjuden«, Juden also, die aus Osteuropa nach Deutschland eingewandert sind, um dort zu bleiben, was dann auch ein Problem für andere, weniger sichtbare Juden wird. Denn diese Juden waren in der Tat erkennbar anders. Mit dem Begriff »Ostjude« im Gegensatz zu den unsichtbaren »Westjuden«, die geglaubt hatten, in eine neue Welt aufgebrochen zu sein, verbindet sich Sichtbarkeit, Tradition, Rückschritt, Partikularismus. Das mag auch der Blick des Fotografen gewesen sein.

Namen haben sie keine, sie sind – wie der Titel bekundet – unbekannt. Ich will einen der beiden Nathan nennen, denn dieser Name ist in Deutschland eine vertraute Ikone, obwohl nicht weit verbreitet. Ein Name, der nicht unbedingt mit osteuropäischen Juden assoziiert wird, ganz im Gegenteil: Nathan ist mehr als ein Vorname. Er ist gerade in Deutschland eine Ikone, bekannt als Nathan der Weise, eine fiktive Figur, geschaffen 1779 von Gotthold Ephraim Lessing[1], eine Figur, die für vieles steht und stehen muss, nämlich für Aufklärung und Toleranz, für Kunst und Theater. Lessings Nathan der Weise ist nach wie vor eine der wichtigsten Projektionsflächen jüdischen Lebens in Deutschland und hat sogar die Jahre 1933 bis 1945 überlebt. Nathan der Weise lebt Ende des 12. Jahrhunderts während der Zeit der Kreuzzüge in Jerusalem. Deutsche Schüler und Schülerinnen glauben ihn aus dem Unterricht zu kennen, die Theater arbeiten sich immer noch an ihm ab. Er steht für das Gute im

Menschen, nicht weniger eine jüdische Ikone als Anne Frank.[2] Er steht für gegenseitige Anerkennung, Toleranz, Aufklärung, für die Idee, dass Juden und Jüdinnen Menschen wie andere Menschen sind.

Lessings Nathan lebt aber nicht nur im 12. Jahrhundert in Jerusalem, sondern auch Ende des 18. Jahrhunderts in Berlin. Dort heißt er Moses Mendelssohn, gilt als der vielleicht wichtigste Protagonist der jüdischen Aufklärung und des Versuchs, das moderne Judentum universal zu verstehen und aus den rückständigen Zwängen des Partikularismus zu befreien. »Wir träumten von nichts als Aufklärung«, so der Titel der Ausstellung über Moses Mendelssohn in Berlin im Jahr 2022. Für Mendelssohn war die Aufklärung ein universeller und deutscher Traum. Universal hieß für ihn in erster Linie deutsch, deshalb übersetzte er die Hebräische Bibel ins Deutsche.[3] Sie wird, mit hebräischen Buchstaben gedruckt, in den 80er Jahren des 18. Jahrhunderts veröffentlicht. Nichts ist Mendelssohn wichtiger, als dass Juden Deutsch lesen und sprechen können. Für ihn ist Deutsch die Sprache der Aufklärung. Unser Nathan auf dem *Spiegel*-Titel kann kein richtiges Deutsch. Er spricht Jiddisch, die Sprache der Ostjuden.

Wie Nathan ist auch Mendelssohn eine jüdische Traumfigur, weise, tolerant, fromm. Er ist keiner dieser Ostjuden, wie ihn der *Spiegel* auf dem Titel platzierte, dessen Äußeres, rückständig und aus der Zeit gefallen, schon Ende der 1920er Jahre, als das Foto aufgenommen wurde, Unbehagen auslöste. Viele dieser Ostjuden sprechen kein richtiges Deutsch, sondern »mauscheln« ein für viele eher unverständliches Jiddisch, eine Sprache, die nicht nur von Antisemiten jüdischen Hausierern angedichtet wird. Das sind nicht die Juden, die Bürgerrechte und Emanzipation für sich reklamieren können. Mendelssohn jedoch steht genau für diese Bürgerrechte, die Juden und Jüdinnen in »Mitbürger« verwandeln, er steht für Emanzipation, für die Befreiung der Juden aus ihrem selbst auferlegten Joch. Ein jüdischer Sokrates, wie ihn Lessing liebevoll nennt.

Unser Nathan ist wahrhaftig kein Sokrates, und die deutsche Bibelübersetzung des Moses Mendelssohn wird er gewiss auch nicht lesen. Auch die Namen Lessing und Kant kennt er vermutlich nicht, dafür Namen, die in der deutschen Philosophie und auf deutschen Bühnen eher unbekannt sind. Sie gehören nicht zu den Juden, die Teil werden von der ihnen unbekannten christlichen Welt nebenan. Und sie wollen das auch nicht. Damals wie heute müssen sie sich von Nichtjuden und Juden anhören, dass sie in Sprache, Kleidung sowie Riten und Gebräuchen partikular bleiben wollen, dass sie rückständig sind, anders als Moses Mendelssohn oder Nathan der Weise, dass sie weiter in einem Stammesdenken gefangen sind, aus dem man sich eigentlich befreien sollte. Und nach Maßstäben der aufgeklärten Moderne sind sie tatsächlich rückständig. In den Augen derer, die sie als Fremde sehen, sind sie keine Europäer, sondern orientalische Fremdlinge, Semiten, die man nicht nur ablehnen kann, sondern zurückweisen muss. Ihre Sichtbarkeit macht sie verletzlich. Ihre offen praktizierte Religiosität, ihre traditionelle Kleidung, ihre Wohnverhältnisse verweisen auf weitere Unterscheidungen des Fort- und Rückschrittlichen.

Die Sichtbarkeit dieser Merkmale löst bei anderen, unsichtbaren Juden, den Nachfolgern des weisen Moses Mendelssohn, der selbst noch ein sichtbarer Jude war, Panik aus. Sie glauben, im öffentlichen Raum ihren Partikularismus beherrschen und kontrollieren zu können. Diese Juden und Jüdinnen sind stolz auf ihre Assimilation, sie fühlen sich angekommen, sprechen ein klares Deutsch, führen Geschäfte, gehen auf Universitäten, schreiben Bücher und Zeitungsartikel, haben Liebschaften mit nichtjüdischen Menschen, feiern Weihnachten und fallen für das deutsche Vaterland. Manche konvertieren zum Christentum, um auch religiös universell zu sein. Sie glauben fest an ihre Unsichtbarkeit als Juden und Jüdinnen. Sie können sich auf der Straße bewegen, ohne als Juden oder Jüdinnen erkannt zu werden. Manchmal funktioniert ihr Name wie eine Klingel, aber auch den kann man gegebenenfalls ändern. Sie wollen mit Nathan und seinem Freund möglichst wenig zu tun haben, denn sie verstehen sich als fortschrittlich und aufgeklärt. Diese Unsichtbarkeit aber erweist sich als Illusion, die auf dem Irrglauben beruht, unsichtbare Juden seien sicher vor den Angriffen der Nichtjuden. Sie glauben, dass man, geschützt von einer Tarnkappe, weniger angreifbar sei. Sie sind bürgerlich und redlich, Mitbürger im besten Sinne. Nathan der Weise trägt diese Tarnkappe der Aufklärung und der Toleranz, unter der er sich auf ein Gespräch mit dem Sultan einlassen kann. Er spricht die Sprache Lessings und wird in diesem makellosen Deutsch zu einer Figur des jüdischen Deutschen, der nicht von anderen Deutschen unterschieden werden kann. Er wird auch gerne in modernen Designeranzügen auf die Bühne gestellt, um die Zeitlosigkeit der Figur zu unterstreichen.[4] Nathan und der Sultan sprechen zunächst über Geld und Kredite, die der Sultan braucht, aber schon bald geht es um die Wahrheit:

> »Mir denn? – Was will der Sultan? was? – Ich bin Auf Geld gefaßt; und er will – Wahrheit. Wahrheit!«[5]

Juden sind fürs Geld zuständig, das gilt auch bei Lessing als normal. Dass Juden aber auch Wahrheit verhandeln, mag Ende des 18. Jahrhunderts neu sein. Nathan soll Saladin erklären, welcher Glaube nun der wahre sei. Darauf ist Nathan nicht vorbereitet. Er will dem Sultan Geld bringen und muss ihm nun vorsichtig die Wahrheit erklären:

»So ganz Stockjude seyn zu wollen, geht schon nicht. –
Und ganz und gar nicht Jude, geht noch minder.
Denn, wenn kein Jude, dürft er mich nur fragen,
Warum kein Muselmann? – Das wars! Das kann
Mich retten! – Nicht die Kinder blos, speist man
Mit Mährchen ab. – Er kömmt. Er komme nur!«[6]

Nathan erzählt dem Sultan ein Märchen, in dem alle Religionen gleich richtig oder gleich falsch sind. In einer aufgeklärten Gesellschaft kann der Jude nicht wie der Stockjude bei sich selbst bleiben, sonst wäre er weiter in seiner mittelalterlichen Partikularität und im Ghetto gefangen. So ganz Stockjude geht also nicht mehr. Für Nathan, Mendelssohn und Lessing handelt diese Erzählung vom Zusammenbruch des Ghettos. Nathan muss sich wie jeder andere Jude fragen, ob er in erster Linie Mensch, Deutscher oder Jude ist. Juden und Jüdinnen verlieren ihre traditionelle Sichtbarkeit. Die Autonomie, durch die sich eine kollektive Gruppe auszeichnet, konnte auch Juden oft Schutz gewähren. Die Emanzipation, die von einem zentralen Staat ausgeht, verlangt von ihnen Assimilation, was sie als Individuen am Ende schutzlos lässt und sie verwundbarer macht, weil sie sich mit den Augen der Nichtjuden als universale Menschen betrachten.[7] Und ist nicht Nathan auch der noble und edelmütige Jude, weil er die Ermordung seiner eigenen Familie mit fast schon stoischer Gelassenheit hinnimmt?

Aufklärung heißt daher nicht mehr jüdische Selbstbestimmung, sondern von der nichtjüdischen Umwelt toleriert oder geduldet zu werden. Und darum geht es auch in *Nathan der Weise*. Der jüdische Partikularismus soll im Namen der Menschheit aufgegeben werden. Um als universale Menschen anerkannt zu werden, werden sichtbare Juden gezwungen, im Sinne eines westlichen Begriffs von Fortschritt ihre Sichtbarkeit zu verbergen, aufzugeben, zu verleugnen. Juden wie auf dem Titelbild des *Spiegels* waren schon damals vielen Juden peinlich. »Galizische Zustände« nannten das die etablierten Berliner Juden während der Weimarer Republik.[8] Israelische Zustände nennt man das heute, wenn man die jüdische Sichtbarkeit des souveränen Staates Israel kritisiert.

Das Bild der beiden jüdischen Männer wurde im Jahr 1928 im Berliner Scheunenviertel aufgenommen, wo viele Ostjuden lebten. Damals waren Juden deutsche Staatsbürger, die jüdischen Lebenswelten jedoch Judenhass und antisemitischer Hetze ausgesetzt. 91 Jahre später löst das Titelbild wieder Unbehagen aus. Gerade jüdische Menschen sehen darin Klischees, die das Bild bedient, das außerdem keine Vorstellung zeitgemäßen jüdischen Lebens vermittle. Aber Nathan und sein Freund sind nicht einfach nur Klischees, sondern sichtbare Juden, klar erkennbare orthodoxe Juden, mit denen viele moderne Juden in Israel, dem modernen Nationalstaat der Juden, aber auch außerhalb Israels nicht mehr identifiziert werden wollen. Mehr noch, diese mediale Repräsentation gilt sogar als antisemitisch, vor allen Dingen bei säkularen Juden. Die säkularen Betrachter und Betrachterinnen kennen diese Welt ihrer vermeintlichen Vorfahren, und doch ist sie ihnen fremd. Einerseits sind es synchrone Welten. Die orthodoxen Juden sind Teil der jüdischen Gesellschaften innerhalb und außerhalb Israels. Andererseits sind es auch diachrone Welten, wie das Bild selbst, das Ende der 1920er Jahre aufgenommen wurde. Das Leben der orthodoxen Juden findet in einer zeit- und raumlosen Parallelgesellschaft statt und erinnert viele »Säkulare« an ihre eigene Vergangenheit, an die Welt des Thorastudiums, der Familie, der Gottesfurcht und des Gottvertrauens. Wie in den jüdischen Gemeinden Osteuropas und anderen Teilen der Welt bis ins frühe 20. Jahrhundert oder sogar bis zu ihrer Vernichtung durch die Nazis leben diese orthodoxen Juden in einer Welt ohne politische Souveränität, in Gemeinden und Gemeinschaften getrennt von der nichtjüdischen Welt. Die Gründung des Staates Israel als jüdischer Staat oder Judenstaat verändert das Verhältnis von Moderne und Judentum von Grund auf. Es bringt die Ausübung politischer Souveränität in die jüdischen Lebenswelten. Nathan und sein Freund, aber auch alle, die sich in der Tradition des weisen Nathan sehen, sind gezwungen umzudenken, das schwierige Verhältnis von Universalismus und Partikularismus zu übertragen auf das Verhältnis zwischen Staaten. Die Idee eines »jüdischen Staates« – eines Staates, in dem Juden und die jüdische Religion und Nation als partikulare Markierung verstanden werden, von denen nichtjüdische Bürger oft ausgeschlossen sind – trifft frontal auf ein universales aufklärerisches Gleichheitsdenken.

ISRAEL: DAS VERHÄLTNIS VON MODERNE UND JUDENTUM

Das ist der Grund, warum in Israel das Verhältnis von Moderne und Judentum zu Beginn des 21. Jahrhunderts in Frage gestellt und neu verhandelt wird. Und diese Verhandlungen müssen aber gleichzeitig außerhalb Israels geführt werden, von Juden wie von Nichtjuden. Es geht dabei auch um die Weltsicht orthodoxer Juden, die die Geschlechter in eine Frauen- und eine Männerwelt trennen, besonders in der Synagoge, aber auch im öffentlichen Raum. Sie kennen klare Grenzen zwischen dem Heiligen und dem Profanen, dem himmlischen und dem irdischen Jerusalem. Es ist eine Welt, die an den Messias glaubt, der die Juden und damit die Menschheit überhaupt erlösen wird. Es ist aber auch eine Welt, die fast vollständig vernichtet wurde. Sie will den Zionismus überwinden, aber das gelingt ihr nicht. Auch säkulare Juden wissen nicht viel über orthodoxe oder ultraorthodoxe Juden, sie sind ihnen eher unheimlich, sie kennen sie vielleicht von gewaltsamen Demonstrationen in Jerusalem gegen die Verletzung der Sabbatruhe, von schwierigen Koalitionsverhandlungen mit ihren Parteien in Israel, von übertriebenen Forderungen ihrer politischen Repräsentanten, die aus ihrem Partikularismus keinen Hehl machen. In den letzten Jahren werden diese Gemeinschaften durch Streaming-Dienste wie Netflix in die Wohnzimmer getragen, um sie nicht nur sichtbarer, sondern auch bekannter zu machen. Dort wird zum Beispiel seit 2013 in der Fernsehserie *Shtisel* die Geschichte einer orthodoxen Familie in Jerusalem als Familiendrama aufbereitet. Es geht um bekannte Themen wie Liebe und Trauer und um all die großen und kleinen Familiendramen, die auch in den bekannten Welten nebenan über die Bühne gehen.

Aus einer anderen Perspektive erzählt die Serie *Unorthodox* über die unbekannte Welt. Sie basiert auf den Büchern der Schriftstellerin Deborah Feldman, die sich aus dem orthodoxen Milieu herausschreiben will.[9] In ihrem Buch und in der Serie geht es auch um Emanzipation und um Berlin. Es ist die Emanzipationsgeschichte einer jungen Frau aus einer ultraorthodoxen Familie in Brooklyn, Menschen, ähnlich wie Nathan und dessen Freund auf dem *Spiegel*-Cover. Diese moderne Netflix-Version handelt das Verhältnis von Nathan und seiner Umwelt neu aus als eine moderne Emanzipationsgeschichte nicht nur der Juden, sondern auch der Frauen. Die Heldin heißt Esty, sie flieht nach Berlin, um einer arrangierten Ehe zu entkommen. Dort trifft sie eine kosmopolitische Gruppe junger Musiker und Musikerinnen, freundet sich mit ihnen an und befreit am Ende sich – sexuell und künstlerisch. Die Schlüsselszene ist eine »Wiedertaufe« im Wannsee, wo sie ihre Perücke – ein Attribut der verheirateten jüdisch-orthodoxen Frauen – ins Wasser wirft und mit gekreuzten Armen im See schwimmt. Das ist die neue Ringparabel, nicht nur Kinder speist man mit Märchen ab, auch die Abonnentinnen und Abonnenten von Netflix. Durch die Befreiung von der Perücke, dem sichtbaren Zeichen jüdischer Partikularität, verwandelt sich Esty die Serienheldin in Esty die Weise, unsichtbar, äußerlich nicht mehr als Jüdin erkennbar. Nun steht ihr der Weg in die Berliner Nachtklubszene offen. Sie hat erfüllenden Sex mit einem jungen Musiker, versöhnt sich mit ihrer ehemals orthodoxen Mutter, die mit einer deutschen Frau in Paarbeziehung lebt, und erfindet sich neu als Sängerin im kosmopolitischen Berlin, das am Ende die junge Jüdin aus den partikularen Fesseln der Ultraorthodoxen befreit. Alle möglichen Klischees werden hier bedient. *Nathan der Weise* in der serientauglichen Version von Netflix zelebriert die Versöhnung zwischen einer Jüdin und den Deutschen. Die Juden und Jüdinnen, wie ihr vorgesehener Ehemann aus New York und seine orthodoxen Freunde, die von Anfang an als Unterdrücker weiblicher Sexualität und freier Lebensformen falschliegen, werden von der Metropole Berlin und ihren sich als universalistisch gerierenden Bürgern in die Schranken gewiesen und am Ende von der Heldin buchstäblich nach Hause geschickt. Auch hier steht Berlin für den allmächtigen und entgrenzten deutschen Universalismus, der sich als progressiv, aufgeklärt und deutschsprachig versteht.

Nathan und sein Freund auf dem Titelbild wurden zur Zeit der Aufnahme noch nicht nach Hause geschickt. Das wird erst fünf Jahre später geschehen. In ihrem Selbstbild symbolisieren die beiden Herren auf dem Titelbild die historische Kontinuität der Juden durch die Geschichte, ohne die es die säkularen Juden nicht geben kann. Da ist viel mehr zu sehen als nur Klischees. Die Herren, die uns von diesem Titelbild anschauen, wirken wie ein Spiegelbild, das zurückblickt, sie erinnern an das ikonische *Bildnis des Dorian Gray*[10], denn säkulare Juden können sich nicht von ihrem eigenen historischen Wir befreien, das mit ihnen weiterexistiert und angesichts der weiter fortschreitenden Modernisierung möglicherweise immer älter aussieht. Wie Nathan und sein Freund kleiden sich orthodoxe Männer auch heute schwarz und gehen oft auch im heißen Sommer Israels im Mantel auf die Straße, dazu große schwarze Hüte, ein Bart und Schläfenlocken. Die Frauen tragen lange Röcke oder Kleider, verheiratete Frauen bedecken ihr Haar mit Perücken. Aber diese historische Kontinuität ist eine Scheinkontinuität. In Israel gelten seit der Staatsgründung Regelungen, die es orthodoxen Juden möglich machen, weiterhin als autonome Gemeinschaft innerhalb des Staates Israel zu leben, wie zum Beispiel mit eigenen Schulen, ähnlich einer anerkannten Minderheit. Ein autonomes Schulsystem ist eine Sache, aber der ständig tobende Kampf um die Befreiung von der Wehrpflicht eine andere. Denn die orthodoxen Juden kämpfen auch darum, dass der jüdische Staat nicht nur ein ethnischer Nationalstaat, sondern zugleich ein religiöser Staat wird. Orthodoxe Juden – wie auf unserem Foto – haben sich gegen die Emanzipation der Juden in Europa gewehrt, gegen die sie sich im 19. Jahrhundert absetzten. Die Bezeichnung »orthodox« stammt aus der Zeit, in der Juden sich der Aufklärung verweigerten. Sie wurde von den jüdischen Gegnern der Orthodoxie eingeführt und bedeutete so viel wie Intoleranz und Partikularismus.[11] Diese Bezeichnungen sind im israelischen Kulturkampf bis heute gang und gäbe.

Viele orthodoxe Juden verstehen sich als die wahren Juden und beobachten die Modernisierungsprozesse des Judentums mit Misstrauen und Abneigung. Ihre Rabbiner wehren sich gegen die Vergöttlichung des Menschen, die sie in den Ideologien des 19. Jahrhunderts zu erkennen glauben. Sie wehren sich auch gegen das, was sie als Vergöttlichung des Staates und der Nation empfinden, und stellten sich deshalb von Anfang an gegen die zionistische Bewegung. Sie leben oft mit dem Paradox, dass sie selbst ein Produkt der Moderne sind, gegen die sie sich wehren und von der sie abhängig sind. Das ist nur einer der kulturellen und politischen Kämpfe im jüdischen Nationalstaat Israel, der dort in der Gegenwart tobt, der aber auch außerhalb Israels von modernen Juden und Jüdinnen mit Misstrauen verfolgt wird. Die Widersprüche innerhalb und außerhalb Israels liegen offen. Die zionistische Revolution ist und war nie eine Französische Revolution, die universale Werte wie Gleichheit, Freiheit und Brüderlichkeit verspricht. Es ging nicht nur um einen radikalen Neubeginn für die jüdischen Lebenswelten, sondern auch um deren Fortsetzung unter dem Vorzeichen der politischen Souveränität. Es geht daher auch um jüdischen Partikularismus, einen Partikularismus, den das Titelbild des *Spiegels* offen zur Schau stellt. Die anfängliche Ablehnung des Zionismus spielt für die meisten orthodoxen Juden in Israel keine Rolle mehr. Israel existiert, und die Orthodoxen haben sich nicht nur damit abgefunden, sondern wollen das Land in ihrem Sinne umformen. Dies mag auch der Hintergrund für die Verschärfung der Auseinandersetzungen sein, die der moderne Staat

Israel in den ersten neun Monaten des Jahres 2023 erlebte. Die Orthodoxen sind nicht einfach in der Vergangenheit gefangen, sie stellen ihre eigenen Forderungen an die Moderne. Die politischen und kulturellen Kämpfe innerhalb Israels erwecken oft den Eindruck, als ob es um klassisch binäre Probleme ginge: Die einen sagen, Israel sei ein westlich-liberaldemokratischer Staat wie eben andere Staaten auch, die anderen behaupten, Israel entfremde sich von den jüdischen Traditionen. Diese Spannung zwischen jüdisch und demokratisch wirkt aus der jüdischen Diaspora zurück nach Israel. Jüdisch und demokratisch heißt sichtbar und unsichtbar, aufgeklärt und orthodox zugleich.

Die israelische Souveränität verändert den jüdischen Blick. Juden sind nicht mehr Fremde und Marginalisierte, sondern verfügen als souveräne Subjekte über Macht. Der Zionismus ist eine Befreiungsbewegung für jene, die nicht dazugehörten, die unterdrückt und diskriminiert waren, wie Nathan und sein Freund auf dem Titelbild – auch wenn wir vermuten können, dass sie vor 1933 die zionistische Bewegung eher ablehnten. Nach dem Vernichtungskrieg gegen die europäischen Juden wuchs die Dringlichkeit, einen eigenen Staat zu gründen, der 1948 Wirklichkeit wurde und aus europäischer Sicht den Jüdinnen und Juden endlich Freiheit und Gerechtigkeit versprach. Aus israelischer Sicht war die Staatsgründung die zwingende Antwort auf die versuchte Vernichtung. Der politische Kampf um Israels Selbstverständnis ist freilich ein Kampf, der schon mit dem Beginn der jüdischen Moderne am Ende des 18. Jahrhunderts einsetzte, dem Kampf um die europäische Judenemanzipation und die damit zusammenhängende jüdische Frage. Der Konflikt zwischen Unsichtbarkeit und Sichtbarkeit löst sich aus dem europäischen Kontext und wird nun in Israel selbst verhandelt: der säkulare »Staat Israel« mit seinen Institutionen und Staatsbürgern, die ihrem Leben nachgehen wie andere Menschen in Europa oder Amerika auch, zur gleichen Zeit und am gleichen Ort dessen heilig aufgeladene Variante, in der ganz andere Gesetze gelten und sogar andere Zeitstrukturen. In der Staatlichkeit Israels manifestiert sich nicht nur die Spannung zwischen Sichtbarkeit und Unsichtbarkeit, Heiligkeit und Souveränität der jüdischen Existenz. Die Souveränität macht das Jüdische wieder sichtbar, obwohl der politische Zionismus vom aufklärerisch inspirierten Impuls der Unsichtbarkeit ausging, die Juden wie alle anderen Völker werden zu lassen.

Wäre es wahr, dass Juden genauso Menschen sind wie alle anderen, dann wären die Juden keine Juden mehr. Unsere beiden Männer auf dem Bild wissen das sehr wohl. Es gibt in der Tat viele Juden und Jüdinnen nicht nur in Israel, die in der Symbolik der beiden Männer das Exil, das Ghetto erkennen. Rabbinisches Denken steht für jene Zeit der scheinbaren Macht- und Wehrlosigkeit, der Zeit ohne Politik und Souveränität, weder relevant für den souveränen Staat Israel noch für moderne assimilierte Juden. Für unseren Nathan und seinen Freund geht es in der Tat nicht um Toleranz. Das ist das Problem und das Dilemma der assimilierten Juden in Deutschland vor der Zeit des Nationalsozialismus. Sie ziehen sich an wie die Deutschen, sprechen wie die Deutschen, feiern Weihnachten wie die Christen, aber sie bleiben trotzdem nur geduldete Juden. Auch der Zionismus ist in diesem Widerspruch gefangen. Er ist anfangs eine Bewegung von assimilierten Juden, die auf der Suche nach Heimat und Mutterland waren. Das können sie aber nicht in Europa finden. So hat man sich sein eigenes Mutterland gesucht, das die Vergangenheit und Gegenwart der biblischen Überlieferung lokalisiert, die nicht auf einem temporalen, sondern örtlichen Prinzip der Ordnung beruht. Der Zionismus ist eine antimessianische Bewegung, er greift aktiv in die Geschichte ein und will nicht auf die Erlösung oder die Ankunft des Messias warten. Andererseits kann er sich nur auf die eigenen messianischen jüdischen Wurzeln berufen.[12]

So wirken religiöse und messianische Lehren im Hintergrund immer weiter, auch wenn die Staatsgründer sich als säkulare Sozialisten verstehen, die freilich tief in der jüdischen Tradition verankert sind. All diese Widersprüche kann der Staat Israel in seiner 75-jährigen Geschichte mehr schlecht als recht ausbalancieren. Die Staatlichkeit Israels ist in der Tat eine statische Kraft, ein Gegengewicht zu den messianischen Kräften, die das Land im Frühjahr 2023 nach den Wahlen vom 1. November 2022 erfassen. Der Wahlausgang steht für eine politische Wende, die die bürgerlichen und nichtreligiösen Parteien in der Opposition von den politischen Entscheidungen ausschließt. Es hätte anders kommen können, aber nun haben die sichtbaren Juden im israelischen Parlament eine Mehrheit und wollen die Sichtbarkeit auch durch drakonische Gesetzgebung festlegen. Der Staat soll sichtbar jüdischer werden. Das ist nicht Politik, sondern Theologie, die die Souveränität Gottes auf den Staat übertragen will. Gegen diese Aushöhlung der Gewaltenteilung kämpft Woche für Woche die israelische Zivilgesellschaft. Sie beruft sich dabei auf einen Abschnitt der israelischen Unabhängigkeitserklärung von 1948:

> »Der Staat Israel wird der jüdischen Einwanderung und der Sammlung der Juden im Exil offenstehen. Er wird sich der Entwicklung des Landes zum Wohle aller seiner Bewohner widmen. Er wird auf Freiheit, Gerechtigkeit und Frieden im Sinne der Visionen der Propheten Israels gestützt sein.

> Er wird all seinen Bürgern ohne Unterschied von Religion, Rasse und Geschlecht soziale und politische Gleichberechtigung verbürgen. Er wird Glaubens- und Gewissensfreiheit, Freiheit der Sprache, Erziehung und Kultur gewährleisten, die Heiligen Stätten unter seinen Schutz nehmen und den Grundsätzen der Charta der Vereinten Nationen treu bleiben.«[13]

Im gesamten Text der Unabhängigkeitserklärung ist immer wieder die Spannung zwischen jüdischer Tradition und bürgerlichem Aufbruch zu spüren. Dementsprechend muss sie auch diese Spannung zwischen Partikularismus und Universalismus austarieren. Sie ist ein widersprüchliches Dokument, muss es auch sein, denn der Staat Israel ist eine partikulare Lösung eines partikularen Problems, gleichzeitig aber eben auch ein Staat. Die partikulare jüdische Erfahrung, nirgends auf der Welt willkommen zu sein, machte den Staat Israel nötig. Ein sicherer Ort sollte geschaffen werden, der auch dann vor der Rolle des Opfers schützt, wenn alle anderen Orte unerreichbar werden. Also nicht nur ein Staat, sondern viel mehr noch ein theologisch überhöhter Fluchtort. Auf der anderen Seite versteht sich dieser Staat Israel auch als Demokratie, eine politische Staatsform, die im Zuge der Emanzipation und Aufklärung ihre moderne Form erlangte. Die Menschen in Israel wollen jüdisch und gleichzeitig demokratisch sein, sichtbar und unsichtbar, partikular und universell, wie es auch in einem israelischen Grundrecht von 1992 verankert ist.[14]

Wie das Partikulare und Universale gemeinsam gelebt werden können, obwohl sich das eigentlich nicht denken lässt, zählt seit jeher zu den Dilemmata der jüdischen Welt, zu denen nicht zuletzt der Staat Israel gehört. Auch historisch verbindet die Balance zwischen Autorität und Machtlosigkeit die jüdische Geschichte mit dem Staat Israel. Die Selbstbegrenzung der staatlichen Souveränität, wie sie in der Unabhängigkeitserklärung Israels im Sinne der Propheten Israels gefordert wird und wie sie sich in der Gewaltenteilung demokratischer Staaten niederschlägt, führt seit der Staatsgründung vor 75 Jahren zu immer neuen Konflikten. Die Unabhängigkeitserklärung beruft sich nicht zufällig auf die Propheten Israels und deren universelle Botschaften, auf eine Transzendenz also, die nicht allein den Menschen vertraut, sondern Sicherheit und Vertrauen in Gott sucht. Diese Einschränkung menschlicher Souveränität stellt nun aber gerade der jüdische Staat Israel in Frage. Der fast schon permanente Ausnahmezustand und die fehlende Trennung von Staat, Nation und Religion resultieren aus seinem ethnischen und partikularen Charakter. Es geht dabei nicht nur um einen Kulturkampf zwischen dem Religiösen und dem Säkularen. Allein schon, dass der Staat Institutionen und Vertretern der Orthodoxie den Vollzug wichtiger Zeremonien wie Heirat, Scheidung und Bestattung überlassen hat oder dass die jüdischen Feiertage die offiziellen Feiertage des Landes sind, hat wenig mit Religion, aber viel mit der Legitimation Israels als jüdischem Staat zu tun. Nathan und sein Freund gehören also zu Israel, so wie sie vor 100 Jahren zum Judentum gehörten und das immer noch tun. Die jüdische Frage, die durch das Foto gestellt wird, ist auch die israelische Frage. Was für ein Staat ist Israel? Nathan und seinem Freund mag die Antwort nicht schwerfallen. Zunächst wehren sich Nathan und sein Freund gegen die zionistische Idee. Sie empfinden es als Frevel, Gotteswerk den Menschen zu überlassen. Einen jüdischen Staat wird es geben, wenn der Messias kommen wird. Und dieser Messias ist noch nicht da, aber er wird kommen.

Ganz im Sinne Kafkas glauben wohl auch Nathan und sein Freund, dass der Messias nur eine Projektion in die Zukunft sein wird:

> »Der Messias wird erst kommen, wenn er nicht mehr nötig sein wird, er wird erst einen Tag nach seiner Ankunft kommen, er wird nicht am letzten Tag kommen, sondern am allerletzten.«[15]

Das macht unsere beiden Freunde wohl nicht nur zu Gegnern der »weisen« assimilierten Juden, sondern auch zu Gegnern des Zionismus. Für sie gibt es keine großen Unterschiede zwischen diesen beiden ungläubigen jüdischen Formationen der Assimilation und des Zionismus. Nathan und sein Freund erleben die Staatsgründung Israels im Jahr 1948 wohl nicht mehr. Sie sind schon vorher vertrieben und ermordet worden. Ihre Freunde und Verwandten im neu gegründeten Staat müssen nun ihren Frieden mit dem Messias machen, mit dem Staat leben, ohne wirklich Teil davon zu sein. Oder ihn vielleicht doch nach eigenen Vorstellungen umbauen? Wenn überhaupt Staat, dann soll Israel ein partikularer Gottesstaat sein, der von Gott legitimierte Macht ausübt, manifestierte Heiligkeit, die nicht verhandelt werden kann und die durch ein Territorium symbolisiert wird. Souveränität über die biblischen Stätten lassen Religion und Politik ineinander aufgehen.

Auch die hebräische Sprache ermöglicht einen Übergang zwischen den orthodoxen und modernen jüdischen Lebenswelten. Die zionistische Bewegung formt die heilige Sprache des Hebräischen zu einer säkularen Sprache, in der man modern denken und sprechen kann. Damit wird nicht nur die heilige Sprache säkularisiert, sondern auch die säkulare Sprache heilig aufgeladen. Wie die assimilierten Juden verachten auch die Zionisten das jiddische »Mauscheln«, was sie wie ihre »weisen« Juden mit Rückständigkeit und Primitivität identifizierten. Ein zionistischer Jude spricht Hebräisch, nicht das Hebräisch, mit dem Nathan in der Synagoge in Berlin betet, sondern ein neues und modernes Hebräisch, das aber nie seinen heiligen Schatten verlieren kann.[16] Säkulare Juden in Israel geraten dadurch unter Zugzwang. Sie halten – und zwar auf Hebräisch – universale Weltbilder als Antwort dagegen. Die werden von der anderen Seite aber nicht verstanden. Ein Gespräch kann so nicht geführt werden, zu unterschiedlich sind die Positionen. Was heißt es, ein nichtjüdischer Jude zu sein, und warum überhaupt gibt es Israel? Am Ende bleibt nur das Nachtasyl, wie es Max Nordau mit Zustimmung von Theodor Herzl in Bezug auf den britischen Vorschlag von 1903, den Juden Uganda zu überlassen, bezeichnet.[17] Ein Platz, an dem man sicher und in Frieden leben kann. Das aber könnte man auch in den USA. Dafür braucht man den Staat Israel nicht. Die Lebenswelten von Nathan und seinem Freund sind integraler Teil dieses Staates Israel.

JÜDISCHE WELTANSCHAUUNGEN

Bei diesem Konflikt geht es auch um die Vermittlung verschiedener Sprachen und Bilder. Hunderttausende Menschen demonstrierten seit dem Frühjahr 2023 jeden Samstag auf der Straße, um ihre Vorstellung von Israel zu verteidigen und um dafür zu kämpfen, dass für Juden »normale« Politik möglich ist, als habe die Souveränität Israels die »jüdische Frage«, die die beiden Herren auf dem Foto gestellt haben, gelöst. Diese

Demonstrationen hielten bis Ende September 2023 an. Wie bei der Emanzipationsbewegung im 19. Jahrhundert geht es darum, ob es gelingen kann, die politischen Kapazitäten des Staates von den mächtigen religiösen und historischen Kräften der jüdischen Volkszugehörigkeit zu unterscheiden. Es sind die Widersprüche, in denen sich Staatsbürgerschaft, Zivilgesellschaft und kulturelle Identitäten bewegen.

91 Jahre nach der Aufnahme des Bildes und ein Jahr vor den Massendemonstrationen in Israel tobte im Sommer 2022 in Deutschland eine Debatte über die mediale und künstlerische Repräsentation von Juden und Israel, in der all diese Fragen aufgeworfen wurden. Es ging um jüdische Sichtbarkeit, also auch um Antisemitismus, es ging um Israel und seinen Charakter als säkularer und religiöser Staat, und es ging um Politik und Emanzipation. Auf der documenta 15 in Kassel hatte das indonesische Künstlerkollektiv Taring Padi Bilder gezeigt, die antisemitische Klischees bedienten. Die künstlerische Leitung der Ausstellung, die ebenfalls aus Indonesien stammende Künstlergruppe Ruangrupa, stellte sie in den Kontext postkolonialistischer Debatten und wollte keinen Zusammenhang mit der Shoah erkennen. Postkolonialistische Politik und Kunst kämpfen für die Emanzipation partikularer unterdrückter Menschen und müssten also eigentlich das zionistische Anliegen verstehen. Doch gerade Israel als Staat und Israel als Idee stehen im kritischen Fokus dieser Debatten. Ist diese moderne Judenfrage die Kehrseite der Judenemanzipation?

Während der documenta 15 2022 wurde auch über die verschiedenen Beschreibungen jüdischer Wirklichkeiten gestritten. Israel wurde im Namen eines progressiven und universalistischen Weltbilds als rückschrittliche, kolonialistische und partikulare staatliche Formation angegriffen. Und wie beim

Spiegel-Titelbild wurde dabei eine eindeutig antisemitische Bildsprache verwendet, die freilich nicht als solche gesehen werden sollte. Aber anders als auf dem *Spiegel*-Cover waren die Vorwürfe auch gegen Israel gerichtet. Denn die Debatten, die im Jahr 2022 geführt wurden, sind fast 200 Jahre alt, sie kreisen um die Emanzipation der Juden in Deutschland und Europa, um die Gleichberechtigung jüdischer Bürger und Bürgerinnen als Staatsbürger, also auch um Nathan und seinen Freund. Der Streit um die documenta 15 war ein Streit über die Darstellung von Juden in Bildern – und damit auch über den Partikularismus des jüdischen Nationalstaates, der drei Jahre nach Ende der Shoah gegründet wurde.

Ein Jahr später brach 2023 in ebendiesem Staat erneut ein Kulturkampf um das Verhältnis von Partikularismus und Universalismus los. Kein Zufall, dass einer der Auslöser dieses Kampfes die vollständige Freistellung orthodoxer junger Männer von der Bürgerpflicht des Armeedienstes war, der die Ungleichheit zwischen orthodoxen und modernen Juden legal institutionalisieren würde. Gerade der Militärdienst und die damit verbundene bürgerliche Pflicht, ständig zum Kampf bereit zu sein, unterscheidet den souveränen Staat Israel von der jüdischen Diaspora. Mit diesem Dilemma muss jedes Urteil über die Politik Israels zurechtkommen. Ist es ein Staat, der souverän seine Politik umsetzt, oder sind orthodoxe Juden immer noch nach ihrem eigenen Verständnis als Minderheit anzuerkennen? Jüdische und israelische Identität sind oft nicht auseinanderzuhalten, das verschärft den Konflikt, wie das Ethnische vom Politischen unterschieden werden kann. Denkbar ist, dass dieses von der Französischen Revolution ins Leben gerufene Dilemma, ob Juden als »Nation« keine Rechte, aber als Individuen alle Rechte bekommen können, also der sichtbaren

Partikularität gegenüber dem »unsichtbaren« Universalismus, heutzutage auch für Israel gilt, ein partikularistischer Staat par excellence, ein Staat der Juden oder sogar ein Judenstaat, der sich jenseits des postnationalen Zeitgeistes definiert. Israel versteht sich ethnisch, und die Kriterien für seine Staatsbürgerschaft sind ebenso wie die für sein kollektives Gedächtnis partikular. Übliche Vorstellungen von Staatsbürgerschaft und kollektiver Erinnerung würden verlangen, dass Israel seine ethnische Grundlage aufgibt, nach der es seine Staatsangehörigen definiert, die ja die jüdische Reaktion auf den Holocaust und den Antisemitismus ist.

Immer also geht es um Sichtbarkeit und Unsichtbarkeit, um die beiden Pole, zwischen denen sich jüdisches Leben in den letzten zwei Jahrhunderten bewegt, ja bewegen muss. Ihre Sichtbarkeit macht Juden erst zu Juden, Unsichtbarkeit lässt sie verschwinden. Aber gerade in Deutschland vor 1933 hat die jüdische Unsichtbarkeit Juden auch verwundbar gemacht, weil sie als unsichtbare Juden nicht über die Mittel verfügten, sich als Juden zu wehren, wenn sie als Juden angegriffen wurden.

SCHACH DER TOLERANZ

Moritz Daniel Oppenheim (1800–1882), einer der ersten jüdischen Maler in Deutschland, die breite Beachtung fanden, dachte sich 1856 für dieses Bild eine gesellige Szene im Hause des Philosophen Moses Mendelssohn aus. Zu dieser Zeit war es nicht üblich, dass Juden malen, es galt das jüdische Bilderverbot: Du sollst dir kein Bildnis machen. Malen, Sprechen und Schreiben brachten Juden und Nichtjuden zusammen, ermöglichten Geselligkeit, schufen einen gemeinsamen Raum, in

Moritz Daniel Oppenheim (1800–1882): »Johann Kaspar Lavater und Gotthold Ephraim Lessing besuchen Moses Mendelssohn, Spandauerstr. 68, Alt-Berlin«. Gemälde 1856, Öl auf Leinwand, 70 x 58 cm, Inv.Nr. 75.18. Berkeley, Judah L. Magnes Memorial Museum

dem man Gespräche führen, Schach spielen oder Kaffee trinken konnte. Oppenheim war auch ein kommerziell erfolgreicher Maler. Er zeigte Juden und Jüdinnen in einer dem kennerhaften Publikum verständlichen Sprache. Mit diesem, einem seiner wohl bekanntesten Bilder, veranschaulicht er gekonnt die Prinzipien von Emanzipation und Toleranz. Es zeigt Moses Mendelssohn beim Schachspiel mit dem Schweizer Pfarrer und Schriftsteller Johann Caspar Lavater, interessiert beobachtet von Gotthold Ephraim Lessing. Viel wichtiger als die Frage, wie eng Mendelssohn und Lessing miteinander befreundet sind, ist der Aspekt, wie diese Freundschaft in Oppenheims Darstellung von Juden und Nichtjuden verstanden oder auch idealisiert wird. Wenn man gegeneinander Schach spielt, kann man auch gemeinsam fühlen, denken und handeln, denn für alle Spieler gelten die gleichen Regeln. Lessing und Mendelssohn spielten leidenschaftlich gegeneinander Schach, sie hatten sich über das Schachspiel überhaupt erst kennengelernt. Und sie spielten nicht nur Schach, sie diskutierten auch leidenschaftlich miteinander. Das Gespräch ist für Lessing der Schlüssel zur Erkenntnis. Nur im unendlichen Gespräch zwischen den Menschen entsteht die Freundschaft, die eine Welt begründet, so seine aufklärerische Philosophie.

Doch der Pfarrer Lavater verfolgt andere Absichten. Er will Mendelssohn nicht nur im Schach besiegen, er will ihn auch bekehren und missionieren. Dessen partikulare Existenz als Jude missfällt ihm. Das Bild ist da mehr als deutlich. Es zeigt ein jüdisches Haus, kein stattliches Herrenhaus, sondern eher ein Haus für Familien der Mittelschicht. In dieser Häuslichkeit wird nicht nur eine moralische Architektur zum Ausdruck gebracht; sie spiegelt auch eine emotionale Haltung, eine Suche nach Innerlichkeit nicht nur der Räume, sondern auch der Seele, an der auch Juden und Jüdinnen teilhaben können. Es ist eine sentimentale Suche nach Sinn und Sicherheit. Das eigene Zuhause bietet Zuflucht vor einer Welt der Bedrohung und Unsicherheit, Lavaters Körperhaltung und Mimik jedoch missachten diese Zuflucht. Es spiegelt die innere Landschaft der Mittelschicht, die sich nicht mehr an Traditionen und Bräuchen orientiert, sondern nach neuen Bedeutungen und Orientierungen sucht. Oppenheim kennt seinen *Nathan* und weiß, wie Lessing das Schachspiel in die Handlung des Dramas eingebaut hat. Er selbst verweigert sich, anders als viele aufgeklärte Juden, der Taufe und bleibt auch als Maler dem Judentum verbunden, was in seinen vielen Porträts jüdischer Menschen des 19. Jahrhunderts zum Ausdruck kommt. Er malt jüdische Familien, aber er malt sie nicht nur jüdisch, sondern auch bewusst bürgerlich. Auf dem Bild nun ist Mendelssohn klar als sichtbarer Jude zu erkennen: jüdisch, ähnlich vielleicht unserem *Spiegel*-Nathan, jedoch in einer bürgerlichen Wohnung. Bürgerlich-jüdisch.

Auch in der privaten Idylle des Haushalts malt Oppenheim Überschneidungen zwischen jüdischen und nichtjüdischen Familien. Diese neuen bürgerlichen Mittelschichten werden zu seiner Zeit zu den Trägern einer stillen häuslichen Moral. Die Privatisierung der moralischen Erziehung beeinflusst auch die Privatisierung des Glaubens. Ein für alle sichtbarer Raum der »unsichtbaren« Privatsphäre öffnet sich für Juden wie für Nichtjuden. Das Zuhause verwandelt sich – auch in den Bildern Oppenheims – von einem Wohnort zu einer Insel der Sicherheit, der Wärme und Intimität, wo Frau Mendelssohn Kaffee serviert und Lavater und Mendelssohn miteinander streiten oder Schach spielen. Es öffnet sich ein gemeinsamer Raum für Juden und Nichtjuden, ein Raum für die Konfessionalisierung der jüdischen Welten. Man kann und soll zu Hause religiös und jüdisch, zugleich aber auch ein Mensch in der Welt sein.[18] Über der Tür ein hebräischer Spruch. Er begrüßt die Gäste. Das bürgerliche Heim ist auch ein jüdisches. Man könnte glauben, dass Mendelssohn ein »orthodoxer« Jude ist, aber die Bezeichnung macht in diesem Zusammenhang keinen Sinn. Sicher nicht für Mendelssohn selbst, der »orthodox« als gegenläufig zur Aufklärung versteht, obwohl er aus der Sicht Mitte des 19. Jahrhunderts durchaus als orthodox beschrieben werden könnte. Wenn Lessing noch in seiner Auseinandersetzung mit protestantischen Pastoren aufschreien konnte: »wer erlöset uns von dem unerträglichern Joche des Buchstabens!«[19], dann trifft dieser Satz für das Judentum Mendelssohns sicher nicht zu.

Oppenheims Gemälde zeigt aber nicht nur den Mann Moses Mendelssohn. Als Schachspieler verkörpert er Aufklärung, Rationalismus, Bildung, Augenhöhe, einen Denker, größer als das Leben, ein aufgeklärtes Judentum, das sich auch universal verstehen und mit Nichtjuden fühlen, denken und handeln kann. Die Eindringlichkeit dieses und anderer Gemälde Oppenheims, so mag man sich wünschen, entkoppelt den jüdischen Blick von seinem spezifischen Ort und seiner spezifischen Zeit – Ende des 18. und 19. Jahrhunderts – und soll auf diese Weise die Mauern zwischen Juden und Nichtjuden niederreißen, also Räume der universalen Gemeinsamkeit schaffen. Dies gilt nicht nur für Bilder, sondern für Sprache ganz allgemein, ob das die Sprache der Fotografie, der Malerei oder der Literatur ist. Oppenheims Bild schweigt nicht, es spricht Bände.

Historiker der jüdischen Aufklärung kennen die Hintergründe dieser komplexen Situation des gemeinsamen Schachspiels. Zwischen dem Schweizer Pfarrer Johann Caspar Lavater und Moses Mendelssohn gab es um das Jahr 1769 einen Disput um die wahre Religion. Lavater fordert Mendelssohn auf, sich taufen zu lassen, Mendelssohn lehnt das ab. Lavater kann einfach nicht glauben, dass so ein kluger Mann wie Mendelssohn nicht Christ sein will. Mit etwas Einsicht würde er sich für die Taufe entscheiden. Warum sollen sich einsichtige Menschen nicht für die wahre universale Religion entscheiden? Mendelssohn sieht das wohl anders, es gibt für ihn keine für alle gleich gültige universale Religion. So schreibt er daher unter anderem an Lavater (1769) zehn Jahre vor Lessings *Nathan*:

> »Wer nach unserm Gesetze nicht gebohren ist, darf auch nicht nach unserm Gesetze leben. Uns allein halten wir für verbunden, diese Gesetze zu beobachten, und dieses kann

> unsern Nebenmenschen kein Aergernis geben. Man findet unsere Meinungen ungereimt? Es ist unnöthig, darüber Streit zu erregen. Wir handeln nach unserer Ueberzeugung, und andere mögen die Gültigkeit der Gesetze immer in Zweifel ziehen, die ihnen, nach unserm eigenen Geständnisse, nicht obliegen. Ob jene billig, verträglich, menschenfreundlich handeln, daß sie unsere Gesetze und Gebräuche so sehr verspotten, können wir ihrem eigenen Gewissen anheimstellen. So bald wir andere von unserer Meinung nicht überführen wollen; so ist das Streiten unnütz.«[20]

Lessing wirkt auf Oppenheims Gemälde wie ein Anker.[21] Er verfolgt andere Ideen als Lavater. Er will beim Schachspiel Mendelssohn nicht besiegen, sondern Gespräche führen, eher amüsiert verfolgt er die Partie. Die Komposition des Bildes ist sorgfältig durchdacht und arrangiert die Figuren als Dreieck, wie es auch in Lessings *Nathan* Juden, Christen und Moslems bilden. Wir erkennen den jüdischen Aufklärer, der auf seiner Identität beharrt, sich Elemente der nichtjüdischen Welt kulturell aneignet, aber immer Jude bleiben wird. Dann sehen wir den protestantischen Pfarrer, der Mendelssohn davon überzeugen will zu konvertieren, er steht für einen Universalismus, der von seiner Wahrheit überzeugt ist, sich auch vor Juden nicht mäßigt und sie zu Christen umformen und damit bürgerlich verbessern will. Lessing schließlich versteht sich als frei schwebender Intellektueller, sucht das Gespräch, streitet, nimmt den nächsten Zug auf dem Schachbrett vorweg. Lavater übt Druck auf Mendelssohn aus. Seine Körpersprache ist aggressiv und deutet nicht gerade auf Dialogbereitschaft hin. Er lächelt herablassend. Mendelssohn wirkt eher abwartend, und vielleicht denkt er über die nächsten Züge auf dem Brett nach. Aber beide Figuren spielen auf Augenhöhe. Darum ging es Oppenheim; und darum ging es auch Mendelssohn. Das Gemälde inszeniert einen Raum, der allen Männern und Frauen als Bürgern und Bürgerinnen offen steht – auch Fromet Mendelssohn, die den Kaffee bringt –, aber es inszeniert auch die Bedrohung dieses Raumes durch den aggressiven Habitus Lavaters.

Dass Oppenheim den Besuch zweier Christen bei einem Juden malt, markiert einen radikalen Bruch mit den etablierten Sitten. Die Aufklärung versteht Religion, wie das Schachspiel, rationalistisch und natürlich. In einer solchen Welt hat Antisemitismus eigentlich keinen Platz. Man ist bei einem Juden zu Besuch, und so ein Besuch setzt gewisse Regeln der Höflichkeit voraus. Man bringt ein kleines Geschenk mit, schaut sich um, betrachtet die Möbel, das Geschirr, lobt die Bilder an der Wand und weiß, wann es Zeit ist, wieder zu gehen: Gäste bleiben immer Fremde und wahren Distanz. Sie erwarten nicht, dass sich die Gastgeber ihnen anpassen, vielmehr wollen sie deren Welt kennenlernen.

Das ist Oppenheims Blick. Unserem Nathan auf dem *Spiegel*-Cover freilich sind solche Besuche bei Nichtjuden kaum möglich. Die jüdischen Speisevorschriften erlauben kein gemeinsames Essen und Trinken, aber es besteht auch sonst kein Grund für einen Besuch.

Mit Lessing und Mendelssohn beginnt das sogenannte deutsch-jüdische Gespräch, eine besondere Variante des Schachspiels. Dieses Gespräch, ob es nun tatsächlich geführt wurde oder auch nicht, bot selbst Anlass zur Kritik. Gershom Scholem, 1897 in Berlin geboren und 1923 nach Palästina ausgewandert, einer der bedeutendsten Religionshistoriker nicht nur seiner Zeit, bekannt für seine Unversöhnlichkeit, behauptete 1962, dass dieses Gespräch ein Selbstgespräch sei. Mendelssohn und Lessing hätten es noch geführt, danach sei es abgebrochen:

> »Aber das ändert nichts mehr an der Tatsache, daß mit den Toten kein Gespräch mehr möglich ist, und von einer ›Unzerstörbarkeit dieses Gespräches‹ zu sprechen, scheint mir Blasphemie.«[22]

Lessing redet noch mit den Lebenden. In seinem *Nathan* wird immer wieder Schach gespielt, im 2. Aufzug etwa besiegt Sittah ihren Bruder, den Sultan, in einer von beiden kommentierten Schachpartie. Wir wissen, dass Lessing ein begeisterter Schachspieler war. Und Nathan, vom Sultan in ein Spiel über die Wahrheit der Religionen gezwungen, entzieht sich dem Zugzwang, indem er die Parabel der drei Ringe erzählt, eine Geschichte, die bis heute weitererzählt wird, als säße man um das Lagerfeuer der Toleranz.[23]

Wenn eine Frau einen Mann und Herrscher in einer Schachpartie besiegt, kündigt sich eine neue Zeit an. Wenn Frauen gegen Männer Schach spielen können, dann können auch Juden gegen Nichtjuden antreten.

> »SITTAH. So bleibt es? Nun dann: Schach! und doppelt Schach!«[24]

Die drei Figuren auf dem Bild formen ein Dreieck, das auch der Geschichte Nathans des Weisen mit Saladin und dem Tempelherrn eine Kontur verleiht, die immer wieder in der deutsch-jüdischen Geschichte (und in diesem Essay) zu erkennen ist. Dieses Dreieck setzt die deutsche (und europäische) Geschichte mit der jüdischen Geschichte in ein Verhältnis, das universales Menschsein einfordert, aber nie verwirklicht werden kann, also die moderne bürgerliche Gesellschaft immer unvollendet bleiben lässt. Diese der Moderne inhärente Ambiguität macht sich an der Gegenwart der Juden fest. Ihre Sichtbarkeit in der Welt durchdringt die Ambiguität, ihre Unsichtbarkeit versucht sie zu verdecken. Für jüdische Menschen wie für die Nichtjuden begann die Moderne 1789 mit der Erklärung der Menschen- und Bürgerrechte, vielleicht das Gründungsdokument in der Geschichte der Menschenrechte, die die Armeen der Französischen Revolution gemeinsam mit dem Ideal der Gleichheit in Europa buchstäblich und oft auch mit Gewalt durchgesetzt haben. Gleichzeitig ist es der Beginn der Demokratie als einer Idee, die es zu verwirklichen gilt. Menschen sind gleichwertig, ein wahrhaft revolutionärer Gedanke auch für Juden. Dies spiegelt auch das Dreieck der moralischen Ideale: Freiheit, Gleichheit und Brüderlichkeit und wirft gerade – aber nicht nur – für Juden und Jüdinnen Fragen zu den dunklen Seiten dieser Formation auf.[25]

Ist sie barbarisch oder ist sie zivilisatorisch? Seit über Gesellschaft und Kultur theoretisch verhandelt wird, gibt es diesen Streit. War die Judenvernichtung ein Rückfall in die Barbarei oder ein Produkt der Moderne, ja Teil einer Dialektik der Aufklärung? Aber es gibt einen dritten Schenkel des Dreiecks, der die beiden anderen Schenkel miteinander verbindet. Wenn wir uns mit Bosheit, Brutalität und Gewalt auseinandersetzen, brauchen wir eine Grundlage, um sie als solche zu erkennen und zu sanktionieren. Das ist die Ambiguität der Moderne. Das ist das Dreieck Lessings. Nathan wird unbeabsichtigt zum Symbol der Brüderlichkeit.

AUFKLÄRUNG UND JUDENFRAGE

Es geht hier nicht nur um die ikonische Beziehung zwischen Lessing und Mendelssohn, sondern auch um die Leitidee der Überbrückung von Differenz durch die wohl bedeutendste fiktionale Figur der Juden in Deutschland, durch Nathan. Der überwindet sein Judentum, um ein Mensch zu werden, und er findet dafür einen Weg, der allen die Möglichkeit der Versöhnung öffnet. Kein Wunder also, dass dieser sich universalisierende Jude der Held einer von Juden ersehnten Aufklärung wird: Ihm gelingt es sogar, die blutrünstigen Tempelherren zu besänftigen. Die berühmte Ringparabel beschwört die Wahrhaftigkeit aller abrahamitischen Religionen und legitimiert damit die Forderung nach religiöser Toleranz. Sie handelt von Echtheit und Fälschung, Wahrheit und Lüge, Märchen und Wirklichkeit. Das Drama spielt in einem Land an der Grenze zwischen dem Christentum und Islam, an den Frontlinien der mittelalterlichen Kreuzzüge und des Jihads, als diese Begriffe noch keine überstrapazierten Metaphern waren: in Jerusalem. Nathan steht vor der Herausforderung, die ritterlichen Ideale des christlichen Tempelherrn unter Kontrolle zu halten und auch nicht den Sultan zu verärgern. Er ist der moderne Jude, er liebt das gute Leben und alles, was seine Zeit an Luxus zu bieten hat. Er ist ganz und gar nicht der herzlose und geldgierige Jude antisemitischer Fantasien, vielmehr steht er für einen konstruktiven Umgang mit der Macht, die eine friedliche Koexistenz jenseits religiöser und nationaler Grenzen anstrebt. Vorbote einer friedfertigen Moderne und praktizierter Aufklärung, tritt er urban, mobil, gebildet und flexibel auf. Er ist sogar bereit, für das friedliche, durch Handel vermittelte Miteinander von Moslems und Christen seine Tochter zu opfern. Ihm gegenüber steht der Tempelherr, der trotz seiner aufgesetzten Höflichkeit noch tief in die Barbarei verstrickt ist und in seinem Streben nach Tod und Ehre notwendigerweise zerstört, was andere aufgebaut haben. Er verkörpert die Ablehnung und Negation von Nathans jüdischen Idealen, aber auch die Herausforderung der Aufklärung, die Dichotomie zwischen ihm und dem Tempelherrn zu überwinden: hier Luxus und konstruktiver Umgang mit Macht, dort grenzenloser Zerstörungswille. Zwischen diesen beiden Polen mussten sich bewusst jüdisch denkende Menschen hindurchmanövrieren. Die sogenannte »jüdische Frage« ist immer die Kehrseite der Judenemanzipation und für Juden und Jüdinnen immer Teil der Aufklärung.

Auch Lion Feuchtwanger, vielleicht einer der bedeutendsten jüdischen Schriftsteller aus Deutschland, 1884 in München geboren und 1941 über Frankreich, Spanien und Portugal in die USA geflohen (auf ähnliche Weise wie Hannah Arendt), war (wie Hannah Arendt) zwischen seiner jüdischen Identität und der kulturellen Aneignung anderer Kulturen hin- und hergerissen. 1955 veröffentlichte er einen seiner letzten Romane, *Die Jüdin von Toledo*, in dem er bewusst oder unbewusst mit Lessings Dreieck spielt. Der Roman ist im spanischen Mittelalter angesiedelt. Auch hier muss der gebildete Jude Ibn-Esra einen christlichen und wilden Ritter kultivieren und seine Tochter opfern. Wie bei Mendelssohn und Nathan geht es Feuchtwanger um die Ambiguität der traditionellen Welt unter dem Druck der Moderne, gleichzeitig idealisiert er Nathan als das utopische Potential der deutsch-jüdischen Beziehungen. Nathan personifiziert die Aufklärung. Mit der Figur Lessings spielt Feuchtwanger auch in seinem 1933 veröffentlichten Roman *Die Geschwister*

Oppermann, der die Geschichte einer wohlhabenden und gebildeten jüdischen Familie zu Beginn der Naziherrschaft erzählt. Der Held des Romans, Gustav Oppermann, schreibt an einer Lessing-Biografie, die in sich zusammenfallende Welt der Juden um ihn herum nimmt er kaum wahr.

Feuchtwanger reflektiert seine Identität schon im April 1933, nachdem er auf der Flucht vor den Nationalsozialisten in Frankreich angekommen war. Am 15. April 1933 erschien auf Französisch sein Essay »Bin ich deutscher oder jüdischer Schriftsteller?«:

> »Meine Bücher sind somit gefühlsmäßig jüdisch-national, verstandesgemäß international betont [...] Es wird wohl so sein, wie einer meiner Kritiker mir sagte: ›Natürlich sind Sie objektiv. Sie sind viel zu schlau, um nicht objektiv zu sein. Aber Sie sind doch ein jüdisch-nationaler Internationalist.‹«[26]

Feuchtwanger sieht sich als ein jüdisch-partikularer Universalist, sichtbarer und unsichtbarer Jude zugleich. Unser Nathan im Scheunenviertel versteht das kaum. Feuchtwanger ist ihm bestimmt genauso fremd wie die nichtjüdische Umwelt. Sein Zuhause sind die Synagoge und das Lehrhaus. Deutsch kann er kaum, seine Sprachen sind Jiddisch im Alltag und Hebräisch im Umgang mit dem Heiligen. Die theoretische und praktizierte Aufklärung hat sich über seine Lebenswelt hinweggesetzt – er lebt in der Welt nebenan. Die Schattenseiten der Aufklärung sind auch die Schattenseiten seines eigenen Lebens – und nicht nur die von Feuchtwanger.

Der behauptete Universalismus der Aufklärung bedeutet für die Juden zweierlei. Zunächst die rechtliche Anerkennung als gleichberechtigte Bürger, aber mehr noch die gesellschaftliche

Anerkennung als gleichberechtigte Menschen, die mit anderen Menschen metaphorisch und real Schach spielen können. Diese emanzipierte Menschlichkeit ruft die »jüdische Frage« geradezu auf die Bühne. Auf der einen Seite sind es die Juden als partikulares Volk, das sich dem Universalismus entweder widersetzt oder sogar feindlich gegenübersteht oder ihn als Tarnkappe für sich in Anspruch nimmt. Auf der anderen Seite bleibt es ein jüdisches Problem. Juden sind zwischen den Polen des Universalen und Partikularen hin- und hergerissen, ob sie nun wollen oder nicht. *So ganz Stockjude seyn zu wollen, geht schon nicht.*[27] Kann dieser Satz nach 1945 überhaupt stimmen? Kann man als Jude nach 1945 noch mit Enthusiasmus an die Aufklärung glauben und sich auf den guten Willen des Universalismus verlassen? Aber auch der jüdische Partikularismus kann in eine Sackgasse führen.

Im Jahre 1932, einige Jahre nach Aufnahme des Fotos auf dem *Spiegel*, schreibt Hannah Arendt einen kleinen Essay, in dem sie sich gleich zu Anfang mit Lessing auseinandersetzt. »Aufklärung und Judenfrage« wurde in der kleinen jüdischen *Zeitschrift für die Geschichte der Juden in Deutschland* veröffentlicht, eine philosophisch-zionistische Abhandlung gegen den Universalismus der Aufklärung.[28] 1932 ist Arendt noch nicht berühmt oder gar berüchtigt, sondern einfach eine frisch promovierte Philosophin ohne Anstellung, die sich mit der modernen Judenfrage und der Lebensgeschichte von Rahel Varnhagen auseinandersetzt. Auch wenn sie die drohende Katastrophe nur ahnen konnte, war sie sich der Tragik der modernen jüdischen Existenz bewusst. In ihrem Essay argumentiert sie gegen Lessing und Mendelssohn und zeigt, dass Aufklärung und Judenemanzipation, die aus Juden »gleiche« Staatsbürger schaffen wollten, Juden als Kollektiv schutzlos ließen. So ist es auch kein Zufall, dass der Essay so beginnt: »Die moderne Judenfrage datiert aus der Aufklärung; die Aufklärung, d.h. die nichtjüdische Welt hat sie gestellt.«[29] Diese Frage hat sie seitdem nicht mehr losgelassen. Auch Lessing taucht einige Zeilen später auf: »Für Lessing ist die allen gemeinsame Vernunft das Fundament der Menschlichkeit.«[30] Aber welche Frage hat die nichtjüdische Welt gestellt? Es geht um Gleichheit, um Gleichheit in einer Welt der Unterschiede, Gleichheit in einer Welt, in der gerade die Juden – wie auch Moses Mendelssohn – auf ihrer Differenz bestehen und auch so von der nichtjüdischen Welt wahrgenommen werden. Arendt weiß sehr wohl, dass Nathan der Weise das Vorbild aller sich assimilieren wollenden Juden ist. Einen Nathan wie auf dem *Spiegel* sieht sie vielleicht in Berlin, aber er ist ihr fremd. Kämen sie miteinander ins Gespräch – was so gut wie unmöglich ist –, fänden sie heraus, dass sie sich in einigen Punkten einig sind. Sie teilen die Auffassung, dass es eine Illusion ist, Deutschtum und Judentum produktiv miteinander verbinden zu können. Nathan der Weise und Moses Mendelssohn sind für beide keine Vorbilder. Arendt vertritt in ihrer Argumentation eine zionistische Sichtweise, der orthodoxe Nathan eine streng religiöse. Beide wollen, dass ihr Judentum sichtbar bleibt, obwohl sie aus so unterschiedlichen Welten kommen. Dass man mit äußerlichen Merkmalen wie Sprache und Kleidung auch sein Judentum ablegen kann, macht für beide überhaupt keinen Sinn. Die assimilierten Juden, die Nachfolger Nathans des Weisen, die daran glauben, dass Juden Menschen wie alle anderen sind, werden vielleicht zu Menschen, aber um den Preis, in der Unsichtbarkeit zu verschwinden. Sie werden zu den ultimativen »deutschen Juden«, die sich Sprache und Habitus ihrer Umwelt aneignen, ein Prototyp von Akkulturation und Assimilation und Idealtypus einer neuen, noch nicht existierenden Welt, die nicht zufälligerweise von dem großen Aufklärer Lessing beschworen wird. Aber nicht nur Nathan der Weise bleibt am Ende allein auf der Bühne. Die Unsichtbarkeit ist immer sichtbar geblieben.

Hannah Arendt ist 1932 eine Zionistin, eine kulturell bewusste Jüdin, sie will die Juden durch nationale und kulturelle Solidarität sichtbar machen. Als junge Frau kann sie sich 1932 bestimmt nicht vorstellen, dass sie 27 Jahre später nach Hamburg reisen wird, um den Lessing-Preis entgegenzunehmen. Sie kann sich 1932 wohl auch nicht vorstellen, dass sie ein Jahr später Deutschland nach einer Verhaftung auf Schleichwegen verlässt, in Paris Zuflucht findet, von wo sie 1940 ein weiteres Mal vor den Deutschen flieht und 1941 in New York ankommt. Dort wird sie bis zum Ende ihres Lebens 1975 bleiben, aber wie ein gern gesehener Gast. Mehr als 40 Jahre früher – und ein Jahr vor Feuchtwanger – beschreibt Arendt 1932 den Raum, der zwischen dem Dazugehören zu einer partikularen politischen Gemeinschaft und der Universalität der Menschenrechte liegt. Für sie ist das jüdische Schicksal von der Spannung bestimmt, zwischen diesen Polen leben zu müssen. 1932 denkt und schreibt sie über Lessing und Mendelssohn in der typischen zionistischen Tradition, die sich gegen den Universalismus von Lessings Nathan auflehnt. Den Startschuss zu solch einer Lessing-Kritik geben die Zionisten 1929 anlässlich des 200. Geburtstages von Lessing. In der zionistischen *Jüdischen Rundschau* findet der Herausgeber Robert Weltsch im Januar 1929 klare Worte:

> »Die Huldigungen, die Lessing von jüdischer Seite in Deutschland bereitet werden, wirken etwas peinlich.«[31]

Nicht nur die Huldigung Lessings ist peinlich, sondern auch die Toleranz. Weltsch, der 1938 nach Palästina auswandert, nach dem Krieg lange Jahre in England lebt und seine letzten Jahre in Jerusalem verbringt, lehnt den Toleranzgedanken ab, versteht Toleranz als Gunst der Mächtigen und plädiert für jüdischen Stolz. Ernst Simon, promovierter Germanist und Zionist, der schon 1928 nach Palästina auswandert, schreibt in der gleichen Ausgabe einen Essay über »Lessing und die jüdische Geschichte«. Nachdem er Lessing für dessen Kritik am Dogmatismus lobt, stellt er die entscheidende Frage, die bis heute in den Debatten über Juden, Antisemitismus und Israel ihre Resonanz findet: »Was ist wirklich jüdisch an dieser Figur?«[32] Simon kann an ihm nichts Jüdisches erkennen. Nathan (im Gegensatz zu Shakespeares Shylock) ist nicht wirklich jüdisch und kann daher auch keine pädagogische Funktion für die Juden repräsentieren:

> »Kein lebendiger Jude hat den ›Nathan‹, und sei es auch nur als Modell, mitgezeugt: aber Nathan hat, in Verbindung mit der sozialen, politischen und geistigen Entwicklung, hunderttausende von Scheinjuden nach seinem Ebenbilde gemacht. Wir aber, die wir Lessings tapfere Humanität nur allzu sehr, gerade in unserer jungen Nationalbewegung, brauchen könnten, wenden uns dennoch von seinem blassen und blutlosen Ebenbilde ab und hören lieber mit Heinrich Heine in der Nacht des Jom Kippur Shylocks Stöhnen und Rufen: ›Jessica, mein Kind …!‹«[33]

Und wieder einige Jahre früher schreibt Theodor Herzl in der Einleitung zu seinem zionistischen Manifest *Der Judenstaat. Versuch einer modernen Lösung der Judenfrage*, dass »wir« nicht auf die Milde Lessings im *Nathan* warten können.[34] Die Gegenfiguren von Nathan werden nun Shylock und Heinrich Heine, wohl dem *Spiegel*-Nathan wesentlich ähnlicher. Diese zionistische Kritik an Nathan ist auch gleichzeitig Kritik an der Magna Charta des deutschen Judentums, wie George Mosse das Drama nannte.[35]

Die zionistische Kritik Nathans, die auch von der jungen Hannah Arendt angenommen wird, bleibt dem Modell der Assimilation nichts schuldig. Sie begegnet Lessing und Nathan auf Augenhöhe. Keine Dankbarkeit mehr für die Duldung, sondern sichtbares Selbstbewusstsein. Auch in der Ablehnung des blutleeren Ebenbildes liegt Anerkennung. Die Zionisten sprechen mit Lessing und Nathan und streiten, besuchen ihn, ja spielen sogar Schach mit ihm. Gerade in der Ablehnung der Integration bestärken sie ihre Integration im Gespräch mit den Aufklärern. Zionismus ist Assimilation durch Nationalismus, keine Verweigerung der Assimilation, wie sie die orthodoxen Juden praktizieren. Die zionistische Kritik an Lessings *Nathan* ist die Kehrseite der Lobpreisung Lessings als Humanist und seiner Utopie der Freundschaft und Assimilation, die so enthusiastisch von assimilierten Juden auch im Jahr 1929 und davor veröffentlicht wird.[36] Beide Seiten distanzieren sich von unserem orthodoxen Nathan und halten an den unterschiedlichen Interpretationen der Assimilation fest. Beide Nathans bleiben Einzelgänger, zweideutige Figuren, an denen sich Juden genauso wie Nichtjuden abarbeiten können. Nachdem aber im April 1933 jüdische Schauspieler und Schauspielerinnen in Deutschland entlassen werden, darf auch der Nathan nicht mehr auf deutschen Bühnen seine Weisheit demonstrieren. Es gibt eine Ausnahme. Der von den Nazis gebilligte und geförderte *Kulturbund Deutscher Juden* (ab 1935 *Jüdischer Kulturbund*), der im Sommer 1933 gegründet wird und Gelegenheiten bietet, dass Juden vor Juden auftreten können, bringt Lessings *Nathan der Weise* als seine erste Produktion am 1. Oktober 1933 auf die Bühne. Es bleibt bei dieser einzigen Aufführung.[37]

Warum wollen die Nazis Lessings *Nathan* verbannen? Das Stück beschwört die Freundschaft zwischen Juden, Christen und Muslimen als Menschen. Die Freundschaft zwischen Lessing und Mendelssohn, die Freundschaft zweier Schachspieler, zweier Denker, deren innerliche Freundschaft die äußerliche Verschiedenheit überwindet, wird für viele Juden zum Ideal und Paradigma bürgerlichen Zusammenlebens. Was bei Lessing ihre Sympathien weckt, wird den Antisemiten zum Kampfbegriff. Die Wurzel- und Heimatlosigkeit, die von vielen mit den großen Veränderungen durch Industrialisierung, Rationalisierung, Urbanisierung, Individualisierung und so weiter assoziiert wird, verbinden gerade konservative Nationalisten mit den Juden und formen daraus einen Schlachtruf, der eine homogene Volksgemeinschaft ohne Juden beschwört. Lessings Nathans wollen sich mit dem Staat, in dem sie lebten, identifizieren, aber umgekehrt war es nicht so.

So spult das Schauspiel voraus in die Zeit des Scheiterns des freundschaftlichen Projektes von Lessing und Mendelssohns Nathan. Denn Freunde sind sie wohl, Lessing und Mendelssohn, es ist eine Freundschaft zwischen zwei Männern, die sich gegenseitig anerkennen, auch eine Freundschaft zwischen einem Juden und einem Christen, aus ihr konnten aber keine kollektiven Ideale abgeleitet werden. Denn die Freundschaft war auf die beiden beschränkt. Sie spielen Schach miteinander, und sicher ist ihre Beziehung etwas Besonderes, aber sie taugt nicht als Paradigma für jüdisch-nichtjüdische Beziehungen. Sie respektierte die Andersheit des anderen in seiner Partikularität, beruhte auf Distanz, auf der Bindungslosigkeit von Intellektuellen, auf der wechselseitigen Anerkennung unbekannter Welten Tür an Tür.

Das Titelbild des *Spiegels* mag daher, wenn auch nicht beabsichtigt, dem Toleranzgedanken von Mendelssohn und Lessing näher sein, als es auf den ersten Blick scheint. Man könnte das Bild aus dem Berliner Scheunenviertel auch so verstehen, dass Menschen in der Moderne aus einer Welt herausfallen, die ihnen die permanente Bewältigung von Ambiguität abverlangt. Unterschiedliche Kontexte können unterschiedliche Sichtweisen hervorrufen; Mendelssohn war orthodoxer Jude, aber nicht in der Opposition zu assimilierten Juden. Dieser Gegensatz, der für die Kritiker des Bildes so wichtig ist, wird Teil jüdischer Lebenswelten erst im 19. Jahrhundert, also auch zur Zeit des Bildes von Mendelssohn in der Darstellung Oppenheims. Es ist die distanzierte Freundschaft von Schachspielern.

Kann man *Nathan* auch anders lesen, als ein Zurückspulen der Zeit in eine normative Zukunft, eine Erinnerung, was möglich gewesen wäre und wie es hätte sein können? Lessing bringt die Koexistenz der drei Religionen im mittelalterlichen Jerusalem auf die Bühne. Das erinnert an das mittelalterliche Spanien, an al-Andalus, kein Ort der Toleranz im aufklärerischen Sinne, aber die Hoffnung auf die »Convivencia«, wo Menschen der drei Religionen denselben öffentlichen Raum teilen und miteinander leben. Dieser idealisierte Begriff der »Convivencia« erlebt im 21. Jahrhundert eine Renaissance. Es ist die Idealisierung eines neuen Lebensmodells, jenseits der Grenzen des Staates und der Ethnizitäten, eine Kritik des Westens, die der Aufklärung in neueren kritischen Theorien misstraut. In dieser Lesart werden Lessing und Mendelssohn zu Vorreitern einer Perspektive, die keinen Widerspruch zwischen jüdischen und postkolonialistischen Weltsichten sieht, wie sie nach der Gründung des Staates Israel nicht mehr möglich ist. Das Herzstück dieser Perspektive ist die Machtlosigkeit als ethische Kraft.[38] Auch auf den israelisch-arabischen Konflikt können solche Perspektiven jenseits des segregierten Nationalstaats angewendet werden. Daher sind in dieser Lesart auch Föderalismus oder Bi-Nationalismus die einzig möglichen Alternativen zur Lösung des Nahostkonflikts.[39]

Das Herzstück von Lessings Drama, die Ringparabel, steht daher sowohl für die Rück- als auch für die Vorschau.

> »Umsonst; der rechte Ring war nicht
> Erweislich; –
> Fast so unerweislich, als
> Uns itzt – der rechte Glaube.«[40]

Der echte Ring ging vermutlich verloren, der echte Glaube existiert nicht, sondern nur die Wahrheit, nach der man lebt. Und da der echte Ring, der wahre Glaube, die Wahrheit, als unerweislich gilt, sollen und müssen wir uns gegenseitig dulden, tolerieren und anerkennen. Was bleibt, ist der Glaube an die Vernunft, dass der Glaube unerweislich ist, eine unerträgliche Bürde für die Gläubigen, für unseren Nathan im Scheunenviertel. Nicht um Wahrheit, sondern um Wahrheitssuche geht es dabei. Wer kann sich einer solchen Suche nach Wahrheit noch entziehen?[41] Nicht nur Kinder brauchen Märchen.

Diese verschiedenen Interpretationen Nathans als historische Möglichkeit oder als Illusion, die in die Katastrophe führt, als Projektionsfigur, als Universalist, als Jude, der auch mit Nichtjuden fühlt, denkt und handelt, all diese Möglichkeiten fließen in den modernen Debatten über das Jüdische zusammen. Mendelssohn und Nathan können als Helden einer Aufklärung und der Toleranz gefeiert werden, mythologische

Figuren, denen es gelingt, traditionelles Judentum aufzubrechen und nach vorne in eine neue Zukunft zu schauen. Nathan und Mendelssohn können auch für große Irrtümer und Illusionen stehen, die nichts mit der Realität zu tun haben, so eine dezidiert jüdische Kritik, die sich gegen die Abhängigkeit vom deutschen Universalismus wehrte, eine Tendenz, die mit Lessings 200. Geburtstag im Jahr 1929 seinen Höhepunkt erreicht. Mendelssohn und Nathan als Männer der Assimilation und Mendelssohn und Nathan als Männer, die auf jüdische Differenz beharren: Beide Lesarten sind für jüdische Männer und Frauen Wendepunkte ihres eigenen Denkens seit Mitte des 19. Jahrhunderts. Auch die Leser und Leserinnen im Jahr 1929 können den *Nathan* lesen, seine Hauptfigur verstehen, sich mit ihr identifizieren oder sie kritisch betrachten. Für sie ist er weniger fremd als für die nichtjüdischen Betrachter und Betrachterinnen des Bildes.

SICHTBARKEIT UND UNSICHTBARKEIT

Kehren wir zu unserem orthodoxen Nathan zurück. Der hat nun lange zugehört und kann sich vorstellen, wie Juden und Jüdinnen, aber auch Nichtjuden über ihn sprechen. Mit seinem weisen Namensvetter kommt er nur bedingt zurecht. Ungefähr 150 Jahre liegen zwischen der Veröffentlichung von Lessings Drama und dem Moment, da er mit seinem Begleiter im Scheunenviertel fotografiert wurde, und dann vergingen noch einmal 91 Jahre, bis das Bild auf das Cover eines Magazins fand. Etwa um die Zeit der Aufnahme des Bildes verfasste im Jahr 1927 Siegfried Kracauer, ein 1889 in Frankfurt geborener jüdischer Filmtheoretiker und Journalist, einen Essay über die Fotografie in der *Frankfurter Zeitung*. Dort schreibt er:

> »Die Photographie wird zum Gespenst [...] Die schlimme Verbindung, die in der Photographie andauert, erweckt den Schauder.«[42]

Auch er flüchtet 1933 nach Frankreich und gelangt auf ähnlichen Wegen wie Feuchtwanger und Arendt schließlich in die USA.

Diese Gespenster spuken durch unsere Gegenwart und tauchen in Büchern und Filmen, in Gedenkstätten und Ausstellungen auf. Sie suchen die Nachgeborenen heim und lösen immer neue Skandale um jüdische Themen aus. Deshalb können die Wunden nie heilen, deshalb kann es keine Versöhnung geben. Das Trauma, immer neu erzählt und reflektiert, verbindet diese Gespenster untereinander und hält sie am Leben. Im Jahr 2019 geistert dieses Gespenst im gar nicht gespenstischen Berliner Scheunenviertel der 1920er Jahre umher in Gestalt zweier orthodoxer Juden, die sich in Gespenster verwandeln, wie sie auch die zionistische Literatur beschreibt. Der bedeutende zionistische Autor Leo Pinsker schildert in seiner auf Deutsch veröffentlichten Kampfschrift *Autoemancipaton*[43] die Juden als körper- und heimatlos. Juden geistern im europäischen Raum umher, der Antisemitismus wäre also eine Art Gespensterfurcht. Pinsker, ein moderner jüdischer Arzt, hätte sicher unsere beiden Juden zu solchen Gespenstern erklärt.[44]

Nathan und Begleiter sprechen vielleicht gerade über ihre Kinder und trauern darüber, dass sich ihre Söhne in die nichtjüdische Welt verabschieden wollen. Wie sollen sie damit umgehen? Immerhin können sie solchen Fragen noch nachhängen: bis zum Inkrafttreten der Nürnberger Gesetze am 15. September 1935. Danach wurden Juden und Jüdinnen in Deutschland kraft Gesetzes zu Untermenschen erklärt, ihrer Unsichtbarkeit beraubt und wenige Jahre später ermordet. Schon 1920 hatte die NSDAP in ihrem Parteiprogramm die Illusion der Unsichtbarkeit vom Tisch gewischt:

> »Staatsbürger kann nur sein, wer Volksgenosse ist. Volksgenosse kann nur sein, wer deutschen Blutes ist, ohne Rücksicht auf Konfession. Kein Jude kann daher Volksgenosse sein.«[45]

Weil aber Blut unsichtbar ist, muss die sichtbarere Konfession als Unterscheidungskriterium herhalten. Wenn die Aufklärung die Unsichtbarkeit der Juden zu einem neuen Lebensprinzip erhebt, heißt das auch, dass sichtbare Juden der Vergangenheit angehören, partikular sind, sich der Universalität der neuen moralischen Welt in den Weg stellen. Juden und Jüdinnen sollen so aussehen wie alle anderen Menschen. Für unsichtbare Juden (und nicht nur für Juden) hieß das Motto der Emanzipation: *Sei ein Jude zu Hause und ein Mensch in der Welt.* Sie sollten sich ihrer Umgebung anpassen, deren Sprache sprechen und deren Kleidung tragen, also konkret korrekter Deutscher oder Mensch sein. Die Söhne unseres Nathans versuchen das ihrem Vater zu erklären, und der weist das empört zurück. Emanzipation und Aufklärung erwarteten nicht nur die vollständige Assimilation, sie propagieren vielmehr in der öffentlichen Unsichtbarkeit eine moralische Überhöhung der jüdischen Existenz. Und trotzdem, Juden können nicht Deutsche werden, sondern höchstens »deutsche Juden« (oder jüdische Deutsche), die sich Sprache und Habitus ihrer Umwelt kulturell und politisch aneignen. Der Jude, der kein Jude mehr ist, wird dies im Namen einer übergeordneten Idee – der Zugehörigkeit zur Nation oder gar, in deren idealistischer Überhöhung, zur Gemeinschaft der Aufgeklärten. So die Idee. Die hatte sich am 15. September 1935 erledigt.

Die Aufklärung war die Geburtsstunde des »unsichtbaren« Juden. Als die Moderne das Prinzip »Gemeinschaft« durch das Prinzip »Gesellschaft« ersetzt, wird dies zu einer Anklage gegen Juden. Sie bilden noch immer eine enge Gemeinschaft und unterminieren damit die Idee der allgemeinen Staatsbürgerschaft, profitieren aber zugleich von der zunehmenden Privatisierung und Kommerzialisierung der Gesellschaft, so das antisemitische Klischee. Juden sind daher in einer Doppelbindung gefangen. Sie werden als zu partikular angesehen, um universelle Bürger zu sein, und als zu universell, die Grenzen der Staatsbürgerschaft überschreitend, eigentlich zu kosmopolitisch, um partikulare Bürger zu sein. Diesem Dilemma war nicht zu entkommen, auch nicht mit der Gründung des jüdischen Nationalstaats Israel. Ein Dilemma, mit dem schon Lessings Nathan konfrontiert war und das sich auch durch das lange 19. Jahrhundert zog.

So reflektiert 1843 Karl Marx in seiner Schrift *Zur Judenfrage* über die politische Emanzipation der Juden und warum sie scheitern musste. Er glaubt nicht an eine Lösung des jüdischen Problems mit rechtlichen Mitteln. »Die gesellschaftliche Emanzipation des Juden ist die Emanzipation der Gesellschaft vom Judentum«[46], schreibt er, und diese Aussage wird nicht nur für die Feinde der Juden zu einem Schlachtruf, sondern auch für jene Juden, die im Sozialismus eine jahrhundertealte Hoffnung auf Erlösung erfüllt sehen, jetzt als »menschliche Emanzipation« bezeichnet. Denn in dieser politischen Sichtweise ging es nicht mehr um Emanzipation von Juden, sondern um die Emanzipation von Menschen. Juden als Juden unterminieren diesen universellen Anspruch der Menschwerdung. Partikulare

Juden gehören der Vergangenheit an, müssen »verbessert« werden, um zu Menschen zu werden. Damit hat Marx bis heute die Juden in den Mittelpunkt des europäischen Dramas der Moderne gestellt. Die Juden werden zum Symbol aller modernen Paradoxien. Als Figuren der Partikularität unterminieren sie den universellen Anspruch der Aufklärung. Sie werden zu Außenseitern der Aufklärung und leben immer noch in Fantasiewelten eng verwurzelter Gemeinschaften.[47] Die Partikularität der Juden wird sowohl von konservativen als auch von linken Kräften beschworen, eine Doppelkritik, die bis heute anhält.[48]

Mit Marx beginnt dann auch die linke, progressive und universelle Kritik am jüdischen Partikularismus, die sich dann auch in der Kritik an der Ausübung jüdischer politischer Souveränität in Israel fortsetzte. Und so bleiben Nathan und sein Freund Boten einer verschlossenen und partikularen Welt, gegen die man sich wehren will. Der Spannungspunkt liegt in der Verbindung zwischen dem Judentum und den Werten des modernen Westens. Die Weltanschauung von Nathan und seinem Freund beruht auf der Ablehnung von Humanismus und Liberalismus. Aber gibt es diesen fundamentalen Widerspruch zwischen Judentum und Moderne wirklich?

DER »BERLINER ANTISEMITISMUSSTREIT«

Dieser Widerspruch zwischen Moderne und Judentum wird in Deutschland in einem weiteren Lessing-Jahr, 1879, 100 Jahre nach *Nathan der Weise*, 150 Jahre nach Lessings Geburt und 56 Jahre vor den Nürnberger Gesetzen, erneut verhandelt. In Berlin kommt es zum sogenannten Antisemitismusstreit.[49]

Nun schon ikonisch in seiner Bezeichnung »Berliner Antisemitismusstreit«, war es ein in Deutschland bekanntes Phänomen, ein Feuilletonkrieg, bei dem es um die Juden, die Moderne und die jüdische Frage geht. Den Anfang macht der Historiker Heinrich von Treitschke, der sowohl den weisen Nathan kennt wie den Nathan aus dem Scheunenviertel. Er mag ihn auf Spaziergängen in Berlin getroffen haben, und seine Andersheit war ihm ein Dorn im Auge. Seine Ablehnung drückt sich auch in seiner Forderung aus, dass Juden Deutsche werden sollen.[50] Aber das ist eher zynisch gemeint, denn er glaubt nicht daran und beschwert sich über die jüdische Selbstüberschätzung.

> »Da wird unter beständigen hämischen Schimpfreden bewiesen, daß die Nation Kants eigentlich erst durch die Juden zur Humanität erzogen, daß die Sprache Lessings und Goethes erst durch Börne und Heine für Schönheit, Geist und Witz empfänglich geworden ist!«[51]

Das ist für einen wie Treitschke zu viel der kulturellen Aneignung. Und mit Blick auf Gegenwart und Zukunft erkennt er unseren Nathan aus dem Scheunenviertel genau:

> »[Ü]ber unsere Ostgrenze aber dringt Jahr für Jahr aus der unerschöpflichen polnischen Wiege eine Schaar strebsamer hosenverkaufender Jünglinge herein ...«[52]

Nun, unser Nathan ist bestimmt kein Jüngling mehr, die unerschöpfliche Wiege liegt auch woanders, aber vielleicht war er einmal einer dieser hosenverkaufenden Jünglinge, die Treitschke abfällig als Unglück für das deutsche Volk betrachtet. Vielleicht verkauft er auch immer noch Hosen. Seine Kinder bestimmt nicht mehr, denn gerade die Aufsteiger machen den Treitschkes schwer zu schaffen. Unter dem Titel »Unsere Aussichten« publizierte er einen Klassiker antisemitischer Traktate. »Die Juden sind unser Unglück« ist zum antisemitischen Slogan schlechthin geworden. Juden sind für Treitschke nichtdeutsche Orientalen, die sein Volk unterwandern. Die Argumente sind bekannt und hallen noch 150 Jahre später durch deutsche Hinterzimmer. Im Gegensatz zu radikaleren Kräften gilt Treitschke immerhin noch als gemäßigter Antisemit, dessen Hetze nicht folgenlos bleibt. Alle Versuche einer Relativierung sind zum Scheitern verurteilt – das Gesagte bleibt gesagt. Im November 1880 wird eine Erklärung veröffentlicht, von 75 liberalen Berliner Bürgern unterschrieben, die sich gegen Treitschke wendet. Auch hier finden wir Lessing und Nathan als Protagonisten. Sie appellieren an die Gleichheit, alle Deutschen sind in Rechten und Pflichten gleich.

> »An dem Vermächtniß Lessings rütteln Männer, die auf der Kanzel und dem Katheder verkünden sollten, daß unsere Kultur die Isolierung desjenigen Stammes überwunden hat, welcher einst der Welt die Verehrung des einigen Gottes gab.«[53]

Einer der Unterzeichner ist Theodor Mommsen, der dann in einem eigenen Beitrag nochmals die Rolle Lessings hervorhob:

> »Wir beschuldigen Herrn v. Treitschke, daß er an dem Vermächtniß Lessings rüttelt. Wir bedauern, daß er auf dem Katheder das Evangelium der Toleranz nicht predigt, welches Lessing gepredigt hat.«[54]

Über welches Vermächtnis Lessings wird hier gestritten? Allein, dass Mommsen über das »Evangelium der Toleranz« schreibt, passt perfekt in Lessings nichtjüdische Welt. So spricht er dann über Toleranz und Duldung der Juden, die nun auch er auffordert, Deutsche zu werden. Er schließt mit einer Aufforderung an die Juden, nicht länger Juden zu sein.

> »Auch die Juden führt kein Moses wieder in das gelobte Land; mögen sie Hosen verkaufen oder Bücher schreiben, es ist ihre Pflicht, so weit sie es können, ohne gegen ihr Gewissen zu handeln, auch ihrerseits die Sonderart nach bestem Vermögen von sich zu thun und alle Schranken zwischen sich und den übrigen deutschen Mitbürgern mit entschlossener Hand niederzuwerfen.«[55]

Auch Mommsen mag unseren Nathan aus dem Scheunenviertel nicht wirklich, er mag auch keine Hosenverkäufer auf der Straße. Unsichtbar sollen die Juden sein und ihre Sonderart ablegen. Antisemiten und Anti-Antisemiten geben sich hier die Hand, Antiliberale und Anti-Antiliberale, Marxisten und Antimarxisten, alle bestehen darauf, entweder das Partikulare, das Besondere der jüdischen Existenz zu ignorieren, oder gar eine Welt ohne jüdischen Partikularismus zu fordern.

NATHAN UND DER SPIEGEL

Was heißt das für unseren Nathan auf dem *Spiegel*-Cover? Schauen wir noch einmal genauer hin. Was sehen wir und was sehen wir nicht? Und wer ist das sehende »Wir«? Sehen Juden und Nichtjuden die gleichen Menschen auf dem Bild? Kann man dieses Bild überhaupt ohne Vorurteile betrachten? Was ist darauf zu sehen? Zwei orthodoxe Juden unterhalten sich in Berlin. Oder: ein typisches Straßenbild des Berliner Scheunenviertels der 1920er Jahre. Es ist ein gleichzeitig typisches und untypisches Bild Berlins und Deutschlands aus den 1920er Jahren. Was wir nicht sehen, ist das Pogrom vom November 1923, als ein Mob durch die Straßen des Scheunenviertels zieht und »Schlagt die Juden tot« skandiert. Juden werden verprügelt und jüdische Geschäfte geplündert.[56] Nathan und sein Freund haben dieses Pogrom wohl am eigenen Leib gespürt. Es ist kein besonderes Ereignis. Das Scheunenviertel ist berühmt und berüchtigt dafür, Teil Berlins, aber doch eine ganz eigene Welt zu sein. Adolf Sommerfeld beschreibt das sehr realistisch in einem 1932 erschienenen Kriminalroman.[57]

Unbekannte und bekannte Welt, nebenan und doch auch nirgendwo. Als das Bild aufgenommen wird, sind Bilder von sichtbaren oder hosenverkaufenden Juden vielleicht noch mit einer »Unschuld« konnotiert, die sie nach 1945 nicht mehr haben. Viele unsichtbare Juden blicken auf diese sichtbaren Juden nicht nur mit Distanz, sondern auch mit Neid auf eine Zeit, in der Judentum vielleicht authentischer gelebt werden konnte. Wir können davon ausgehen, dass die beiden Juden polnische Staatsbürger waren, die in der sogenannten »Polenaktion« Ende Oktober 1938 mit 17 000 anderen Juden und Jüdinnen über die Grenze nach Polen abgeschoben werden.[58] Einige Jahre später wurden sie wohl ermordet. Knapp 100 Jahre später sind es verklärte Welten, musealisiert, idealisiert, verbannt in die Literatur und die nostalgischen Gefühle für ein Deutschland, das war und nie wieder sein wird, wie etwa bei Thomas Mann, der in einer verklärenden Rede Lessing und Nathan als wahre Kosmopoliten feierte.[59] Es ist diese Welt, in der man »unschuldig« auf Bilder orthodoxer Juden im Scheunenviertel schauen konnte, was sich nach 1945 verbot. Was macht den Blick auf jüdische Motive knapp 100 Jahre später so problematisch, dass diese Bilder sogar verantwortlich für die jüdische Katastrophe selbst gemacht werden, weil sie eben negative Konnotationen als nicht vollwertige Menschen verbreiten? Keine dieser unbekannten Welten hat ihre Unschuld so verloren wie der Anblick zweier orthodoxer Juden, die sich im Scheunenviertel unterhalten.

DER REICHE JUDE

Eine rein sachliche Beschreibung des Bildes ist in Deutschland im Jahr 2019 unmöglich. Fast alle Darstellungen und Beschreibungen von Juden sind kontaminiert, sogar das Wort selbst. Am beliebtesten sind immer noch die Darstellungen von Nathan dem Weisen. Dieser »reiche Jude« gilt als Symbol der Toleranz und Weisheit, tritt immer wieder auf die Bühne. Nachdem die Nationalsozialisten das Stück verboten hatten, erfreute es sich im versöhnungssüchtigen Nachkriegsdeutschland besonderer Beliebtheit.[60]

Die Versöhnung ehemaliger Feinde, wechselseitige wirtschaftliche Abhängigkeit, ein grenzenloser Markt und eine gemeinsame Politik gegenüber dem Ostblock konstituierten das Selbstverständnis Westeuropas nach dem Krieg – und diese universale Mission wollte es in aller Welt verbreiten. Eine gemeinsame historische Erinnerung, die über die nationalstaatliche Erfahrung hinausgeht, wird zum Grundpfeiler des neuen Europa. Gerade in Deutschland wird Versöhnung mit Sicherheit, Frieden und Wohlstand verknüpft. Hier entsteht ein Europa mit der neuen deutschen Republik, die moralisch, politisch, ökonomisch, historisch um Versöhnung ringt. Versöhnung soll profan durch Interdependenzen in den Politikfeldern der Sicherheit, der Wirtschaft, der Wissenschaft und der Kultur verwirklicht werden. Wer könnte dieses Vorhaben besser verkörpern als Nathan der Weise? Das »Deutsche Theater« in Berlin eröffnet daher sein Nachkriegsprogramm schon im September 1945 mit *Nathan*. Wurde das Stück im 19. Jahrhundert als jüdisches Märchen verstanden, verwandelt es sich nach 1945 in ein deutsches Märchen. Es war einmal die Hoffnung, dass es nach dem großen Verbrechen an den Juden und dem Versuch ihrer Auslöschung doch noch möglich sei, sich mit ihnen zu versöhnen. Das mag auch den Hamburger Senat 1958 dazu bewogen haben, die Jüdin Hannah Arendt, die vor den Nationalsozialisten aus Europa fliehen musste, wieder zurückzuholen, um ihr den ehrenvollen Lessing-Preis zu verleihen. Mit dieser Preisträgerin verband sich die Hoffnung, die deutsch-jüdische Tradition könne die Barbarei überwinden. Hannah Arendt als partikulare Jüdin spielt bei diesem Plan eine untergeordnete Rolle. Es geht um den Wiederaufbau, bei dem auch Juden und Jüdinnen ihre Rolle zu spielen haben, und zwar eine versöhnliche. Lessings *Nathan* machte es möglich und unmöglich zugleich, in Deutschland als Jude weiterzuleben. Hannah Arendt wird nach Deutschland geholt, um dieser Haltung Ausdruck zu verleihen. Aber kann man überhaupt den Mördern der Eltern und Großeltern vergeben und sich mit ihnen versöhnen? Vor allem, wenn diese Mörder Nachbarn waren? Auf der persönlichen Ebene scheint das unmöglich, aber auf kollektiver Ebene, wie im Verhältnis ganzer Staaten oder zwischen Gruppen innerhalb eines Staates, gelingt es immer wieder. Jedem Krieg in der Geschichte folgte irgendwann ein Frieden. Aber Menschen erinnern sich, und die Toten leben unter den Lebenden. Die Toten reden, und obwohl jeder den Wohlstand wünscht, den der »Blick nach vorne« verspricht, ist dies nie die einzige Agenda. Für beide Seiten der Gleichung ist die Vergangenheit nie vergangen, und Tabus darüber sind dazu da, gebrochen zu werden. Aber dahinter verbirgt sich eine Tradition, die sich ständig gegen diese Versöhnung stemmt. Zum Beispiel gut 100 Jahre nach dem Berliner Antisemitismusstreit und knapp 40 Jahre vor dem documenta-15-Skandal von 2022.

Im Jahre 1985 erregt ein »reicher Jude« die Gemüter im westdeutschen Kunsttheater, genauer in Frankfurt; Rainer Werner Fassbinders porträtiert in *Der Müll, die Stadt und der Tod* einen reichen Juden, der die Shoah überlebt und sich nun an den Tätern und der Welt rächen will. Namenlos geistert er durch das Stück, nicht weise, sondern grausam. Dieser reiche Jude ist kein nobler Überlebender, sondern einer, der die moralischen Maßstäbe im Lager ließ und sich nicht mit der Welt versöhnen will. Der reiche Jude von Fassbinder überlebt nicht nur die Shoah, er profitiert nun auch noch von ihr. Fassbinders Stück bringt das wohl beliebteste antisemitische Klischee auf die Bühne – wie schon bei Marx verkörpert auch bei ihm der (reiche) Jude den Kapitalismus, hier in der Spielart rücksichtsloser Immobilienspekulation, die eine Stadt zerstört. Treitschkes Fantasien verdichten sich bei Fassbinder zu einer Figur. Der reiche Jude verfügt aufgrund seiner Herkunft über Privilegien. Er übt unkontrolliert Macht aus und kann sogar Menschen töten, ohne dafür bestraft zu werden. Es kam zu Demonstrationen gegen das Stück, Rufe nach Absetzung wurden laut. Von Zensur sprachen die einen, von Kunstfreiheit die anderen. Sollen Juden als Zensoren über ihre eigene Aufführbarkeit und Sichtbarkeit urteilen? Und immer wieder ging es um Sprecherpositionen. Wer darf Antisemitismus definieren, wer darf Juden darstellen? Wer über Antisemitismus spricht, spricht auch über Juden als Juden. Wenn Antisemitismus bedeutet, negative Gefühle und Meinungen gegen ein Kollektiv zu hegen, dann müssen Betrachter dieser Gefühle auf die kollektiven Grundannahmen des antisemitischen Gefühls teils eingehen, um sie zu decodieren. Wie bei anderen Debatten werden antisemitische Themen reflektiert und damit gleichzeitig reproduziert. So sieht das Fassbinder selbst, der in einem Interview mit der *Zeit* vom 9. April 1976 genau auf dieses Paradox hingewiesen hat:

> »Ich meine, daß die ständige Tabuisierung von Juden, die es seit 1945 in Deutschland gibt, gerade bei jungen Leuten, die keine direkten Erfahrungen mit Juden gemacht haben, zu einer Gegnerschaft gegen Juden führen kann. Mir ist als Kind, wenn ich Juden begegnet bin, hinter vorgehaltener Hand gesagt worden: Das ist ein Jude, benimm dich artig, sei freundlich. Und das hat sich in gewissen Variationen fortgesetzt, bis ich 28 wurde und das Stück geschrieben habe. Ich konnte mir nie denken, daß das eine richtige Haltung ist.«[61]

Nun, Fassbinder war nicht unbedingt dafür bekannt, sich artig und freundlich zu benehmen. Ganz im Gegenteil. Er verweigerte die Versöhnung. Geboren Ende Mai 1945, wenige Wochen nach der Kapitulation, wird er zum Inbegriff eines »Enfant terrible« der neuen Bundesrepublik. Wie wohl kein anderer Künstler arbeitet er sich an Nachkriegsdeutschland ab, vor allem an der Kontinuität zwischen Nazideutschland und der neuen Bundesrepublik. Von der bis heute üblichen Erwartung, sich »artig und freundlich« gegenüber Juden zu benehmen, ließ er sich nicht beeindrucken. Das Problem ist bis zum heutigen Tag, den Unterschied zwischen Fortführung und Aufführung auszuloten. Der jüdische Theaterintendant und Regisseur Peter Zadek, 1926 in Berlin geboren, wollte das Problem so lösen:

> »Natürlich ist es antisemitisch, das merkt jeder, der es liest. Gerade deswegen muß es aufgeführt werden. Ich bin sicher, daß heute in Deutschland ein Theaterpublikum objektiv genug denken kann, um zu sehen, daß ihm ein Stück stürmerartiger Antisemitismus vorgeführt wird.«[62]

Sind das die vorweggenommenen Debatten um die documenta 15? 1985 wie 2022 kommt es zum Eklat, Demonstrationen im und vor dem Theater. Von Meinungsterror und Kunstfreiheit ist die Rede, vom Ende der Schonzeit oder auch von Antisemitismus, für den es keinen Platz auf deutschen Bühnen geben dürfe. Juden und Jüdinnen wagen sich an die Öffentlichkeit und kämpfen für ihre Positionen, ohne sich auf den guten Willen der übrigen Gesellschaft zu verlassen. Diese Juden und Jüdinnen, darunter die Mitglieder der jüdischen Gemeinden, kämpfen für ihre kulturelle und politische Rückkehr in die Geschichte Deutschlands nach der Shoah. Sie wollen keine Gespenster wie der namenlose reiche Jude Fassbinders sein, sondern Juden, die sich als Juden wehren, zumal sie als Juden angegriffen werden. Sie zeigen ein Banner, »subventionierter Antisemitismus«, als wollten sie eine Flaschenpost in die Zukunft schicken. Am 30. Oktober 1985 besetzen Juden und Jüdinnen, die sich mit der Zuschauerrolle nicht länger abfinden wollen, die Bühne in Frankfurt und werden somit Teil des Dramas. Wie in anderen Fällen kann man darüber debattieren, ob dies ein antisemitisches Stück ist oder nicht, ob Fassbinder Antisemit gewesen sei oder nicht. Jean Améry behauptete in einem Essay für die *Zeit*, dass man es hier wohl eher mit schlechter Kunst als mit Antisemitismus zu tun habe.[63] Eine sehr weitsichtige Einschätzung. Aber es geht nicht um die Qualität der Kunst, es geht um die Darstellung eines reichen Juden, der sich ob seiner Vergangenheit an der deutschen Umwelt rächen will.[64] Ein sichtbar unversöhnlicher Jude, ein hässlicher Jude, ein Jude, der mordet und damit ungestraft davonkommt, genauso wie die meisten mordenden Deutschen mit ihrem Mord an den Juden davongekommen sind. Ein krimineller jüdischer Spekulant. Da ist nichts Erhabenes in Fassbinders Darstellung des reichen Juden. Ein gebrochener Mensch, der an nichts mehr glaubt und in der moralischen Wüste des Nachkriegsdeutschland lebt. Mag sein, dass diese Darstellung antisemitisch ist, aber gleichzeitig auch anti-antisemitisch, weil es einen Juden aus Fleisch und Blut darstellt und sich jenseits der Trauerrituale bewegt.

Wie schauen wir nun, fast 40 Jahre nach Fassbinder und mehr als 120 Jahre nach Treitschke, auf unseren Nathan aus dem Scheunenviertel und seinen Freund? Wer sieht hier was, und was wird hier fort- und aufgeführt? Orthodoxe Juden und Jüdinnen sind heute eine Minderheit in Deutschland. Sie sind es auch in Israel. Die Mehrheit der Juden in Deutschland redet wie ihre deutschen Mitbürger, kleidet sich wie diese und ist oft im öffentlichen Raum nicht erkennbar. Hätte der *Spiegel* deshalb beliebige Bilder von Juden und Jüdinnen zeigen sollen mit dem Titel »Die bekannte Welt«? Schon allein »unbekannt« und »nebenan« können negative Reaktionen hervorrufen, denn damit wird die Unsichtbarkeit der Emanzipation in Frage gestellt. Kann also über das Titelbild der »Schleier des Nichtwissens« gelegt werden? Das ist das Bild des Philosophen John Rawls, der damit eine Gerechtigkeitstheorie entwirft, mit der wir Entscheidungen über das gute Leben treffen, aber nicht wissen, welche Folgen sie für uns selbst hat und wie die Zugehörigkeit zu einer Gruppe ihre Funktion verliert.[65] Für Rawls ist das praktizierte Aufklärung – aber macht diese für Juden und Jüdinnen überhaupt Sinn?

Schauen wir also auf das Cover des *Spiegels* mit dem Schleier des Nichtwissens, unparteiisch, wir kennen weder Vergangenheit noch Zukunft. Ein unschuldiges Bild orthodoxer Juden im Berliner Scheunenviertel, die sich gerade unterhalten oder sich nach der Arbeit ausruhen. Was sehen wir, wenn wir den Schleier lüften? Verliert das Bild seine Unschuld? Ist das der Grund, warum der Präsident des Zentralrats der Juden Josef Schuster kurz nach Erscheinen des Heftes auf Anfrage der *Welt am Sonntag* das Bild angreift:

> »Mit dem Titelbild bedient der Spiegel leider Klischeevorstellungen von Juden. Gerade in Deutschland trifft man kaum Juden an, die aussehen wie die beiden Männer auf dem Foto.«[66]

Das ist richtig. Man trifft in Deutschland nicht auf viele sichtbare Juden. Die meisten sind in der Tat unsichtbar. Und wenn ein Titelbild Juden so darstellt, kann es sich dem Vorwurf der sogenannten Exotisierung nicht entziehen. Josef Schuster und andere jüdische Menschen in Deutschland wollen die Darstellung von Juden und Jüdinnen normalisieren. Dem *Spiegel* wird vorgeworfen, Juden nicht als Teil der Mehrheitsgesellschaft zeigen zu wollen. Aber sind sie denn wirklich Teil der Mehrheitsgesellschaft?

Warum sind sichtbar erkennbare Juden Klischeevorstellungen? Bedienen »unsichtbare« Juden das Gegenteil von Klischee oder Vorurteil, verkörpern sie also »wahre« und »authentische« Juden? Diese Frage zielt mitten ins Herz der Aufklärung und der mit ihr verbundenen Rolle der Juden. Bewegt sich nicht gerade das Jüdische zwischen Exotisierung und Normalisierung? Der *Spiegel* selbst wies den Vorwurf des antisemitischen Klischees zurück und bezog sich auf die Sichtbarkeit der dargestellten Juden: »Das Bild zeigt öffentliches, sichtbares jüdisches Leben, wie es in Deutschland vor dem Holocaust existierte.«[67] Der *Spiegel* hat recht. Sichtbare Juden schauen sich gegenseitig an. Der *Spiegel* will den Schleier des Nichtwissens wieder über dem Bild schweben lassen.

Wäre ein Bild unsichtbarer Juden, die zuversichtlich in die Kamera schauen, weniger unheimlich? Dann machen wir dieses Gedankenexperiment. Ganz »normale« unsichtbare Juden und Jüdinnen blicken in die Kamera. Und die Überschrift sagt: »Die bekannte Welt von nebenan«. Wäre das weniger unheimlich, wenn dann Ärztinnen, Schriftstellerinnen, Reporterinnen, Museumsdirektorinnen und auch ganz normale Menschen dargestellt werden? Im Jahr 2019 pochen also kulturell sichtbare Juden, die sich über das »Klischee« der äußerlich sichtbaren und partikularen Juden empören, auf ihre eigene Unsichtbarkeit, und das auch gerade in einer Zeit, in der kulturelle Sichtbarkeit die Forderung der meisten Minderheiten ist. Das ist nur scheinbar widersprüchlich, denn Unsichtbarkeit macht eben auch gleichzeitig sichtbar. Auch der Schleier des Unwissens ist eine Form des Wissens. »Aus dem Judentum kommt man nicht heraus«, so der Titel des letzten Kapitels des Buches von Hannah Arendt über die Jüdin Rahel Varnhagen, geborene Levin.[68] Aus dem Judentum kommt man nicht heraus, blickt der Nathan auf dem *Spiegel*-Cover den modernen Juden 2019 provozierend entgegen.

HANNAH ARENDT ZU BESUCH BEI RAHEL VARNHAGEN

1929, ein Jahr nach der Aufnahme des Fotos, beginnt Hannah Arendt, gerade erst 23 Jahre alt, mit der Arbeit an der Biografie einer jüdischen Frau der Romantik. Am Ende wird es mehr als eine Biografie, es wird eine Beschreibung jüdischer Dilemmata, eine Selbstbeschreibung, ein Nachdenken über ihr eigenes Jüdischsein. Vielleicht ist sie bei ihren Spaziergängen im Berliner Scheunenviertel unserem Nathan begegnet. Aber auch wenn sie ihn zufällig getroffen hat, heißt das noch lange nicht, dass sie stehen geblieben ist und ein Gespräch mit ihm geführt hat. Damals kennt sie noch keine osteuropäischen Juden. Sie veröffentlicht gerade ihre Dissertation, in der sie ein christliches Thema bearbeitet: den Liebesbegriff bei Augustinus. 1930 lebt sie mit ihrem Mann Günther Stern (besser bekannt unter seinem Pseudonym Günther Anders) in Frankfurt und besucht auch Lehrveranstaltungen von Karl Mannheim, der dort von 1930 bis 1933 als Professor für Soziologie an der Universität tätig war. Arendt nimmt an einem interdisziplinären Workshop teil, der sich mit der Problematik des deutschen Frühliberalismus beschäftigt. Zur Auseinandersetzung mit der jüdischen Frage kommt sie über die deutsche Frage, den deutschen Liberalismus und die Aufklärung.[69] Vielleicht hat sie in Frankfurt Jacob Katz getroffen, der über die Assimilation der Juden bei Mannheim promoviert. Katz stammt aus einem kleinen Dorf in Ungarn. In seiner Arbeit beschreibt er die Geschichte der Assimilation von Juden in Deutschland und in Europa. Er greift Mannheims Idee der frei schwebenden Intellektuellen auf und untersucht, wie sich deutsche und jüdische Intellektuelle mit völlig unterschiedlichem Hintergrund in einem »neutralen Raum«, in Salons etwa und Logen, treffen und miteinander interagieren können, ohne ihre eigenen Identitäten aufzugeben. Dafür mussten Juden und Jüdinnen ihre spezifischen Lebensformen ablegen, beispielsweise die jiddische Sprache. Arendt und Katz mögen sich darüber länger unterhalten haben. Sie waren sich dann bestimmt darüber einig, dass die jüdische Geschichte durch die Assimilation nicht unbedingt von der Dunkelheit ins Licht geführt wird. Assimilation ist keine Lösung für jüdisches Leben. Immer noch steht die Forderung im Raum: *Sei ein Jude zu Hause und ein Mensch in der Welt.* Viele der theoretischen Ideen von Katz fließen in die Arbeit Arendts über Rahel Varnhagen ein.[70]

Schon 1929 beginnt sie ihre Arbeit über Rahel. Gleich nach der Dissertation sollte sie ihre Habilitationsschrift werden, die erst 1971 von den deutschen Behörden anerkannt wurde. Die Saga um das Varnhagen-Buch dauert mehr als 40 Jahre und durchläuft alle Stationen von Arendts Leben, Rahel blieb überall ihre Begleiterin. Sie beginnt in Deutschland, führt ab 1933 nach Paris, wo sie den Rat von Walter Benjamin beherzigt und um das Jahr 1938 die beiden letzten Kapitel schreibt. Veröffentlicht wird das Buch zuerst auf Englisch im Jahr 1957, 1959 dann auf Deutsch. Die komplizierte Publikationsgeschichte des Buches korrespondiert mit dessen vielschichtiger Anlage: Kritik der Aufklärung, Biografie, Autobiografie, Gespräch und Selbstgespräch, ein Versuch, das Ende der Weimarer Republik literarisch mit der deutschen Romantik zu verbinden, den großen Bogen zu spannen zwischen Emanzipation, Aufklärung, Judenfrage, weiblichem jüdischen Schicksal, Berlin, Paris und schließlich New York. Es geht aber auch um Mischehen, Konversion, Schönheit und Liebe, um Dichtung und die deutsche Sprache als Wegweiser für Juden und Jüdinnen. Schließlich rechnet Arendt mit Lessing und dem Nathan-Mythos ab und reflektiert Debatten der jüdischen Vergangenheit, die ihre Schatten schon damals auf die Zukunft warfen. Erste Versionen entstanden zwischen 1929 und 1933, weitere 1938 in Paris und später in New York, alles Stationen modernen jüdischen Lebens.[71] Der Ton ist melancholisch, jüdisch, selbstbezogen. In Frankreich gehen ihre Gedanken und ihr Denken zu Rahel Varnhagen einher mit ihrer praktischen Arbeit für jüdische Angelegenheiten.[72]

> »Man will aus den Juden Menschen machen; schlimm genug, daß es Juden gibt, es bleibt nichts anderes übrig, als sie zu Menschen, d. h. zu Menschen der Aufklärung zu machen«[73],

schreibt Arendt gleich zu Beginn des Buches.

Die junge Arendt zweifelt an diesem Projekt, an der Unsichtbarmachung jüdischer Menschen in Deutschland. Voller Verzweiflung fragt sie:

> »Die fremde Welt zwar scheint in der Aufklärung und nach der Französischen Revolution zum ersten Mal für den Juden offen zu stehen; er kann hinein, aber wo ist der Platz, an den er sich stellen kann, an den er gehört?«[74]

Das sind die Fragen, die sich Lessings Nathan und der Nathan aus dem Scheunenviertel stellen. Mit beiden ist sie im Gespräch. Fremde oder unbekannte Welten umzingeln die Jüdinnen Rahel und Hannah, und auch der Nathan des Scheunenviertels blickt immer wieder zu ihnen zurück. Es sind Fragen, die für Arendt erst ihre Dringlichkeit verlieren, nachdem sie in New York ankommt und dort für sich eine Art jüdischer Heimat findet. In Amerika empfindet sie die jüdische Geburt nicht mehr als Unglück, so wie das ihre Rahel so eindringlich schildert. Das Buch ist ein Text, der von Unglück, Schmerz und Schande handelt. Es lässt sich oft nur schwer entscheiden, ob sie über Rahel oder über sich selbst schreibt. Nichtjüdische Leserinnen und Leser tun sich schwer mit dem Schmerz und der Schande des Jüdischseins. Arendt schreibt sich aus den frühen 1930er Jahren in Deutschland zurück ins 19. Jahrhundert, führt ein Gespräch mit Rahel, Lessing und auch mit Mendelssohn. Sie besucht diese Menschen, wägt ihre Worte.

Arendt will die biografische Linie einer Frau nachzeichnen, die zu Beginn der jüdischen Emanzipation hofft, durch Konversion und Mischehe, durch Salons und Goethe-Kult ihrem Judentum zu entkommen, und schließlich damit scheitert. Wie ein dauernder Sirenengesang klingt die Versuchung des Universellen für Rahel Varnhagen und Hannah Arendt. Die entdeckt eine gemeinsame Lebensgeschichte mit Rahel, ähnlich dem Beginn und dem Ende eines gemeinsamen Schachspiels. Sie sieht in Rahels Zeit den Beginn des modernen jüdischen Schicksals, aber während sie darüber schreibt, beginnt die Zeit, in der sie das Land verlassen muss, um nicht als Jüdin ermordet zu werden. Davor bewahrte sie auch nicht ihre Dissertation über den Liebesbegriff des heiligen Augustinus.

Ihr Freund und Doktorvater Karl Jaspers kann mit dem Rahel-Buch wenig anfangen. Wie soll er auch? Zu sehr fordert es seinen eigenen deutschen Humanismus heraus. Hier entsteht ein neues Dreieck, diesmal zwischen Rahel Varnhagen, Hannah Arendt und Karl Jaspers. Jaspers hat das erste Manuskript bereits in Händen und las auch einen Vortrag über Rahel. Am 20. März 1930 schrieb er an Arendt:

> »Die ›jüdische Existenz‹ wird von Ihnen existenz-philosophisch objektiviert – und damit dem existentiellen Philosophieren der Möglichkeit nach vielleicht die Wurzel abgegraben.«[75]

Jaspers kann und will sich nicht auf das Jüdischsein von Arendt einlassen und möchte sie auf die Seite Mendelssohns ziehen, eine fast schon typische Schachrochade zwischen Deutschen und Juden. Aber auch Arendt spielt Schach und bringt ihre Figuren in Position. Sie antwortet am 24.3.1930 und spricht von »Schicksalhaftigkeit«:

> »Diese Schicksalhaftigkeit erwächst gerade auf dem Grund einer Bodenlosigkeit und vollzieht sich gerade nur in der Abgelöstheit vom Judentum.«[76]

Diese Abgelöstheit vom Judentum, die das Judentum zum Schicksal macht, können Jaspers und andere gutwillige Beteiligte bis hin zu den Betrachtern des *Spiegel*-Titelbildes bis heute nicht nachvollziehen. Arendt beginnt Anfang der 1950er Jahre wieder an ihrem Rahel-Buch zu arbeiten. In New York schreibt sie es in einer ruhigeren Weise um. Es hat nicht mehr die existentielle Dringlichkeit der Jahre davor. In einem Brief vom 23. August 1952 formuliert Jaspers einen weiteren Kritikpunkt. Er wirft Arendt vor, dass sie Rahel weder liebt noch interessiert, und unterstellt ihr, ihre eigenen Vorurteile gegenüber Lessing, Mendelssohn und Goethe auf Rahel zu übertragen.[77]

> »Ihr Buch kann die Stimmung erwecken, als ob ein Mensch als Jude eigentlich nicht recht leben könne. Es ist gewiß unendlich schwer, sobald der Jude nicht entschieden im frommen Väterglauben steht.«[78]

In ihrer Antwort vom 7. September 1952 gibt sich Arendt gelassen. Was weiß Jaspers schon über unseren Nathan aus dem Scheunenviertel? Sie hat Jaspers' Protest und Einwände erwartet. Für sie hat sich die Sache erledigt, das sogenannte deutsche Judentum existiert in ihren Augen nicht mehr. Auch sie glaubt, dass das deutsch-jüdische Gespräch ein Selbstgespräch war, obwohl sie es mit Jaspers praktiziert. Und sie gibt Jaspers auch den politischen Kontext:

> »Es ist geschrieben aus der zionistischen Kritik an der Assimilation heraus, die ich mir zueigen machte und die ich auch heute noch für wesentlich berechtigt halte.«[79]

Arendt kehrt an den Anfang ihrer Arbeit am Rahel-Buch zurück, als sie in der Tat Teil der zionistischen Kritik der Aufklärung war. Mendelssohn wird in diesem Brief auch als platt und opportunistisch bezeichnet.[80] Als nunmehr amerikanische Jüdin ist für sie diese Form der jüdischen Tradition an ihr Ende gekommen. Was bleibt, ist politisches Judentum, Minderheitenpolitik und Zionismus. In ihrem Buch gehen die im Jahr 1938 in Paris geschriebenen Passagen sogar noch weiter. Im letzten Kapitel, »Aus dem Judentum kommt man nicht heraus«, schreibt sie in der deutlichsten Sprache:

> »Es gibt keine Assimilation, wenn man nur seine eigene Vergangenheit aufgibt, aber die fremde ignoriert. In einer im großen Ganzen judenfeindlichen Gesellschaft – und das waren bis in unser Jahrhundert hinein alle Länder, in denen Juden lebten – kann man sich nur assimilieren, wenn man sich an den Antisemitismus assimiliert.«[81]

Deutlicher kann man das Gespräch nicht abbrechen. Schach und Doppelschach gegen Lessing, Nathan, Marx, Treitschke und Mommsen. Die Geschichte Rahels ist die Geschichte des untergegangenen deutschen Judentums, das aber eigentlich nie existiert hat. Sie ist aber wohl auch Arendts Geschichte. Oft ist bei der Lektüre nicht klar, wer hier eigentlich fühlt, denkt und handelt. Rahel zu Beginn des anscheinend deutschen Judentums im frühen 19. Jahrhundert oder Hannah gegen Ende des Jahres 1933? Die beiden Protagonistinnen sind so eng miteinander verwoben, dass sie zu einer Person verschmelzen. Es ist ein gnadenloses Buch, gnadenlos mit Rahel und ihr selbst und gnadenlos mit der nichtjüdischen Umwelt. Für Jaspers in der Rolle Lavaters ist es völlig unverständlich, dass die Geburt so eine schicksalhafte Rolle spielen kann. Nach den Verbrechen der Nationalsozialisten wird es keine Assimilation, keine deutschen Juden mehr geben. Unsichtbare Juden haben aufgehört zu existieren, der *Spiegel* spricht denn auch unmissverständlich von der unbekannten Welt nebenan und zeigt den sichtbaren Nathan. Zugzwang. Und Arendt hat das schon geahnt:

> »Die Berliner Juden halten sich selbst für Ausnahmen. So wie jeder Antisemit seine Berliner Ausnahmejuden kannte, so kannte jeder Berliner Jude mindestens zwei Ostjuden, denen gegenüber er sich als Ausnahme fühlte.«[82]

Nun, sie waren keine Ausnahmen, sondern, ohne es zu wissen, Bauernopfer wie alle anderen auch. Einige Jahre später schreibt Arendts Freund Walter Benjamin 1940 seinen Text *Über den Begriff der Geschichte* und vertraut ihn Hannah Arendt an, die ihn in der Tat in die USA brachte, wo er dann auch veröffentlicht wird. Benjamins erste These beginnt so:

»Bekanntlich soll es einen Automaten gegeben haben, der so konstruiert gewesen sei, daß er jeden Zug eines Schachspielers mit einem Gegenzuge erwidert habe, der ihm den Gewinn der Partie sicherte. Eine Puppe in türkischer Tracht, eine Wasserpfeife im Munde, saß vor dem Brett, das auf einem geräumigen Tisch aufruhte. Durch ein System von Spiegeln wurde die Illusion erweckt, dieser Tisch sei von allen Seiten durchsichtig. In Wahrheit saß ein buckliger Zwerg darin, der ein Meister im Schachspiel war und die Hand der Puppe an Schnüren lenkte. Zu dieser Apparatur kann man sich ein Gegenstück in der Philosophie vorstellen. Gewinnen soll immer die Puppe, die man ›historischen Materialismus‹ nennt. Sie kann es ohne weiteres mit jedem aufnehmen, wenn sie die Theologie in ihren Dienst nimmt, die heute bekanntlich klein und häßlich ist und sich ohnehin nicht darf blicken lassen.«[83]

Damit war das Schachspiel nicht länger ein Spiel. Es wird bitterer Ernst, dem am Ende auch Benjamin zum Opfer fällt.[84]

Arendt kann 1940 nur ahnen, dass das Spiel zu Ende ist, die Welt sich in eine Wüste verwandelt. Noch weilt sie bei Rahel zu Besuch. Sie ist bei ihr, wenn sie Briefe schreibt, über ihre Liebschaften nachdenkt, über die »Schande« ihrer jüdischen Existenz trauert. Rahel ist »meine wirklich beste Freundin«, wie sie 1936 an Heinrich Blücher schreibt, einen Berliner nichtjüdischen Kommunisten, den sie in Paris kennenlernt und 1940 heiratet.[85] Und sie träumt sogar die Träume von Rahel mit, den Traum, dazugehören zu wollen, aber mit Leib und Seele zu spüren, dass es nicht geht, dass man nie wirklich dazugehören kann und auch will. Arendt, nicht gerade bekannt für ihre Sympathie für Freud'sche Traumdeutungen, deutet dennoch mit ihrer Diktion in »Tag und Nacht« auf eine andere Weisheit hin.

> »Was soll der Traum anderes klar machen, als was der Tag ohnehin klärt? Daß nämlich Rahel sich immer in einer vornehmeren Welt befand, als die war, in die sie gehörte.«[86]

Hannah versteht, dass Juden und Jüdinnen in einer vornehmeren Welt leben, als es eigentlich für sie vorgesehen ist. Das ist wohl auch der Grund, warum sie nach einer kulturellen und politischen Sichtbarkeit sucht, nach einer Rückkehr in die eigene Geschichte, wie sie auch die Zionisten einfordern. Assimilierten Juden fehlen nach ihrer Meinung die politischen Mittel, sich als Juden zu wehren, wenn sie als Juden angegriffen werden. Rahel und Hannah träumen wie die Zionisten von einem Ort, wo man dazugehört, wo man nicht mehr Schach spielen muss, wo Judesein nicht mehr – wie bei Rahel – mit Kränkung und Schande verbunden ist:

> »Die Schande, die kein Mensch und kein Gott abnehmen kann, ist am Tage eine fixe Idee. Weiterkommen, Assimilation, Geschichte lernen sind in der Nacht ein komisch-verzweifeltes Spiel. Aus solchem Auseinanderklaffen findet nur die Zweideutigkeit einen bleibenden Ausweg, da sie beides nicht ernst nimmt und im Zwielicht der Mischung Resignation und neue Kraft erzeugt.«[87]

Es gibt kein erbarmungsloseres jüdisches Nachdenken über sich und den Ort, oder Nichtort, den man als Jude oder Jüdin in der Welt hat. Die Lektüre des Buches schmerzt zutiefst, das Eingeständnis der Ausweglosigkeit, die Schande der Geburt, die man nie loswird. Der Schatten des Nathan aus dem Scheunenviertel, mit dem man nichts zu tun haben will und der einem doch am nächsten ist, all das macht die Lektüre des Buches unerträglich und in seiner schonungslosen Aufrichtigkeit kaum kommunizierbar. Die Einfachheit des identitären Partikularismus und der Versprechen des menschlichen Universalismus, das Scheitern beider Konzepte, all das verbirgt sich in diesem über Jahrzehnte geschriebenen Buch.

> »Die Allgemeinheit des Dichterischen ist nur verbindlich, wenn sie aus der letzten und schärfsten Genauigkeit des Wortes entspringt, wenn sie jedes Wort beim Worte zu nehmen weiß.«[88]

In dieser Zweideutigkeit des Dichterischen, in dieser Gefangenschaft zwischen Partikularismus und Universalismus, zwischen Zionismus und Assimilation, lässt sich Rahel nicht verorten, genauso wenig wie Hannah Arendt. Sie aber kann aus dieser Situation in die USA entkommen, ein Ausweg, der für Rahel nicht offenstand. Aber auch dort bleibt sie mehrdeutig, jüdisch und deutsch, jüdisch und amerikanisch, bewusst partikular und bewusst universal. Sie lebt, fühlt, artikuliert und handelt das Leben eines jeden Juden, ob man mit ihr übereinstimmt oder nicht. Und immer wieder begleiten sie Lessings Nathan und der Nathan aus dem Scheunenviertel auf dieser Reise in das Innerste der jüdischen Welt ohne Glauben, aber mit Gottvertrauen. Nur Freunde von Rahel wie Heinrich Heine können das nachvollziehen und finden die passende Formel nicht zufällig in einem Goethe-Zitat: *Nur die Galeerensklaven kennen sich.*[89] Heinrich Heine war auch Arendts Freund. Kurz vor Ende des Krieges schrieb sie einen Text, in dem sie über sich und Juden als Parias nachdenkt. Sie schreibt ihn für die amerikanisch-jüdische Zeitschrift *Jewish Social Studies*, die 1939 als Reaktion auf die von den Nationalsozialisten so genannte

Judenforschung von ihrem langjährigen Freund, dem Historiker Salo Baron, gegründet wurde. Und Arendt betont in dem Essay »Die verborgene Tradition«:

> »Heine ist der einzige deutsche Jude, der wirklich von sich hätte sagen können, daß er beides zugleich und in eins gewesen sei: Deutscher und Jude. Er ist das einzige große Beispiel geglückter Assimilation, das die gesamte Geschichte der Assimilation aufzuweisen hat.«[90]

Sie erwähnt Heines Gedicht »Prinzessin Sabbat«, der in seinem Deutsch über den Sabbat, den Inbegriff des Judentums, dichtet:

> »In dem Liede wird gefeiert
> Die Vermählung Israels
> Mit der Frau Prinzessin Sabbat,
> Die man nennt die stille Fürstin.«[91]

Sie beneidet den Traumweltherrscher Heine und bestaunt Heines Bewunderung des Sabbats, den sie schon nicht mehr so bewundern kann. Für sie kann Heine frei sein, weil er noch in seinem besten Deutsch Jude bleibt. Beide Nathans hätten Heine wohl gut verstanden. Hannah zeigt, wie gerade moderne Jüdinnen der ersten Stunde – wie Rahel – aus ihrer Welt herausfallen, in den Zweideutigkeiten und Ambiguitäten Teil dessen werden, was es bedeutet, modern zu sein. Und hier spielt auch ihr Freund Heine seine Rolle. Verschiedene Situationen können unterschiedliche Sichtweisen hervorrufen; dies gilt nicht nur für Rahel, sondern auch dafür, wie Arendt Rahel und sich gesehen und beschrieben hat.

»Was so lange Zeit meines Lebens mir die größte Schmach, das herbste Leid und Unglück war, eine Jüdin geboren zu sein, um keinen Preis möcht' ich das jetzt missen.«[92]

Wer hier zu Beginn des Buches spricht, Rahel oder Hannah, spielt keine Rolle. Für Antisemiten wie Treitschke waren die Juden »unser« Unglück. Für Juden und Jüdinnen wie Rahel und Hannah war das Unglück der jüdischen Geburt Würde und Bürde zugleich. Das kann weder von Antisemiten noch von Anti-Antisemiten verstanden werden. Arendt will von Rahel nur wissen, was Rahel selbst von sich weiß. Von einem Wissen, das mehr weiß als die gegenwärtige Protagonistin Rahel, hält sie nicht allzu viel. Sie erzählt ihre Geschichte unabhängig von der literarischen Form und wissenschaftlichen Standards. Leser und Leserinnen haben für einen Moment teil an Rahels Denken und Überlegungen oder an ihrer emotionalen Suche nach Sinn und Sicherheit. Aber Sinn und Sicherheit will Arendt nicht finden. Sie will wissen, wie man mit den Dilemmata lebt, nicht, wie man sie dialektisch auflöst. Kann Rahels Sprache universalisiert werden, obwohl sie so einer einmaligen partikularen Lebensgeschichte Ausdruck verleihen muss? Kann der Besuch bei Rahel für Hannah selbst, für die Leser und Leserinnen, für die Arendt-Forschung, für die Geschichte der Juden in Deutschland, für Nathan den Weisen und den Nathan des *Spiegel*-Titelbildes mehr bedeuten, als Rahel nur kurz zu besuchen?

Lesen Juden und Jüdinnen das Buch als ein kollektives »Wir«, Nichtjuden und Nichtjüdinnen jedoch als ein kollektives »Sie«? Der jüdische Blick auf den Nathan aus dem Scheunenviertel und auf Rahel unterscheidet sich von dem, der von der anderen Seite auf sie schaut. Rahel hat sich taufen lassen, heiratet und liebt Nichtjuden. Hannah erzählt das alles im Ton einer intimen Freundin. Wir erfahren mehr, als wir wissen wollen, aber nur, weil wir es von Rahel erfahren.

Aber es geht hier nicht nur um Rahel und Hannah, sondern auch um den Beginn und das Ende eines Schachspiels, bei dem am Ende das Spielbrett vom Tisch gefegt wurde. Diese Ahnung schwebt über dem Buch, als Hannah über Rahels Stimmung während der Hep-Hep-Unruhen 1819 berichtet, eine erste Ahnung davon, welche Konsequenzen die Judenemanzipation in deutschen Ländern nach sich ziehen könnte und dass es hier nicht einfach zu willkürlichen Entgleisungen kam.[93] Die Frage, ob Juden nun am Schachspiel teilnehmen können oder nicht, ist noch gar nicht geklärt, als deren Emanzipation in verschiedenen Regionen die ersten Pogrome seit dem Mittelalter auslöst. Im Zusammenhang mit den Hep-Hep-Krawallen schreibt Hannah mit der Stimme Rahels:

> »Daß nämlich auch das Judenschicksal gar nicht so zufällig und so absonderlich war, daß es im Gegenteil den Zustand der Gesellschaft genau widerspiegelte, die Lücken als positive schreckliche Realität genau herausmodellierte. Daß es infolgedessen gar keine Flucht geben kann – es sei denn auf den Mond.«[94]

Nur auf dem Mond kann man unsichtbar sein. Sichtbar werden diese Spannungen in der Art und Weise, wie Juden ständig zwischen Universalismus und Partikularismus manövrieren müssen. Juden und Jüdinnen wird bis heute vorgeworfen, eine Nation innerhalb einer Nation zu bilden. Je mehr sich Juden assimilieren, also der Mehrheitsgesellschaft angehören wollen, desto »weniger« sind sie Juden. Das spürt Arendt und spricht es bei ihren Besuchen bei Rahel an. Es geht ihr dabei gar nicht so sehr um die Wahrheit, sondern um die persönliche jüdische Erfahrung der Aufklärung und Emanzipation. Arendt besucht Rahel zu Hause, spricht mit Mendelssohn und Lessing, verabredet sich mit Heine, versucht im Gespräch mit ihnen herauszufinden, welche Möglichkeiten des jüdischen Daseins nach den Jahren 1929, 1933, 1938 und 1959 noch möglich sind – und wo. Denn wenn man auch nach der Assimilation weiterhin als Jüdin fühlt, denkt und handelt, ist das ein Zeichen dafür, dass man doch nicht völlig assimiliert ist. Der jüdische Blick sprengt die Dichotomien zwischen Einheit und Vielfalt, Kontinuitäten und Brüchen, Isolation und Assimilation, Heimat und Exil. Er sprengt sie in einem Maße, dass man fragen kann: Gehören die Juden zu Europa, sind sie eigentlich Europäer par excellence, oder stehen sie außerhalb der europäischen Kultur, wie es schon zur Zeit Rahel Varnhagens Johann Gottfried Herder behauptet hat? Rahel ist in ihrem Berliner Salon eine jüdische Schauspielerin. Dort ist ihre Bühne. Das Rahel-Buch wird im Juni 1959 auf Deutsch veröffentlicht, einige Monate bevor Arendt selbst die Bühne in Hamburg betreten wird, um den Lessing-Preis entgegenzunehmen, »denn ohne Kulisse kann der Mensch nicht leben«[95], wie sie im letzten Kapitel schreibt. Und sie weist darauf hin:

> »Judesein konnte aus einer politisch-geschichtlichen Gegebenheit zu einem individuell-privaten Problem nur werden, wo aus gleich welchen Gründen alles in der Zweideutigkeit eines ›zu gleicher Zeit Juden sein und Juden nicht sein wollen‹ […] verblieb.«[96]

Der Piper Verlag wollte erst einmal eine andere Kulisse. Es fiel ihm schwer, für das eigentliche Thema des Buches, die Spannung zwischen Sichtbarkeit und Unsichtbarkeit des Jüdischen, eine Titelformulierung zu finden. Man scheute sich, wie im Original – *The Live of a Jewess* –, das Thema Judentum im Untertitel direkt anzusprechen. Zunächst hatte der Verlag das Buch überhaupt abgelehnt. So etwas will man in den 1950er Jahren nicht über Juden lesen. Warum keine Geschichte der Assimilation am Beispiel prominenter deutscher Juden?[97]

Nach einigem Hin und Her einigt man sich auf den Titel *Rahel Varnhagen. Die Lebensgeschichte einer deutschen Jüdin aus der Romantik*, aber das Titelblatt von 1959 erzählt eine andere Geschichte: *Rahel Varnhagen: Eine Lebensgeschichte.* Die Jüdin wird unsichtbar. Das Wort »Jüdin« engt das Spiel, das Sujet zu sehr ein. Piper will die Lebensgeschichte einer Frau, nicht einer jüdischen Frau verkaufen.[98] Mit bitterer Ironie schlägt Arendt folgenden Titel vor: *Rahel Varnhagen. Die Melodie eines beleidigten Herzens, nachgepfiffen mit Variationen von Hannah Arendt*. Beleidigt ist das Herz Rahels in der Tat, aber so viel partikulare Sichtbarkeit geht nun doch nicht. Und Juden pfeifen bekanntlich nicht. Arendts Maske der Rahel verwandelt den Parvenü Rahel zu dem Paria Hannah:

> »Mut konnte sie nicht haben, den Mut, sich außerhalb der Gesellschaft zu stellen, weil der Paria nicht freiwillig verzichtet; er kann nur angelernte, nachträgliche Heldenposen annehmen.«[99]

Das Dreieck zwischen dem Privaten, der innerlichen Person ohne gesellschaftlichen Zusammenhang, dem Persönlichen, also der jüdischen Frauen Rahel Varnhagen und Hannah Arendt, und dem Öffentlichen, dem politischen Zusammenhang, schließt sich im Jahr 1938. Die partikulare jüdische Erfahrung der Protagonisten des in Paris fürs Erste abgeschlossenen Buches führen Rahel und Hannah zu einer anderen Wahrnehmung der Aufklärung. Der Universalismus erscheint als eine unangemessene Antwort auf die Herausforderung des Partikularismus, die noch dazu ganz eigene Gefahren mit sich bringt. Sie haben ihre Erfahrungen mit dem Universalismus gemacht, als sie sich zu assimilieren begannen. Es ist der Versuch, so auszusehen, so zu sprechen, so zu schreiben, so zu sein wie die anderen, die Nichtjuden. Im Namen einer übergeordneten Idee – der Zugehörigkeit zur Nation oder gar, in deren idealistischer Überhöhung, zur Gemeinschaft der Aufgeklärten. Dieser Versuch geht bis heute weiter.

Ganz offensichtlich tauchen die Echos der alten Judenfrage in der kritischen Moderne wieder auf, und zwar in der Matrix eines dichotomischen Kampfes zwischen dem Universalen und dem Partikularen, von dem sowohl jüdische Menschen als auch der jüdische Staat Israel absorbiert werden. Ich will nun zeigen, dass es jenseits der Dichotomie zwischen Universalismus und Partikularismus einen Raum gibt, in dem diese beiden Pole nicht miteinander versöhnt werden, in dem auch Jude und Mensch nicht miteinander versöhnt werden, in dem wir aber erkennen können, dass wir alle in der Ungleichheit gleich sind, in dem es verschiedenste Formen der Partikularismen gibt. Es geht mir dabei um eine jüdische Aufklärung, die sich jeder Form des Universalismus widersetzt und dabei unversöhnlich bleibt. Keine Lösung wird angestrebt, sondern eine selbstreflexive Nichtlösung. Dabei kommt auch die Mehrdeutigkeit der jüdischen Sichtbarkeiten ins Spiel. Die beiden Herren im Scheunenviertel repräsentieren auch die jüdische Kultur Osteuropas, die ohne Souveränität auskam, aber dafür den teuersten Preis bezahlte, ihre Vernichtung nämlich. Aber es war eine jüdische Kultur, die in einem nichtjüdischen Raum lebt, so wie Arendt auch Heinrich Heine versteht. Das ist jüdische

Vieldeutigkeit, aber auch die Erweiterung des jüdischen Blicks jenseits der geschlossenen Partikularität der Nation und der Ethnie. Sichtbarkeit kann äußerlich unsichtbar sein. Auch hier begegnen wir Rahel und Heine.

Ein Blick auf jüdische Erfahrungen kann Möglichkeiten zeigen, bei denen Diaspora und Verwurzelung, Zerstreuung und Vielfalt mit nationaler oder kollektiver Identität nicht unbedingt im Widerspruch stehen, sondern sich gegenseitig definieren. Gerade in der Befreiung von Staat und Territorium lässt sich eine sittliche Gegenmacht zur staatlichen Macht finden. Angesichts der gegenwärtigen Ereignisse in Israel und den jüdischen Gemeinden in der Diaspora sind das utopische Ideen, wie sie ausgerechnet jüdische Historiker wie Simon Dubnow und Salo Baron für die jüdische Geschichte entwickelt haben. Eher aus dem osteuropäisch-jüdischen Kontext kommend, findet ihr jüdischer Partikularismus auch im deutschsprachigen Raum, wie bei Arendt, Resonanz.

Vor der Französischen Revolution gab es Autonomie, aber keine Gleichheit, so die These Dubnows. Nach der Revolution gab es dann Gleichheit, aber keine Autonomie. Das war die Antithese. Eine Synthese von Gleichheit und Autonomie sollte die Grundlage moderner jüdischer Politik bilden, jenseits von Exilpassivität und zionistischem Aktivismus. Es ist eine Bewegung gegen die liberale Integration, gegen das revolutionäre Versprechen, alle Menschen könnten bürgerliche Freiheiten genießen, wenn sie ihre partikulare Identität aufgeben. Diese Form von Diaspora-Nationalismus steht im krassen Gegensatz zu dem liberalen Angebot, das den Juden durch die Französische Revolution und die Emanzipationsbewegungen vorgelegt wurde. Es ist ein verlockendes Angebot, dem Exil ein Ende zu setzen und Teil der universalen Staatsnation zu werden.[100] Gerade in einer Zeit, in der aus Anlass der politischen Ereignisse in Israel das Verständnis jüdischer Gemeinschaften und Israels, ja die Beziehung zwischen jüdischer Souveränität und Ohnmacht neu überdacht werden, kann diese Form des Diaspora-Nationalismus, des partikularen Universalismus, dazu beitragen, besser beurteilen zu können, ob die Ausübung jüdischer Souveränität in Israel in der Tat die jüdische Emanzipation im eigenen Land bedeutet. Souveränität mag oft im Widerspruch zum sittlichen Handeln liegen, aber auch die Ohnmacht ist keine Garantie für das Überleben. Das zeigt sich deutlich nach dem 7. Oktober 2023, dem Überfall der Terrororganisation Hamas auf den Süden Israels.

Wir beginnen diese Reise mit dem Besuch Arendts in Hamburg, eine Reise von New York, vielleicht nach 1945 das neue jüdische Osteuropa, in Richtung Osten, nach Deutschland, wo sie im Oktober 1959, einige Monate nach der Veröffentlichung des Rahel-Buchs in Deutschland, in Hamburg den Lessing-Preis entgegennimmt. Diese Preisverleihung fordert sie heraus, 27 Jahre nach ihrem Aufsatz über »Emanzipation und Judenfrage« aus jüdisch-amerikanischer Perspektive noch einmal über Aufklärung und Judenfrage nachzudenken. Es ist aber auch eine Herausforderung, vor einem deutschen Publikum für einen Preis zu danken, der im Namen der deutschen Aufklärung vergeben wird. Sie muss nun wieder über die verschiedenen Nathans nachdenken. Und Rahel begleitet sie dabei.

II

DIE RÜCKKEHR NATHANS

LESSING IM BERLINER TIERGARTEN

Lessing-Denkmal in Berlin 1947. Fotografie von Fritz Eschen (1900–1964)

Lessing blickt über die Trümmer von Berlin, im Rücken den ausgebombten Reichstag und den abgeholzten Tiergarten. Sein Blick fixiert anderes. Es scheint, als wolle er zurückschauen ins 18. Jahrhundert, auf den Beginn der deutschen Aufklärung, eine Zeit, die weniger geschichtsbesessen war und deshalb weniger anfällig für Ideologien. Ein weltoffener Blick, ein träumerischer Blick, im Glauben an Toleranz, an gemeinsame Humanität, an das Gespräch und die Möglichkeit der Freundschaft zwischen Juden, Muslimen und Christen. Es ist ein undogmatischer Blick. Nun aber steht Lessing buchstäblich vor den Trümmern des 19. und 20. Jahrhunderts. Fotografiert wird das Lessing-Denkmal von Fritz Eschen (1900–1964). Aufgrund seiner jüdischen Herkunft wird er 1933 mit einem Berufsverbot belegt, überlebt aber die Jahre bis 1945 in Deutschland. Sein Sohn und seine erste Frau werden in Auschwitz ermordet. Nach 1945 beginnt er wieder zu fotografieren. Sein erstes großes Projekt ist die Dokumentation des zerstörten Berlin, zu der auch unser Lessing-Bild gehört.[1] Berlin unterm Notdach. Diese Bilder zeigen den Preis, den die deutsche Bevölkerung für zwölf Jahre Naziherrschaft bezahlt hat. Die Trümmer zeigen den Preis, den eine Zivilbevölkerung für die Verbrechen ihrer politischen Führung bezahlt.

Sie markieren aber auch den Ausgangspunkt für ein neues Projekt, zunächst nur im westlichen Teil Deutschlands und im westlichen Teil Berlins. Berlin ist zerstört, das Denkmal ragt über den Trümmern, als wolle es seine Botschaft aus dem 18. Jahrhundert übermitteln. Lessing erinnert sich an seinen Freund Moses Mendelssohn, aber sein Blick nimmt auch die Nachfahren Mendelssohns wahr, die zuerst in Deutschland und später auch in vielen anderen Ländern Europas jeder Würde beraubt, ermordet wurden. Was geht ihm durch den Kopf? Dass sein hohes Lied der Duldung, das er dem weisen Nathan in den Mund gelegt hat, von der Geschichte auf entsetzliche Weise widerlegt wurde? Dass man gerade jetzt wieder die Ringparabel lesen soll? Oder dass der echte Ring nun verloren und nie wieder zu finden ist? Dass nach der Katastrophe nun wieder Toleranz herrschen soll? Dass es nach der Zeit der Ideologie und des Nationalismus wieder Zeit ist, zum Universalismus des 18. Jahrhunderts zurückzukehren, wo es weder Juden noch Deutsche gab, sondern nur Menschen, die sich gegenseitig dulden und respektieren? Oder denkt er an die Freundschaften zwischen Juden und Deutschen, die zerstört sind? Kann er das neue Deutschland retten? Oder ist es zu spät?

Das mag sein. Die Nazis konnten mit Lessing nicht viel anfangen, aber sie ließen sein Denkmal als Teil des deutschen Kulturerbes stehen. Mit Lessings Vorstellung von einer gemeinsamen Menschheit taten sich die Nazis schwer. Trotzdem gehörte er zu diesem deutschen Kulturgut. Straßen und Schulen waren nach ihm benannt. Und es gab Denkmäler wie dieses im Berliner Tiergarten, das Ende des 19. Jahrhunderts entstand.[2] An dieser Ikone wollten auch die Nazis nicht rütteln. Zwölf Jahre war er verpönt, wurde kaum aufgeführt oder gelesen.[3] Sogar der 1930 erstmals verliehene Lessing-Preis, den Arendt 1959 erhalten soll, wird in diesen zwölf Jahren nur vier Mal vergeben. Der *Nathan* wird in dieser Zeit gemäß der Rassenideologie tabuisiert. Menschliche und verwundbare Juden wie Nathan dürfen zwischen 1933 und 1945 nicht existieren.

Jetzt kehrt Lessing mit seinem Nathan im Gepäck zurück. Aber ist es wirklich eine Rückkehr? Er steht mit dem Rücken zum Reichstag, aber bald werden die Theater im zerstörten Deutschland wieder öffnen, und sie werden nach Lessings Nathan rufen. Am 7. September 1945 wird das Deutsche Theater wiedereröffnet mit einer Aufführung von unserem weisen Nathan. Lessing schaut nicht in die Richtung des Theaters, aber er kann wohl spüren, dass sein Held wieder da ist. Das Deutsche Theater war vor dem Krieg ein großes und bedeutendes Theater in Berlin, im Zentrum Berlins in der Schumannstraße, geleitet von Max Reinhardt, der 1933 das Land fluchtartig verlassen muss. *Nathan der Weise* ist das erste Theaterstück, das inmitten der Trümmer zur Aufführung kommt. Damit wird aber nicht nur das Deutsche Theater wiedereröffnet, sondern auch das deutsche Theater.[4] Es wurde zum »Märchen aus einem exotischen Orient«.[5] Ein Versuch, Vergangenes vergessen zu machen, eine Anknüpfung an das Theater der Weimarer Republik, der Beginn einer vermeintlichen Versöhnung, bei der unser weiser Nathan seine Rolle spielen muss, eine ähnliche Rolle, die Arendt einige Jahre später zugewiesen wird.

Paul Wegener (1874–1948) als »Nathan der Weise« zur Wiedereröffnung des Deutschen Theaters, Berlin 1945. Fotografie Abraham Pisarek (1901–1983), 9.9.1945

Es ist das passende Ideendrama für das zerstörte Berlin im Herbst 1945: philosophische Toleranz und ein Jude, der sich für sie hingibt. Dargestellt wird Nathan von dem im Jahre 1874 geborenen, auf dem Foto abgebildeten Paul Wegener, der seit 1943 bei Gustaf Gründgens am Staatlichen Schauspielhaus Berlin auftritt, er gilt nicht als überzeugter Nazi, was immer das heißen mag. Es ist seine letzte Rolle vor seinem Tod im Jahre 1948. Regie führt der im Jahre 1890 geborene Fritz Wisten (eigentlich Moritz Weinstein), ein jüdischer Theaterregisseur, der bis 1933 am Theater in Stuttgart arbeitet, dort entlassen wird und in Deutschland dank seiner Ehe mit einer Arierin das NS-Regime überlebt.[6]

Schaut Lessing nun nach vorne? Wohl eher nicht. Er blickt zurück. Mit diesem Nathan von 1945 will er nicht viel zu tun haben. Die Nathans kehren ins postnationalsozialistische Deutschland zurück, der Lessing-Preis für Hannah Arendt liefert dazu den zeremoniellen Höhepunkt. Deutschland überhaupt will zurückkehren, vielleicht ins 18. Jahrhundert, zurück zur Aufklärung, zurück zu einem Ideal der universalen Menschheit und Menschlichkeit. Menschen wollen wiederaufbauen und zurückkehren. Auf jeden Krieg folgt eine Zeit, die den Krieg verdrängt, die seinen konkreten historischen Kontext nicht mehr erkennt oder erkennen will. Da war was mit den Juden, aber was genau, das weiß man nicht so richtig. Krieg ist grausam, alle leiden. Man muss nach vorne schauen. Gerade Lessing kann bei diesem Wiederaufbauprojekt helfen. Er ist Teil der Tradition, an die gerade die Kultureliten anknüpfen können. Tolerant, aufgeklärt, menschlich, und das alles auch noch auf Deutsch.

> »Wir wünschen Sie zu reklamieren als die Unsrige, und es wäre uns eine große und bewegende Ehre, wenn Sie uns das erlauben, wobei es sich versteht, daß nicht Sie zu uns zurückgekehrt sind, sondern wir zu Ihnen!«[7]

Mit diesen Worten begrüßt der damalige Hamburger Kultursenator Hans Harder Biermann-Ratjen die Lessing-Preisträgerin. Er hat es sicher gut gemeint. Er will wirklich zu Hannah Arendt zurückkehren.

Hans Harder Biermann-Ratjen ist ein Vertreter des neuen deutschen Nachkriegsmilieus. 1901 in Hamburg geboren, ist er fünf Jahre älter als Hannah Arendt. Sie sind Zeitgenossen, aber durch den Zufall ihrer Geburt und Herkunft verlaufen ihre Leben in verschiedenen Bahnen. Als Arendt 1929 mit ihren Recherchen zu Rahel Varnhagen beginnt, wird Biermann-Ratjen in Hamburg zum Notar berufen. Zwischen 1933 und 1936 amtiert Biermann-Ratjen als Erster Vorsitzender des Hamburger Kunstvereins. 1936 wird er von den Nazis abgesetzt, ein Jahr später wird der Kunstverein geschlossen. Anlass ist eine Ausstellung, die unter anderem auch jüdische Künstler zeigt.[8] Seine politische Karriere im Hamburger Nachkriegsdeutschland beginnt Biermann-Ratjen als Präses der Hamburger Kulturbehörde, die er von 1953 bis 1966 leitet. 1955 holt er Görings Protegé Gustaf Gründgens als Generalintendant des Deutschen Schauspielhauses nach Hamburg. Und derselbe Biermann-Ratjen hält vier Jahre später die Laudatio auf Hannah Arendt, ein neuer Versuch eines deutsch-jüdischen Gesprächs. Im Kaisersaal des Hamburger Rathauses ist das für ihn ein Heimspiel. Es ist ein prachtvoller Raum, der seinen Namen dem Besuch von

Kaiser Wilhelm II. verdankt, der 1895 der Einweihung des Nord-Ostsee-Kanals beiwohnte.[9] Der Saal ist dem Handel und der Seefahrt gewidmet und feiert Hamburgs Weltoffenheit. Dort empfangen die Hamburger Bürgerschaft und Biermann-Ratjen die Preisträgerin.

Hamburg ist aber auch der Ort, von dem aus noch bis ins Jahr 1938 viele Juden nach Palästina reisen.[10] Davon ist im weltoffenen Kaisersaal nichts zu sehen. Einer dieser Juden war der Rabbiner von Altona, Joseph Carlebach. 1883 geboren, wird er im Dezember 1941, 18 Jahre vor Arendts Rede, von Hamburg nach Riga deportiert und im März 1942 erschossen. 1935 nimmt er an der Jungfernfahrt des Schiffes mit dem Namen *Tel-Aviv* nach Palästina teil.[11] Er will seine Gemeinde nicht in Hamburg zurücklassen und kehrt zurück. In jenem Jahr 1929, in dem Biermann-Ratjen zum Hamburger Notar berufen wird und Arendt mit Rahel Varnhagen zu sprechen beginnt, hatte er eine glühende Rede über Lessing gehalten und über das, was Juden ihm schulden.[12]

Carlebach findet bei Lessing die Entdeckung des Menschen, die gleichzeitig auch die Entdeckung des Juden war. Er bewundert vor allem Lessings Menschlichkeit. Carlebach, dem Nathan aus dem Scheunenviertel vermutlich zugewandter als viele andere, ist dadurch mit Arendt dem über die Trümmer Berlins schauenden Lessing[13] näher, als die Hamburger Bürgerschaft je ahnen kann. Carlebach liest nicht nur die Ringparabel, sondern auch Nathans Wehklage über die Ermordung seiner Familie:

> »Ihr wißt wohl aber nicht, dass wenig Tage Zuvor, in Gath die Christen alle Juden Mit Weib und Kind ermordet hatten; wißt Wohl nicht, daß unter diesen meine Frau Mit

sieben hoffnungsvollen Söhnen sich Befunden, die in meines Bruders Hause, Zu dem ich sie geflüchtet, insgesamt Verbrennen müssen.«[14]

Carlebach und Arendt sind die Einzigen, die diese Wehklage als die einzige für sie als Juden relevante Form des Umgangs mit der Vergangenheit verstehen. Das verbindet sie mit Lessing, der über die Trümmerhaufen schaut. Bei der Hamburger Bürgerschaft findet das keine Beachtung. Sie sehen einen anderen Lessing, eine andere Arendt, und sie wollen ein anderes Gespräch. Eine weitere Episode des jüdischen Selbstgesprächs mit der deutschen Kulturelite.

Hans Harder Biermann-Ratjen personifizierte die Ideale einer liberalen Weltoffenheit, er sollte und wollte die Kultur wieder in die Freie und Hansestadt Hamburg holen. Er war der Inbegriff des »kultivierten Hanseaten«, ein enger Bekannter von Thomas Mann, der 1953 in Hamburg zu Besuch bei Biermann-Ratjen weilte.[15] Wenn Arendt in ihrer Preisrede von den inneren Emigranten spricht, einer Gegenfigur zu den jüdischen Flüchtlingen, kann sie durchaus auch ihren Gastgeber meinen. Der Höhepunkt seiner Arbeit als Kultursenator ist eng verbunden mit dem Namen und der Ikone Gustaf Gründgens.

Gründgens übernimmt im Jahre 1955 die Generalintendanz des Deutschen Schauspielhauses Hamburg. Zwei Jahre später und zwei Jahre vor der Rede Biermann-Ratjens hat seine legendäre Inszenierung von *Faust I* Premiere, ein Erfolg für Hamburg und weit über die Stadt hinaus. Biermann-Ratjen ist nicht nur das Gesicht der Hamburger kulturellen Erneuerung, sondern auch das Gesicht des Neuaufbaus eines liberalen deutschen Bürgertums, das dem Nationalsozialismus den Rücken kehrt, aber doch aus ihm hervorgegangen ist. Hamburg wird damit auch zum kulturellen Anker der neuen Republik. In diesem Sinne verfasst er auch die Laudatio auf Arendt.

Nicht nur über Arendt spricht er in seiner Rede, sondern auch über die respektvolle Haltung des Staates zur Kultur. Er nähert sich Arendt über seine Bewunderung, wie sie Kultur und Politik miteinander in Beziehung setzt. Kultur und Politik sind aufeinander angewiesen: Das ist sein Credo, das er auch ihr unterstellt. Offenbar hat er ihre Bücher gelesen, er zitiert wohlüberlegt ihre Gedanken zur Erziehung und erwähnt auch das Buch über den Totalitarismus. Am meisten beeindruckt ist er von der Lektüre des Rahel-Buchs. »Bücher haben ihre Schicksale«, sagt er dann auch elegant ins Lateinische übergehend (*sua fata habent libelli*).[16] Er glaubt zu wissen, dass Arendt mit diesem Buch zur seelischen Befreiung der Juden beiträgt, und scheint nur den Schmerz assimilierter Juden und Jüdinnen zu kennen. »So grausam und so grell«[17], lobt er Arendt, wenn er sie denn lobt. Er spricht zu ihr als Jüdin und Weltbürgerin, reklamiert sie dann aber als Deutsche, mit der er und seine Zuhörerschaft eine gemeinsame Kultur teilen. Das ist die Rückkehr, die er im Sinn hat.

Es ist nicht selbstverständlich, dass Hannah Arendt den Preis bekommt. Es gab Bedenken. Sie hat ihren Wohnsitz nicht in Deutschland, auch andere geeignete Kandidaten kämen in Frage, und ihr direkter Bezug zu Lessing liegt nicht auf der Hand.[18] Biermann-Ratjen konnte Arendt gegen andere Kandidaten durchsetzen. Er findet es mutig, einer Frau den Preis zu verleihen, noch dazu einer, die rassisch verfolgt war.[19] Damit überzeugt er seine Kollegen. Hamburg kann ein Zeichen für Gleichberechtigung und Wiedergutmachung setzen. Arendts Thesen zum Totalitarismus passen auch in das Klima des Kalten Krieges. Daraufhin werden nun Bedenken laut, ihr Denken sei zu politisch. Sie setzt sich schließlich auch gegen Werner Haftmann durch, einen Kunsthistoriker, der zu dieser Zeit in Hamburg an der Hochschule für bildende Künste unterrichtet und der für die ersten documenta-Ausstellungen 1955 und 1959 verantwortlich zeichnet. Haftmann wird dann der nächste Lessing-Preis. Träger 1962 werden.

Es ist nicht ihr erster Besuch in Deutschland nach dem Krieg, allerdings ihr wichtigster und vielleicht der am meisten beachtete. Der Lessing-Preis wurde vom Hamburger Senat im Jahr 1929 aus Anlass der 200. Wiederkehr des Geburtstages von Gotthold Ephraim Lessing gestiftet und ist einer der renommiertesten deutschen Kulturpreise. Arendt ist die erste Frau und erste Jüdin, die diesen Preis bekommt. Sie ist auch die erste Nichtdeutsche, also keine »Unsrige«, die da nach Hamburg kommt, sondern eine Jüdin und Amerikanerin. Den Preis aber soll sie als eine deutsche Denkerin bekommen. Die deutsche Übersetzung ihres Buches über Rahel Varnhagen hat sie vermutlich im Gepäck. Die Rede, die sie im September 1959 hält, ist eine jüdische Rede, die einem deutschen Publikum 14 Jahre nach der Naziherrschaft vergegenwärtigen soll, was es bedeutet, jüdisch und auch deutsch zu sein. Arendt kann nicht wissen, wer im Publikum sitzt, wer unbelastet oder wer tief in die NS-Vergangenheit verstrickt war. Sie kann die Wirkung ihrer Rede also überhaupt nicht abschätzen.

Es ist eine Rede, die ins 18. und 19. Jahrhundert zurückreicht, die über die Französische Revolution, über Rousseau, Mitleid, Freundschaft, Aufklärung und Nathan den Weisen nachdenkt. Aber es ist auch eine Rede, die in die Zukunft weist. Für Juden und Jüdinnen sind die finsteren Zeiten noch immer allgegenwärtig. »Rückkehr« bedeutet, zurückzukehren zu einem Ort oder zu einem früheren Zustand. Gibt es im Jahr 1959 diesen

Ort in Hamburg oder in Deutschland, zu dem man hätte zurückkehren können? Natürlich kehren einige Juden zurück. Max Horkheimer zum Beispiel beginnt 1949 wieder in Frankfurt zu lehren. Er ist nicht der Einzige. Theodor W. Adorno folgt ihm kurz darauf nach Frankfurt. Darum geht es nicht. Hannah Arendt ist kein Odysseus, der nach langer Irrfahrt in die alte Heimat zurückkehrt. Denn diese Heimat existiert nicht mehr, weder für Hans Harder Biermann-Ratjen noch für Hannah Arendt. Nun soll aber gerade die doch unmögliche Rückkehr auf dem Rücken von Lessing ausgetragen werden. Will er das? Und geht das überhaupt, nach 1945 zu einer universalen Humanität zurückzukehren? Es geht um nichts weniger als das. Und das ist wahr für die Jahre 1929, 1959 und auch für 2023.

HANNAH DIE WEISE

Stimmt das auch für Hannah Arendt, als sie 1959 den Lessing-Preis entgegennimmt? »Die deutsche Öffentlichkeit war auf ihn nicht vorbereitet«, sagt sie dann auch gleich zu Beginn ihrer Preisrede.[20] Was meint sie wohl damit? Vielleicht war die deutsche Öffentlichkeit nicht auf sie vorbereitet? Ihre Gastgeber werden überrascht sein, wer bei ihnen zu Gast ist. Auch dass Lessing nie seinen Frieden mit der Welt macht, in der er lebt.[21] Das stimmt sicher auch für Arendt, wie sollte sie auch mit ihrer Biografie Frieden mit der Welt machen? Es sind ihre Gastgeber, die ihren Frieden mit der Welt machen wollen. Vielleicht dachte Fritz Wisten bei seiner Inszenierung zur Wiedereröffnung des Deutschen Theaters auch daran, als er den Vorhang fallen lässt und Nathan allein an der Seite – wie auch bei der letzten Aufführung des Jüdischen Kulturbunds 1933 – steht. Einsam, fremd, orientalisch anmutend, wird Wegeners Nathan zur Metapher der jüdischen Existenz in Deutschland nach 1945. Nicht mehr der *Spiegel*-Nathan, der existiert nicht mehr, sondern ein einsamer, an die Toleranz mahnender Jude. Das wird die Aufgabe der Jüdinnen und Juden im Nachkriegsdeutschland werden. Arendt und Lessing fragen sich wohl, wie man sich als Jude und Aufklärer in so einer Umgebung bewegt, also in einem Land lebt, das von NS-Verbrechern und Mördern verwaltet wird. Sie formuliert schon am 29. Januar 1946 in einem Brief an Jaspers harte Kritik, der mit seinem Buch *Die Schuldfrage. Ein Beitrag zur deutschen Frage* die Rückkehr Deutschlands in die zivilisierte Welt erwirken will. Es gehe nicht nur darum, die Niederlage zu akzeptieren, auch eine positive politische Willenserklärung müsse an die Opfer gerichtet sein.

> »Eines aber erscheint auch mir klar: wenn Juden in Europa bleiben sollen können, dann nicht als Deutsche oder Franzosen etc., als ob nichts geschehen sei. Mir scheint, keiner von uns kann zurückkommen (und Schreiben ist doch eine Form des Zurückkommens), nur weil man nun wieder bereit scheint, Juden als Deutsche oder sonst was anzuerkennen; sondern nur, wenn wir als Juden willkommen sind.«[22]

Das ist nicht geschehen. Ihre radikale Abkehr vom selbstlosen Menschsein kommt nicht überraschend. Zu intensiv hat sie sich mit Rahel Varnhagen ausgetauscht. Juden können nach 1945 nicht einfach wieder zu Menschen werden.

Am 17. August 1946 schreibt sie dann auch an Jaspers:

»Ebenso unmenschlich wie diese Schuld ist die Unschuld der Opfer. So unschuldig wie alle miteinander vor dem Gasofen waren (der widerwärtigste Wucherer nämlich so unschuldig wie das neugeborene Kind, weil kein Verbrechen eine solche Strafe verdienen kann), so unschuldig sind Menschen überhaupt nicht. Mit einer Schuld, die jenseits des Verbrechens steht, und einer Unschuld, die jenseits der Güte oder der Tugend liegt, kann man menschlich-politisch überhaupt nichts anfangen. Dies ist der Abgrund, der sich vor uns schon 1933 öffnete (eigentlich schon viel früher mit dem Beginn der imperialistischen Politik) und in den wir nun schließlich hineingeraten sind. Wie wir aus ihm wieder herauskommen sollen, weiß ich nicht. Denn die Deutschen sind dabei mit Tausenden oder Zehntausenden oder Hunderttausenden belastet, die innerhalb eines Rechtssystems adäquat nicht mehr zu bestrafen sind; und wir Juden sind mit Millionen Unschuldiger belastet, auf Grund deren sich heute jeder Jude gleichsam wie die personifizierte Unschuld vorkommt.«[23]

Die Kluft zwischen Juden und Deutschen, die Kluft zwischen abgrundtiefer Schuld und Unschuld, ist für sie – und nicht nur für sie – nicht mehr zu überwinden. Der Abgrund ist zu tief, auch die Sprache kann ihn nicht überbrücken. Sie spricht die Sprache der Deutschen, die Sprache Lessings, aber sie ist nicht deutsch. Und fünf Jahre nach ihrer Rede in Hamburg sagt sie Günter Gaus in einem sehr berühmten Interview:

»Es ist ja nicht die deutsche Sprache gewesen, die verrückt geworden ist. Und zweitens: Es gibt keinen Ersatz für die Muttersprache.«[24]

Es war schon immer verwirrend, dass Juden und Jüdinnen Deutsch sprachen und schrieben und dass sie trotzdem keine Deutschen waren. Nach 1945 ist das noch erbarmungsloser als vorher, denn es erweckt die Illusion eines Gesprächs, zeigt aber auch gleichzeitig seine Grenzen auf.

Der selbstlose Universalismus, der auch immer attraktiv für Juden ist, weil er einen Schritt in die Welt der Nichtjuden ermöglicht, kann für Juden nach 1945 nur noch als ideales Bild existieren, nicht als Lebenswelt. Zurückkehren in die Menschheit, wie die verlorene Tochter nach einer langen Odyssee, das geht nicht für sie. Sie glaubt nicht daran, ja will nicht daran glauben. Vielleicht im Schreiben, aber es ist immer ein Schreiben aus der Ferne, aus New York oder aus dem 1948 gegründeten Israel, einer der neuen Heimaten für die Juden. 1948 ist auch das Jahr, in dem der Jüdische Weltkongress einen Beschluss verabschiedet, »sich niemals auf dem blutbefleckten Boden Deutschlands niederzulassen«.[25] 1948 glaubt Arendt fest daran, dass der *Jewish World Congress* das jüdische Volk als Kollektiv und nicht die Juden als Bürger ihrer jeweiligen Länder repräsentiert. Sie war auch auf der Gründungskonferenz dieser Organisation 1936 in Genf dabei. Für sie sind die Zeiten, in denen sie eine »deutsche Jüdin« ist, vorbei. Zwei Jahre später, 1950, wird in Frankfurt der Zentralrat der Juden in Deutschland gegründet. Die meisten dieser Juden kommen aus Osteuropa, wo sie den Holocaust überlebten, nun leben sie in Deutschland in sogenannten Displaced Persons Camps. Deutsche Juden gibt es nur wenige. Sie werden dann auch umgehend in die Pflicht genommen, zu Symbolen der Versöhnung und eines neuen Deutschland zu werden.[26]

Arendt möchte dieses Drama nicht mitspielen, obwohl sie sich davon angezogen fühlt. Deshalb steht bei der Korrespondenz mit Jaspers mehr auf dem Spiel, als nur eine unterbrochene Freundschaft wiederaufzunehmen. Es ist ihr wichtig – auch gegenüber sich selbst –, ihre jüdische Existenz zu betonen und immer wieder klarzustellen, warum eine Rückkehr nicht möglich ist. Jaspers und Dolf Sternberger wollen sie dazu bewegen, an einer neu gegründeten Zeitschrift in der amerikanischen Besatzungszone mitzuwirken. Sternberger gehört zu einem Herausgeberteam von in Deutschland gebliebenen Intellektuellen, die aus der sogenannten »inneren Emigration« heimkehren wollen. Er war mitverantwortlich für die Zeitschrift *Die Wandlung*, die zwischen 1945 und 1949 in Heidelberg erschienen ist.[27] Sie wollen Arendt zur Rückkehr bewegen. Aber sie will nicht und kann nicht, schreibt sie am 12. Juli 1948 an Sternberger:

> »Was mir ganz unmoeglich scheint, ist erstens dass ein Jude die Wandlung leitet und zweitens dass ein Jude sich ueberhaupt damit einverstanden erklaert. Ad 1 koennen Sie natuerlich behaupten, Sie wuessten es besser; aber ich wuerde es bezweifeln. Muss ich Ihnen erzaehlen, dass Deutschland noch nie so antisemitisch war wie gerade jetzt? […] Ad 2: (Aber bitte glauben Sie, erst kommt ad 1) Ich habe einfach Angst vor Deutschland und habe nicht – was mich diese Angst vielleicht ueberwinden liesse – Heimweh.«[28]

Sternberger und Jaspers wollen mit ihr etwas beginnen und entwickeln. Der Titel der Zeitschrift *Die Wandlung* drückt das aus. Sternberger und Jaspers blieben als sogenannte »innere Emigranten« in Deutschland und Arendt eben nicht, sie musste fliehen, um der Vernichtung zu entgehen. Und über diesen tiefen Graben hinweg versuchen sie, das Gespräch aufzunehmen. Sternberger war bis zum Ende seines Lebens im Jahre 1989 damit beschäftigt, die Bundesrepublik auf den demokratischen Weg zu bringen. Arendt war bis zu ihrem Lebensende im Jahre 1975 damit beschäftigt, den Zivilisationsbruch der Moderne zu verstehen, die amerikanische Revolution als Ort und Projekt der Freiheit zu begreifen. Und es ging ihr vor allem darum, das Jüdischsein nach dem Holocaust verstehen zu wollen. Ihre Briefe an Sternberger und auch an Jaspers erinnern oft an Tangenten, die sich an einem bestimmten Punkt berühren – und bleiben doch meist im wahrsten Sinne des Wortes übersetzte Briefe.

Arendt ist 1948 keine Deutsche mehr. Sie ist Jüdin und Amerikanerin und hat Angst vor Deutschland, obwohl sie das Nachkriegsdeutschland noch nicht kennt. Dorthin wird sie erst ein Jahr später reisen und über diesen Besuch schreiben.[29] Es ist kein unschuldiger Besuch, bei dem man mit Freunden einen Kaffee trinkt und dann wieder nach Hause zurückkehrt. Sie kommt nach Deutschland als Emissärin des jüdischen Volkes, um nach jüdischem Kulturbesitz zu suchen.[30] Ihr Bericht ist eine persönliche Abrechnung mit Deutschland. Sie kann kaum glauben, dass niemand über die jüdische Tragödie reden will. Sie schreibt über die Gleichgültigkeit und Herzlosigkeit in dem zerbombten Land. Es macht sie traurig und wütend, dass sie kein Mitgefühl für die ermordeten Juden verspürt. Wehmut erlebt sie überall, in den nächsten Jahrzehnten eine recht verbreitete Haltung, wenn von den nicht mehr vorhandenen Juden die Rede ist: »Warum muss die Menschheit immer nur Krieg führen?«[31] Selbstverliebt und ohnmächtig sieht sie die Menschen, mit denen sie in Kontakt kommt. Der Ton ihrer Ausführungen ist traurig, aber auch wütend. In einem Brief aus Deutschland an ihren Mann Heinrich Blücher vom 14. Dezember 1949 lässt sie ihrer Stimmung freien Lauf:

> »Weißt du eigentlich, wie recht du hattest, nie wieder zurück zu wollen? Die Sentimentalität bleibt einem im Halse stecken, nachdem sie einem erst in die Kehle gestiegen ist. Die Deutschen leben von der Lebenslüge und der Dummheit. Letztere stinkt zum Himmel.«[32]

Der Bericht bestätigt, was sie schon an Jaspers und Sternberger schrieb. Sie nimmt den Antisemitismus ernst, auch die Staatenlosigkeit, ein Teil der jüdischen Existenz. Die amerikanische Staatsbürgerschaft erhält sie erst 1951, was nicht nur ihren rechtlichen Status verändert, sondern ihr auch die existentielle Sicherheit einer Amerikanerin garantiert. Rückkehr ist für sie nicht möglich. Sternberger und Jaspers müssen Arendts Antwort akzeptieren, bekommen von ihr dann aber doch einige Essays, ihre ersten Veröffentlichungen im Nachkriegsdeutschland. Der Essay »Organisierte Schuld« erscheint im 4. Heft der *Wandlung*. Sie hatte ihn wohl noch vor dem Ende des Krieges geschrieben. Es ist ein Beitrag zu jener Diskussion über Schuld und Verantwortung, die Arendt nicht mehr loslassen wird. Wie schuldig sind die Deutschen als Kollektiv? Gibt es eine deutsche Kollektivschuld? In diesem ersten Beitrag in der *Wandlung* beginnt Arendt eine Diskussion mit sich und der Welt, die bis heute andauert.[33] Am Ende des Texts beruft sie sich auf die jüdische religiöse Tradition:

> »Vielleicht haben jene Juden, deren Vätern die erste Konzeption der Idee der Menschheit zu danken ist, etwas über diese Last gewußt, wenn sie alljährlich im ›Owinu Malkenu chotonu lefonecho‹ nicht nur alle in der Gemeinde begangenen Sünden, sondern alle menschlichen Verfehlungen überhaupt auf sich nahmen.«[34]

Arendt ist auch gläubige Jüdin, vielleicht anders als unser Nathan aus dem Scheunenviertel, aber in dem Sinne, dass sie sich als Teil einer Schicksalsgemeinschaft versteht. Wie viele Juden und Jüdinnen, die am Jom Kippur, am Versöhnungstag, vor Gott stehen, geht sie nicht davon aus, dass wir persönlich unschuldig sind, ganz im Gegenteil, am Versöhnungstag bekennen Juden sich zu einer schonungslosen und bedingungslosen Aussage: »Wir haben gesündigt, wir haben gefrevelt, wir haben böse gehandelt, wir haben Gräuel begangen.« Das wird gemeinsam in der Synagoge gesungen. Dabei geht es nicht um juristische Anschuldigungen. Arendt weiß wohl, dass es am Jom Kippur um etwas Tieferes geht als um die Auferlegung von Schuld. Es geht um Verantwortung. Es geht um die eigene Prüfung zwischen den Menschen und vor Gott. Es ist eine interne, intensive und ehrliche Buchhaltung. Die Erkenntnisse über unsere eigene Verantwortung legen wir Gott mit Glauben, Demut und Hoffnung vor. Die Gebete sind auch Klagelieder. Arendt ist sich wohl bewusst, dass ein grundlegender und wesentlicher Unterschied besteht zwischen dem säkularen Recht, das sich mit Schuld und Unschuld befasst, und dem traditionellen jüdischen Recht, das sich mit der Verantwortung unabhängig von Schuld befasst. Juden und Jüdinnen sprechen in der ersten Person Plural (»Wir haben gesündigt«), denn nicht der Einzelne ist verantwortlich, sondern das Wir als Teil eines Kollektivs. 1945 kann Arendt das nicht anders sehen. Der Abgrund zwischen dem jüdisch-theologischen und dem universellen Rechtssystem wird sie nicht nur philosophisch und politisch beschäftigen, es geht ihr buchstäblich unter die Haut. Die Wiederherstellung des Rechts ist ja auch eine Form der Rückkehr. Arendt schreibt 1945 über eine andere Rückkehr. Im Judentum bedeutet Rückkehr eine Rückkehr zu Gott, zum Glauben, zum Volk

Israel, aber auch zu Buße und Versöhnung. Diese sakralen Formen der Rückkehr fließen in diesem Tag, dem Jom Kippur, zusammen. Die Hoffnung der Erlösung liegt im Gebet selbst.[35]

Ist es also für Juden und Jüdinnen möglich, nach Deutschland zurückzukehren? 1948 widmet Arendt ihrem vertrauten Freund und Lehrer Karl Japsers, der ihr Judentum oft nicht wirklich verstehen will, ihre erste deutsche Buchveröffentlichung nach dem Krieg. Dort wird sie auch sehr deutlich:

> »Denn es fällt ja heute einem Juden nicht leicht, in Deutschland zu veröffentlichen, und sei er ein Jude in deutscher Sprache. Angesichts dessen, was geschehen ist, zählt die Verführung, seine eigene Sprache wieder schreiben zu dürfen, wahrhaftig nicht, obwohl dies die einzige Heimkehr aus dem Exil ist, die man nie ganz aus den Träumen verbannen kann. Aber wir Juden sind nicht oder nicht mehr Exilanten und haben zu solchen Träumen schwerlich ein Recht.«[36]

Für Juden gibt es kein Recht mehr auf Rückkehr. Ob Jaspers diesen Schmerz wirklich versteht, wissen wir nicht. Er verlässt Deutschland 1948 nach Basel, vielleicht hält es auch seine jüdische Frau Gertrud nicht mehr in Deutschland aus. Sie werden nicht teilnehmen an der sich anbahnenden Versöhnung. Die europäische Nachkriegszeit bricht an.[37] Versöhnung soll als Verknüpfung von Sicherheit, Wohlstand, Wissenschaft und Kultur auf den Weg gebracht werden. Dazu gehört das Vergessen und das Vergessen, dass man überhaupt vergessen hat und die Vergangenheit nicht mehr existiert. So steht Deutschland nicht länger außerhalb einer gemeinsamen universalen Moderne. Der Zweite Weltkrieg wird als eine Katastrophe verstanden, die ganz Europa getroffen hat. Nachkriegsdeutschland steht auch für den Beginn eines neuen Europa, die Geburt der Europäischen Union, die den Neubeginn einer neuen Phase der Moderne markiert, einer universalen statt einer nationalstaatlichen Moderne. Auf diese Weise gehen das Vorher und Nachher der NS-Zeit im Vorher und Nachher des Zweiten Weltkriegs auf, was das Vorher und Nachher eines Wendepunkts in der Moderne ist. Und eben in dieser Phase wird Arendt nach Hamburg eingeladen, den Lessing-Preis entgegenzunehmen und für eine neue Nachkriegs-Aufklärung zu sprechen. Das meint Biermann-Ratjen wohl, wenn er sagt, dass er zu Arendt zurückkehre. Und er mag sogar recht haben.

Wie alle trägt auch Hannah Arendt ihre persönliche, familiäre und kollektive Geschichte in sich selbst, und genau diese Geschichten prägen am Ende unsere politischen Leidenschaften. Sie ist eine Jüdin, 1906 auf die Welt gekommen, die gerade 27 Jahre alt ist, als die Nazis an die Macht kommen, und die 1945 in den USA als 39-Jährige den Beginn der Nachkriegszeit miterlebt. Aber für Juden und Jüdinnen gibt es keine Nachkriegszeit. Die Zeit nach der Shoah ist nie »danach«, sie ist immer im Jetzt. Wenn man das nicht verstehen und erkennen kann und sich der Illusion des Menschseins hingibt, kann das zu verhängnisvollen Konsequenzen führen. »[Man kann] sich immer nur als das wehren [...], als was man angegriffen ist«, so Arendt in ihrer Rede.[38] Gerade der Mythos von Nathan verführte die jüdische Minderheit dazu, ihre gefährliche Lage lange zu unterschätzen. Das passiert Arendt nicht. Der Kampf gegen die Antisemiten und den Antisemitismus trägt für Juden und Jüdinnen ein anderes Gesicht als für Nichtjuden. Und sie geht auch einen Schritt weiter:

> »Diejenigen, die solche Identifizierungen einer feindlichen Welt ablehnen, mögen sich der Welt wunderbar überlegen fühlen.«[39]

1959 lebt Arendt als Jüdin in einer noch immer feindlichen Welt.

VON DER MENSCHLICHKEIT IN FINSTEREN ZEITEN

All diese Gedanken über Schuld, Unschuld und die Frage, wie man nach 1945 weiter auf Deutsch zu einem deutschen Publikum spricht, gehen Arendt auf dem Weg nach Hamburg durch den Kopf. Es ist nicht einfach für sie, 1959 nach Hamburg zu fahren, um einen Preis entgegenzunehmen, der nach einem deutschen Aufklärer benannt ist. Als Jüdin will sie den Preis nicht ablehnen, aber als Deutsche kann sie ihn nicht annehmen. Sie hält im Sinne jüdischer Solidarität eine Rede für ihren jüdischen Partikularismus, der nie das Universale aus dem Auge verliert, denn sie spricht auf Deutsch und sie spricht über Lessing. Sie hätte den Preis ablehnen können. Sie lässt sich von Deutschland ehren, obwohl sie keinen Respekt vor dem Land hat. Sie möchte auf der Bühne stehen, und auch wenn sie dort möglicherweise geblendet wird, entscheidet sie sich für das Rampenlicht, weil sie gehört werden will und auch weil man ihr das Licht 1933 abgeschaltet hat. In ihrer Rede über »Menschlichkeit in finsteren Zeiten« geht es um die Aufklärung, um Lessing, um den weisen Nathan, um sie selbst und vor allen Dingen um Freundschaft.[40] »Sei mein Freund«, ist der Appell des Schauspiels, und Arendt liest es auf ihre Weise. Für sie geht es vorrangig um Freundschaft im politischen Sinne, die sie von Liebe, Brüderlichkeit und aller Sentimentalität unterschieden haben will. Das ist für sie eine persönliche Angelegenheit genauso wie eine historisch-politische. Freundschaft ist und bleibt ein Rätsel: freiwillig und verpflichtend zugleich, spontan und bindend. Freundschaft löst das Dilemma zwischen Freiheit und Determinismus. Dahinter verbirgt sich eine vernichtende Kritik an dem Aufruf zur »Brüderlichkeit« der Französischen Revolution als Grundlage für Solidarität.[41] Sie sucht eine neue Form der Solidarität, die nicht auf Mitleid, sondern auf Respekt vor der Andersheit des anderen beruht. Nicht um Liebe geht es ihr, die gehört ins Private und nicht ins Öffentliche, und sie lässt wie die Brüderlichkeit keinen Raum für die Welt. Freundschaft ist für sie politisch und nicht intim. Intim ist nur die Liebe. Auch das ist für sie ein Weg aus der Bestimmung des jüdischen Seins hinein in eine Welt, die eine nichtjüdische ist.

Sie tut sich schwer mit der Rede, und sie verschlüsselt sie auf mannigfaltigste Weise. Denn sie spricht als Jüdin, aber auch als Frau und Amerikanerin. Sie trägt Masken und wechselt sie häufig während der Rede. Man kann es förmlich spüren, wie sie sich auf der Bühne damit quält, denn es steht viel auf dem Spiel. Sie steht nicht allein im Kaisersaal des Hamburger Rathauses. Sie spricht im Namen der Juden und im Namen einer jüdischen Aufklärung. Sie spricht im Namen der Ermordeten, derjenigen, die nicht mehr zurückkommen. Und sie spricht im Namen Lessings. Sie will ihn von der Sentimentalität der Duldung befreien. Es ist eine Preisrede, die so viel mehr ist als das. Es ist eine jüdische Antwort auf die deutsche Frage. Viele Themen sind der Rede eingewoben. Es geht um intellektuelle und reale Bewegungsfreiheit, es geht auch um Mitleid und Freundschaft als Grundlage für Politik. Es geht um die Grenzen der Solidarität. Es geht um das Jüdischsein und das Partikulare. Über allem schwebt die Figur des weisen Nathan. Es geht gewiss auch um Versöhnung, so denken bestimmt diejenigen, die Arendt nach Hamburg eingeladen hatten. Sie wurde als die neue, weibliche Version des Nathans zum Fest gebeten. Hannah die Weise. Aber sie belächelt die Träume der Aufklärer vom Schlage Lessings, dass Juden, wenn sie sich erst einmal emanzipieren, nicht nur Menschen, sondern freiere, vorurteilslosere, menschlichere Menschen werden würden. Das sind die Spannungen, die Hannah die Weise ihrem Publikum zumutet. Gleich am Anfang gesteht sie ein: »Ich gebe zu, daß ich nicht weiß, wie ich dazu gekommen bin.« Wie kann jemand wie sie dazu kommen, einen Preis zu erhalten. Und sie sagte das nicht aus falscher Bescheidenheit. Und sie fährt gleich fort mit »daß es mir nicht ganz leicht gefallen ist, damit zu Rande zu kommen«.[42] Sicher frägt sie sich, wie sie dazu kommt, diese Preisrede vor deutschem Publikum zu halten. Aber sie wird ihre Rolle als Jüdin, die nach Hamburg kommt, um einen Preis im Namen der deutschen Aufklärung zu erhalten, spielen wollen. Denn sie weiß, dass diese Rolle von den Juden in Deutschland erwartet wird. Und sie kann das, denn sie ist auch Schauspielerin. Ihre amerikanische Freundin, Mary McCarthy, weiß das sehr wohl. In ihrer Grabrede für Arendt, gehalten 16 Jahre nach der Hamburger Rede, sagt sie das über ihre Freundin:

> »In Hannah steckte mehr als nur ein Zug von einer großen Schauspielerin. Als ich sie das erste Mal öffentlich reden hörte [...], erinnerte mich dieser Auftritt daran, was Sarah Bernhardt gewesen sein muss oder Prousts Berma: eine wunderbare Bühnendiva – ein Wort, das ja eigentlich bedeutet: eine Göttin. [...] Wenn man ihr auf einer Bühne zusah, war man nicht weit entfernt von den sakralen Ursprüngen des Theaters. Was sie verkörperte, war der Mensch als Akteur und Leidender im Agon des Bewusst-

> seins und der Reflexion, bei dem immer zwei beteiligt sind: einer, der etwas sagt, und der andere, der antwortet oder in Frage stellt.«[43]

Mary McCarthy kennt ihre Freundin Hannah Arendt. Sie mag mit ihr über die Preisrede gesprochen haben, bevor sie nach Hamburg aufgebrochen ist. Und tatsächlich präsentiert Arendt ihren Lessing dem Publikum als Diva. Sie spielt ihre Rolle, die eigentlich aus mehreren Rollen besteht. Lessing hat Arendt schon lange fasziniert. Toleranz, die angenommene Gleichheit der Menschen, das Suchen nach Wahrheit, das sind die Themen, die Arendt schon immer umgetrieben haben. Es sind auch jüdische Themen, ihre Themen. Sie will das Rampenlicht und sie will den Preis. Nur so kann sie für die Juden sprechen. In einer fast schon gegenaufklärerischen Bewegung gibt sie ihrem Publikum zu verstehen, dass sie weder als Deutsche noch als Mensch zu ihm spricht. Sie kann nur als Jüdin das Wort ergreifen:

> »Ist schon der Einklang mit der Welt, den die Ehrung verlangt, in unserer Zeit und unseren Weltumständen nirgends selbstverständlich, so gilt dies für uns in erhöhtem Maße.«[44]

Das Bestehen auf dieser überhaupt nicht universellen Haltung zur Welt ist bis heute eine schwer erträgliche Zumutung in einer Gesellschaft gleicher Freiheits- und Rederechte. Das galt auch schon 1959 in Hamburg. Glaubt sie wirklich, dass das Unmenschliche, wenn wir weiter gemeinsam leben wollen, irgendwann ins Menschliche zurückgeholt werden kann?

»ICH BIN DER GEIST, DER STETS VERNEINT«

Knapp drei Jahre vor Arendts Rede hatte Friedrich Dürrenmatt auf der Bühne eine andere Rückkehr gezeigt. *Der Besuch der alten Dame*, im Januar 1956 in Zürich uraufgeführt, handelt von Schuld und Rache.

Sieben Monate vor Arendts Rede sendete der deutsche Südwestfunk die Fernsehfassung mit Elisabeth Flickenschildt in der Hauptrolle. Die tragische Komödie handelt von Rückkehr und Rache, sie steht in der Tradition der klassischen griechischen Tragödie, in der moralische Dilemmata öffentlich ausgetragen werden, eine moderne Orestie. Flickenschildt gibt die Rachegöttin Claire Zachanassian, die als junge Frau von den Bewohnern aus der Stadt Güllen vertrieben wird, nachdem sie von einem jungen Mann, Alfred Ill, ein Kind erwartet. Sie kehrt als alte reiche Dame zurück und macht den Bewohnern ein Angebot, das sie nicht ablehnen können: eine hohe Prämie für den Tod von Alfred Ill. Claire will keine Gerechtigkeit, sie will Rache.[45] Claires Weigerung zu vergeben ist archaisch und mündet in die Rache. Sie will sich nicht versöhnen. Aber nicht nur Rache ist das zentrale Motiv im Stück, es geht vielmehr um Opfer und Täter im weitesten Sinne.

Obwohl Dürrenmatt nicht explizit über den Krieg, die Juden und die Deutschen spricht, konnte dem damaligen Publikum in Deutschland diese Anspielung nicht entgehen. Dürrenmatt ist geprägt von der Erfahrung des heißen und kalten Kriegs, seine Werke reichen weit über den Schweizer Kontext hinaus.[46] Mit der Ankunft der alten Dame werden die Bürger Güllens Täter und Opfer zugleich. So bedient das Stück die allgemeine Idee der Opferrolle, hinter der die Vorstellung steht, dass moderne Kriegsführung nur Opfer kennt. Dabei spielt es keine Rolle, wer den Krieg beginnt, wer ihn gewinnt oder verliert, denn der Krieg ist eine menschliche Tragödie, die alle betrifft. So wird der Krieg in dieser verallgemeinerten Geschichte zur universalen Tragödie, die keinen Unterschied zwischen Siegern und Besiegten, Tätern und Opfern kennt: Der Zweite Weltkrieg macht alle zu Opfern. Im jüdischen Gedenken an den Holocaust jedoch gibt es eine nie verschwindende Kluft zwischen Opfern und Tätern. Daraus ergeben sich zwei parallele, meist unvereinbare Konzeptionen des Opferbewusstseins, eine universelle und eine partikulare, die in beiden Tragödien, in den beiden Besuchen der Damen, erkennbar werden. Der Besuch Arendts hebt die Verbrechen des Aggressors hervor, der Besuch der alten Dame verkennt die Verbrechen durch die Vorstellung, dass eigentlich alle Opfer sind. Arendt betont in ihrer Hamburger Rede das Jüdische und damit die Unterscheidungen zwischen Tätern und Opfern, Juden und inneren Emigranten. Claire konzentriert sich auf die Aggressoren und ihre Peiniger und rechtfertigt so Krieg und Rache als Mittel, mit denen die Opfer aufhören, Opfer zu sein, und zu Aggressoren werden, um so Gerechtigkeit zu erlangen. Sie wird dadurch zu einer einsamen tragischen Figur. Dürrenmatt zeichnet sie als negative Heldin.

Arendts Rede fokussiert auf das Schicksal der Juden und widersetzt sich der Idee, dass am Ende alle Opfer sind. Auch damit durchkreuzt sie den Plan ihrer Repatriierung. In Hamburg geht und ging für die meisten die Zeit einfach weiter, es ist 1959, der Krieg seit 14 Jahren zu Ende. Der Hamburger Bürgerschaft ist klar, dass auf jeden Krieg auch ein Frieden folgt. Die Bombennacht von Ende Juli 1943, wegen ihrer biblischen Ausmaße auch »Operation Gomorrha« genannt, in der mehr als 30 000 Hamburger ihr Leben verlieren, ist aus dem öffentlichen Gedächtnis getilgt. Was oft bleibt, ist das mehr oder weniger private Familiengedächtnis.[47] Frieden ist mit Versöhnung mit sich selbst und der eigenen Vergangenheit verbunden. Dagegen stemmt sich Arendt in Hamburg und Claire Zachanassian in Güllen. Letztere will Rache, Arendt geht mit der Anerkennung ihres jüdischen Schicksals einen anderen Weg in das Danach. Vielleicht ist das für alle Beteiligten zu belastend und zu viel verlangt. Traumatisierte Menschen erinnern sich, und wenn sie sich erinnern, dann steigen die toten Körper aus der Erde. Und diese Toten sprechen wie die Furien, die nichts vergessen wollen. Claire ist eine solche Furie. Und auch für Arendt stehen viele dieser Toten mit ihr im Kaisersaal. An manchen Stellen ihrer Rede verwandelt auch sie sich in eine Furie. Die Toten sind die Zeugen dafür, dass es keine Heilung des Traumas geben kann, es mag abgeschwächt werden, verschwinden wird es nie. Auf der Hamburger Bühne will Arendt auch noch eine tragische Heldin sein, Claire ist keine Heldin, sie ist eine Furie, aber da alle in Güllen wirklich schuldig sind, ist auch keiner schuldig. Das haben sie mit den Hamburgern gemein.[48] Die Güllener bekommen ihren Marshallplan und die Hamburger ihre Preisträgerin.

DIE ALTE DAME UND MEPHISTO

Elisabeth Flickenschildt verkörpert in ihrer eigenen Person dieses Drama. 1905 in Hamburg geboren, ist sie ein Jahr älter als Arendt. Es kann gut sein, dass sie zur Preisrede Arendts geladen ist und sogar in der Ehrenreihe im Publikum sitzt. 1930 spielt sie ihre erste Rolle am Thalia Theater in Hamburg, also etwa in der Zeit, als Hannah Arendt in Frankfurt wohnt. Gustaf Gründgens holt Flickenschildt während der Nazizeit ans Schauspielhaus Berlin. Sie ist eine herausragende Schauspielerin, die auch während der nationalsozialistischen Herrschaft auf der Bühne und im Kino zu sehen ist. 1932 tritt sie in die NSDAP ein. Die Nazis schätzen sie und setzen sie dann auch im August 1944 auf die sogenannte »Gottbegnadeten-Liste«, eine Liste etwa 400 deutscher Künstler und Künstlerinnen, die Goebbels als wichtig genug erscheinen, um sie unter seinen besonderen Schutz zu stellen.[49] Flickenschildt arbeitet nach dem Krieg ohne längere Unterbrechung weiter, mit Gründgens zuerst in Düsseldorf, ab 1955 in Hamburg.[50] Einige Monate vor der Rede Arendts feiert sie auf der Bühne mit Gründgens einen ihrer letzten Triumphe in seiner Inszenierung des *Faust I*. Nach Gründgens' Tod 1963 verglüht auch ihr Stern. 1975, im Jahr von Arendts Tod, erhält Flickenschildt das Große Bundesverdienstkreuz für ihre Verdienste für die Kultur. Sie ist eine deutsche Diva, die ihre Rolle im deutsch-jüdischen Gespräch mit Glamour spielt.

Gustaf Gründgens ist eine der schillerndsten Figuren des deutschen Theaters. Seine Karriere beginnt in der Weimarer Republik, erreicht einen ihrer Höhepunkte in der Zeit des Nationalsozialismus und setzt sich nahtlos in der Bundesrepublik fort, zuerst in Düsseldorf und ab 1955 in Hamburg. 1899 geboren, ist er knapp sieben Jahre älter als Arendt. Ihre Wege mögen sich Anfang der 1930er Jahre in Berlin gekreuzt haben. Persönlich kennt Arendt ihn nicht. Vielleicht liest sie über ihn in der Zeitung, vielleicht sitzt sie auch im Publikum, als er ab 1932 den Mephisto im Preußischen Staatstheater spielt. Der Name ist ihr bestimmt bekannt. Aber ihre Wege können sich seit 1933 nicht mehr kreuzen. Arendt wird im Sommer 1933 verhaftet und flieht kurz darauf aus Deutschland. Auch Gründgens, ein Dandy, der mit seiner Sexualität experimentiert, denkt ans Auswandern. Er fühlt sich nicht sicher im nationalsozialistischen Deutschland, zieht in die Schweiz und wartet ab. Schließlich kehrt er zurück: Hermann Göring verspricht ihm eine glänzende Karriere. Das will und kann er nicht ausschlagen. 1936 heiratet er die drei Jahre jüngere Schauspielerin Marianne Hoppe. Die Ehe schützt beide vor den sexuellen Moralvorstellungen der Nazis.[51] Wie so viele andere, sei er – sagt Gründgens von sich selbst – mit Anstand durch die Zeit gegangen und habe auch Verfolgte mit seinem Einfluss geschützt. Er ist kein gläubiger Nazi gewesen, sondern einfach ein begnadeter Schauspieler. Als solcher wird er auch nach 1945 gefeiert. Er verkörpert die neue Bundesrepublik, den Wandel und die Fortsetzung des vorhergehenden Regimes. Und spielt diesen Übergang mit Brillanz.

Möglicherweise saß auch er als Ehrengast im Publikum, als Biermann-Ratjen Arendt präsentierte und von der Rückkehr sprach: Vielleicht trank er sogar hinterher mit ihr ein Glas Sekt und stellte ihr Elisabeth Flickenschildt vor. Vielleicht unterhalten sie sich über Claire Zachanassian oder über Mephisto, die Starrollen der beiden. Arendt hat dann wohl höflich gelächelt und sich ihren Teil gedacht. Vielleicht gab sie sich im Nachhinein recht, dass es in ihrer Rede auch um die sogenannten inneren Emigranten gehen musste.[52]

Wäre er dazu in der Lage, würde sich unser Lessing, nun auf dem Denkmalsockel, darüber amüsieren, wie viele Künstler oder Künstlerinnen sich nach dem Krieg, gottbegnadet oder nicht, plötzlich als »innere Emigranten« darstellen. Zu Lebzeiten hätte er diesen Begriff bestimmt verstanden, Arendt spielt mit ihm in ihrer Rede, wenn sie Lessing den Daheimgebliebenen gegenüberstellt. Aber nach 1945 ist es anders. Die inneren Emigranten werden von äußeren Emigranten, wie Thomas Mann und seinem Sohn Klaus, als Mitläufer angegriffen. Sie wehren sich. Man blieb anständig, was hätte man tun sollen. Man sollte doch etwas Menschlichkeit in diesen Zeiten bewahren. Es ist eine innerdeutsche Debatte, die nicht mit Juden oder Jüdinnen geführt wurde, sondern vor allem mit Thomas Mann. Es ging um die »freie Wahl« des Weggehens oder Bleibens. Arendt weiß das natürlich. Sie verfolgt die deutschen Debatten, ist mit Karl Jaspers im Austausch. Sie muss etwas dazu sagen. Sie bleibt freundlich. Sie plant es vorsichtig in ihrer Rede ein. Erst spricht sie über die Juden, bevor sie über die innere Emigration spricht. Damit positioniert sie die Juden und die inneren Emigranten als Gegenpole. Die inneren Emigranten hätten sich in die Unsichtbarkeit des Denkens und Fühlens zurückgezogen[53], da die Wirklichkeit für sie untragbar war. Bitter spricht sie über den Rückzug in das Innenleben einer eingebildeten Welt und beklagt auch die Sentimentalität, die dabei mitschwingt. Aber sie baut die Rede so auf, dass zuerst sie als Jüdin zu Wort kommt, bevor sie über die »inneren Emigranten« spricht:

> »Ich meinte mit meinem ›Ein Jude‹ noch nicht einmal geschichtlich belastete oder ausgezeichnete Realität, sondern nichts als die schlichte Anerkennung einer politischen Gegenwart, die eine Zugehörigkeit diktiert hatte …«[54]

Vielleicht wären das ihre Gedanken gewesen, während sie mit Gründgens und Flickenschildt lächelnd am Sekt nippte. Soll sie ihnen über ihre Flucht erzählen, über die Vernichtungslager und ihre Toten? Dass sie als Jüdin sich den Luxus des Rückzuges in das Innenleben nicht erlauben kann? Darauf verzichtet sie in ihrer Rede. Beide, Flickenschildt und Gründgens, waren zwischen 1933 und 1945 nicht unsichtbar in ihr Innenleben zurückgezogen, ganz im Gegenteil. Sie waren Schauspieler und führen nun den »inneren Emigranten« auf. Sie sind wie so viele Mitläufer und Karrieristen, aber sie sind keine Mörder. Arendt hätte sich vielleicht gedacht, dass nur Juden und Jüdinnen jenseits der Kategorie Nazi oder Antinazi liegen. Sie schrieb schon vor ihren Besuchen in Deutschland, dass damals niemand in Deutschland den Unterschied zwischen Nazi oder Antinazi ergründen kann. Arendt weiß nach ihren Besuchen, dass sie überall in Deutschland entweder auf ehemalige Massenmörder oder einfache Karrieristen wie Gründgens und Flickenschildt trifft. Man akzeptiert das, sonst muss man vermeiden, nach Deutschland zu reisen oder zurückzukehren. Oder sie nimmt ernst, was sie über Gründgens hört, dass er zwar seinen Frieden mit den Nazis gemacht hat, aber seine Stellung dazu nutzte, um einigen Juden und Jüdinnen und politisch Verfolgten wie Ernst Busch zu helfen. Vielleicht erwartet sie, auf einen leibhaftigen Mephisto zu treffen, einen Bösewicht, den man in großen Tragödien trifft, und am Ende trifft sie nur den eitlen Gustaf Gründgens, einen »Hanswurst«, wie sie einige Jahre später über Eichmann urteilt.

Diese Hanswurst-Metapher für Eichmann benutzt sie im Oktober 1964 in einem Fernsehinterview mit Gunter Gaus: »Aber ich war wirklich der Meinung, daß der Eichmann ein Hanswurst ist.«[55] Wenn sie anderthalb Jahre nach ihrer Rede nach Jerusalem fahren wird, um dort dem Prozess gegen Adolf Eichmann beizuwohnen, schreibt sie darüber ihren nun schon berüchtigten Bericht.[56] Vielleicht schaut sie auf Eichmann und sieht Gründgens. Sie beobachtet Eichmann genau in Jerusalem. Seine Sätze klingen, als wären sie auswendig gelernt. Er beantwortet Fragen mit auswendig gelernten Phrasen wie ein Schauspieler auf einer Bühne. Und es ist, als ob diese Klischees es ihm erlaubten, sich zu konzentrieren und sich selbst zu vertrauen. Sie sah ihn schon fast als eine leere Hülle, ohne Inneres, ohne Gewissen, gefüllt mit Platituden, die er im passenden Moment abruft. Ein Hanswurst, wie sie später bei Gaus sagt, ein Clown in einer weißen Maske, ein Possenreißer im Gerichtssaal, Banalitäten von sich gebend. Eichmann war im Gerichtssaal nicht in seinem Element, und der einzige Weg zurück in sein Element war, in Klischees und Banalitäten seine Antworten zu geben. Und so entrollt Arendt den Begriff von der *Banalität des Bösen* mit einem fast schon poetischen Klang. Eichmann ist halt keine Shakespeare-Figur, kein Jago, Macbeth oder Richard III. Vielleicht denkt sie sich, dass er eher eine Goethe-Gestalt ist, die sie kurz davor in Hamburg trifft.

Und just in dieser Zeit, im Juli 1963 kurz vor seinem Tod, tritt auch Gustaf Gründgens bei Gaus auf.[57] Wie auch im Gespräch mit Arendt ist der viel jüngere Günter Gaus, 1929 geboren, neugierig, wie Menschen, Juden oder Schauspieler wie Gründgens, die Nazizeit erlebten. Gaus kann das, er verkörpert das neue Deutschland. Ein liberaler Journalist, der sich durchaus auch nicht mehr als Teil der Elterngeneration sieht, spricht offen mit Arendt und auch mit Gründgens. Angesprochen auf die Zeit von 1933 bis 1945, als Gründgens auf dem Höhepunkt seiner Karriere ist, erzählt er Gaus:

> »Eine Zeit, die für mich trotz allem, was ich täglich und praktisch zu tun hatte, so wenig Realität besaß, daß ich eines Tages mit meiner Frau in meinem Garten saß und sagte: ›Mein Gott, Marianne, stell dir mal vor, wir säßen wirklich hier, und ich wäre wirklich Intendant des Staatstheaters und ich spielte wirklich den Hamlet. Wär das nicht wunderbar?!‹«[58]

Es war in der Tat wunderbar. Ein unsicheres Gewissen hat er nicht. Von Gaus danach gefragt, sagt er:

> »Nichts liegt mir ferner. Dann haben Sie mich völlig mißverstanden. Ich wollte damit sagen, daß die Unsicherheit, in der wir alle lebten, uns die Bühne als den einzigen sicheren Faktor erscheinen ließ. Auf der Bühne, dem Planquadrat – wie ich es nenne –, wußte ich genau, wenn ich den Satz sage, geht hinten eine Tür auf, und eine Dame in einem grünen Kleid kommt herein – und nicht ein SS-Mann. Dies meine ich lediglich. Was dann bestimmend geworden ist für meine Art, Theater anzusehen: die Ordnung, die Exaktheit, das Ausschalten des Zufälligen.«[59]

Für Politik interessiert er sich nicht, nur für Kunst. Die Dame im grünen Kleid beschäftigt ihn, nicht der SS-Mann. Und sein Theater war eine Insel, auf die man flüchten kann, erzählt er. Er sagt am Ende des Interviews, dass er ein Buch über das Verhältnis von Kunst und Macht schreiben möchte. Sein Leben schreibt es. Auch er stand seit 1944 auf der Gottbegnadeten-Liste. Aber nun ist der Krieg aus, und es dauert nicht lange, bis er in Berlin und Düsseldorf wieder auf der Bühne steht. 1955 kommt der große Erfolg in Hamburg. Am 1. September 1955 die erste Vorstellung, Schillers *Wallenstein*. Eine Stunde soll der Applaus gedauert haben.[60] Und dann im April 1957 *Faust I*. Er ist wieder in seinem Element, und Hamburg liegt ihm zu Füßen. Er führt gleichzeitig Regie und spielt wie schon zuvor den Mephisto. Auch Elisabeth Flickenschildt ist dabei als Marthe. Als Arendt in Hamburg eintrifft, sind Gründgens und Flickenschildt wieder auf der Höhe ihrer Karriere. Die Jahre davor beschreiben sie als eine Kulisse für ihr eigenes Theater. Arendt wird dann auch im Laufe der Rede deutlicher und spricht von der »leider nur zu verbreiteten Neigung, so zu tun, als habe es die Jahre von 1933 bis 1945 gar nicht gegeben«[61], um dann auch ihr abschließendes Urteil über die »innere Emigration« zu geben. Und sie gibt ihnen die Schuld an der Verdrängung der Vergangenheit und deren Unfähigkeit, der Wirklichkeit zu begegnen, denn bei den Nazis gab es auch keinen Unterschied zwischen inneren Emigranten oder überzeugten Parteimitgliedern.

HENDRIK HÖFGEN UND GUSTAF GRÜNDGENS

Gründgens und Flickenschildt tun in Hamburg bestimmt so, als ob es die Jahre von 1933 bis 1945 nicht gegeben habe. Aber ein äußerer Emigrant, der Sohn von Thomas Mann, Klaus, erinnert Gründgens ständig daran, dass es auch eine andere Variante von Gründgens gibt, eine hässliche Persona mit Namen Hendrik Höfgen. Höfgen ist die Hauptfigur in einem Roman von Klaus Mann, den er 1936 im Amsterdamer Exilverlag Querido unter dem Titel *Mephisto. Roman einer Karriere* veröffentlichte. Wie Arendt 1906 geboren, flüchtet Klaus Mann – wie Arendt – schon 1933 aus Deutschland. Als Gründgens 1926 seine Schwester Erika heiratet, sind sie auch kurz verschwägert. Thomas Mann und sein Sohn Klaus Mann werden zu im Exil lebenden Symbolen des Widerstands gegen die Nazis.

Ob Klaus Manns Roman ein Schlüsselroman ist oder nicht, ob es um Gründgens geht oder um einen generischen Mitläufer, soll dann auch nach Gründgens' Tod Teil einer Debatte um Kunstfreiheit und das Verhältnis von Kunst und Macht im Nationalsozialismus werden.[62] Höfgen ist Opportunist, Karrierist, Zyniker, Mitläufer und Mittäter. Er ist feige und rücksichtslos, da ist keine Ambivalenz zu spüren, die Gründgens in seinem Fernsehinterview für sich reklamieren will. Höfgen ist Nazi. Klaus Mann packt in diese Figur alles, was er an diesen Menschen hasst. Ob sein ehemaliger Schwager Gründgens dafür herhalten muss, bleibt der Fantasie der Leser und Leserinnen überlassen. Aber seit 1936 ist Hendrik Höfgen der Schatten von Gustaf Gründgens. Der Roman ist auch das Drama derjenigen, die ihren Frieden nicht machen wollen mit denen, die bleiben und sich ihren Frieden machen. Klaus Mann will sich bestimmt auch an Gründgens für dessen Karriere rächen. Daraus macht er kein Hehl, wenn er Gründgens einen rücksichtslosen Verräter nennt. Er selbst nimmt sich 1949 in tiefer Depression in Cannes das Leben. Er kann nicht ertragen, dass Gründgens nach kurzer Zeit in russischer Haft wieder auf der Bühne steht. Für ihn gibt es keine Rückkehr nach Deutschland, obwohl er nach dem Krieg einige Male nach Deutschland gereist ist.

Auch eine Neuauflage des Romans gibt es vorläufig nicht. *Mephisto* erscheint zunächst 1956 in Ostberlin. Gründgens weiß das sicher, kann aber die Veröffentlichung in der DDR nicht unterbinden. Und bestimmt fanden viele Exemplare ihren Weg in westdeutsche Bücherschränke. Gründgens kann freilich zu Lebzeiten verhindern, dass das Buch auch in der Bundesrepublik veröffentlicht wird. 1963, im Todesjahr Gründgens', entschließt sich der Nymphenburger Verlag, das Buch zu veröffentlichen. Dagegen klagt Peter Gorski, der Adoptivsohn und Lebensgefährte von Gründgens. Vertreten wird Gorski vor Gericht durch den Bruder des Kultursenators Biermann-Ratjen. Es geht um die Grenzen der Kunstfreiheit durch Persönlichkeitsrechte. Hamburg und nicht nur Hamburg will den guten Ruf Gründgens' verteidigen gerade in der Zeit, in der Arendt die Theaterfigur Adolf Eichmann beobachtet. Fast ein Jahrzehnt ziehen sich die Auseinandersetzungen der Gerichte hin. Zuerst darf der Roman veröffentlicht werden, dann kommt 1966 vom Hamburger Oberlandesgericht das Verbot. *Mephisto* ist ein Schlüsselroman, also keine Kunst, sondern Geschichte, die der Wahrheit entsprechen soll, was so viel heißt, dass der Roman nicht von der Kunstfreiheit geschützt werden kann.

> »Denn die Allgemeinheit sei nicht daran interessiert, ein falsches Bild über die Theaterverhältnisse nach 1933 aus der Sicht eines Emigranten zu erhalten.«[63]

Damit setzt das Hamburger Gericht die Beziehung zwischen den inneren und äußeren Emigranten fest. Die Allgemeinheit ist nicht daran interessiert. Im Gerichtsbeschluss werden auch Manns eigene Worte aus seiner Autobiografie von 1946 zitiert:

> »›Mephisto‹ ist kein ›Schlüsselroman‹, wie man ihn wohl genannt hat. Der ruchlos brillante, zynisch rücksichtslose Karrieremacher, der im Mittelpunkt meiner Satire

> steht, mag gewisse Züge von einem gewissen Schauspieler haben, den es wirklich gegeben hat und, wie man mir versichert, wirklich immer noch gibt. Ist der Staatsrat und Intendant Hendrik Höfgen, dessen Roman ich schrieb, ein Porträt des Staatsrates und Intendanten Gustaf Gründgens, mit dem ich als junger Mensch bekannt war? Doch nicht ganz. Höfgen unterscheidet sich in mancher Hinsicht von meinem früheren Schwager. Aber angenommen sogar, daß die Romanfigur dem Original ähnlicher wäre, als sie es tatsächlich ist, Gründgens könnte darum immer noch nicht als der ›Held‹ des Buches bezeichnet werden. Es geht in diesem zeitkritischen Versuch überhaupt nicht um den Einzelfall, sondern um den Typ.«[64]

Hier nimmt das Hamburger Gericht den Faden der Arendt-Rede wieder auf, als sie, wohl in die nahe Zukunft schauend, über die innere Emigration und deren Weltverlust klagt.

Auch Arendt geht es in ihrem Bericht über Eichmann nicht um den Einzelfall, sondern um den Typus. Dieser Einzelfall Gründgens mag im September 1959 in Hamburg im Publikum sitzen, sich die Rede anhören und darüber nachdenken, wie er die Veröffentlichung von *Mephisto* verhindern kann, während sie zu ihm schaut und über die Banalität des Bösen nachdenkt. Klar ist, dass im Jahre 1968 die Freiheit der Kunst ihre Schranken durch die Ehre und Persönlichkeitsrechte von Gründgens fand.[65] Nach einigem Hin und Her wird der Roman *Mephisto* schließlich im Dezember 1980 veröffentlicht. Gleichzeitig kommt der gleichnamige Film – Klaus Maria Brandauer spielt die Hauptrolle – in die Kinos. Gründgens ist schon 18 Jahre, Arendt sechs Jahre tot. Die Freiheit der Kunst hat gesiegt, wohl auch aus Müdigkeit. Von dem Buch werden allein im Jahre 1981

300 000 Exemplare verkauft.[66] Am Ende ist der Schatten Höfgen nun die Persona Gründgens. Die Aufregung darüber ist vorbei und vergessen. Die Bundesrepublik kommt in die 1980er Jahre.

HANNAH ARENDT TANZT MIT LESSING

Arendt geht es nicht um Rache, sondern um das Problem einer lebendigen Mitmenschlichkeit, um die Frage, wie weit man einer gemeinsamen Welt auch dann noch verpflichtet bleibt, wenn man missachtet und aus ihr verjagt wird. Es geht ihr nicht um Versöhnung und Vergebung. Kurze Zeit vor ihrer Reise nach Hamburg erscheint 1958 ihr Buch *The Human Condition*, zwei Jahre später auf Deutsch unter dem Titel *Vita activa*, in dem sie sehr klar über die Grenzen der Versöhnung schreibt. Arendt betont, dass diejenigen Vergehen, die unbestrafbar sind, auch nicht vergeben werden können:

> »Es gehört zu den elementarsten Gegebenheiten im Bereich der menschlichen Angelegenheiten, daß wir außerstande sind zu verzeihen, wo uns nicht die Wahl gelassen ist …«[67]

Für sie war der Holocaust als das radikal Böse so ein Vergehen. Und in ihrer Rede betonte sie dann auch:

> »Das Höchste, was man erreichen kann, ist zu wissen und auszuhalten, daß es so und nicht anders gewesen ist, und dann zu sehen und abzuwarten, was sich daraus ergibt.«[68]

Während ihrer Rede spürt sie bestimmt, dass ihr Publikum weder wissen will, wie es gewesen ist, noch imstande war, es auszuhalten. Das »so zu tun, als habe es die Jahre von 1933 bis 1945 gar nicht gegeben«[69], demaskiert sie dann pointiert und klar etwa in der Mitte ihrer Rede. Ihre Gastgeber sind sicher überrascht. So benimmt man sich nicht als Gast. Vielleicht übertritt sie sogar die Regeln der Gastfreundschaft. Nicht so weit, dass sie von einer feindseligen Gesinnung ihrer Gastgeber ausgeht. Sie sucht nach einer anderen unsentimentalen Freundschaft, und sie will kein Mitleid für das, was ihre Gastgeber den Juden angetan haben. Sie wollen Seelengemeinschaft mit ihr, Aufklärung, Humanität, Universalismus, vielleicht auch Absolution. Das will sie ihnen nicht geben. Das ist kein Gespräch. Nicht um Innerlichkeit, Mitgefühl und Seelengemeinschaft geht es ihr. Es ist ihr als Schauspielerin auch klar, dass sie im Hamburger Rathaus als Bühnenjüdin auftritt. Es ist darum ihr neues Stück, inszeniert mit einem Lessing, der über die Trümmer von Berlin schaut. Und die Bühnenjüdin Arendt wird nicht bekennen, dass sie als Freundin, wie sich das die Hamburger vorstellen, kommt. Auch deshalb fährt sie nach Hamburg. Die Toten, die mit ihr fahren, sind die Zeugen dafür, dass das Trauma nicht geheilt werden kann.

Sie emanzipiert sich von der Autorität der Aufklärung des selbstlosen Universalismus, aber erinnert sich immer wieder an Lessing und versteht mit ihm, dass die virtuose Form der Freundschaft immer neu eingeübt werden muss. Freundschaft hat für sie nichts mit Nähe, Intimität und Brüderlichkeit zu tun. Freundschaft hat auch nichts mit Einstimmigkeit zu tun, es geht darum, eine gemeinsame Welt zu teilen. Sie geht noch weiter und spricht über den radikalen Schmerz, dass die Vergangenheit nicht bewältigt werden kann, weil die Vergangenheit eben irreversibel Vergangenheit ist. Es ist geschehen. Hier spricht Arendt eine jüdische Sprache. Die Shoah liegt gerade 14 Jahre zurück, die Gründung Israels nicht mehr als elf Jahre. Die Vergangenheit ist Gegenwart, sie kann nicht bewältigt werden. Es gibt nur – wie sie selbst fast schon verzweifelt in ihrer Rede sagt – die Klage. Und sie zitiert ausgerechnet Goethe, als ob sie sich ihrer eigenen klassischen Erziehung versichern will, und bringt Goethe damit in ihre eigene jüdische Erfahrungswelt, als ob sie für einen Moment in die deutschen Jahrhunderte davor zurückkehrt:

> »Der Schmerz wird neu, es wiederholt die Klage
> Des Lebens labyrinthisch irren Lauf.«[70]

Mit *Faust* findet sie zu ihrem Publikum zurück. Es geht nicht um die Bewältigung der Vergangenheit, sondern um die sich wiederholende Klage und das ständige Nacherzählen, was sich ereignet hat und ereignet. Arendt weiß, dass sie mit der Tradition der Aufklärung bricht. Sie weiß, dass diese Tradition sie nicht retten kann, dass sie sie umdenken will, auch wenn es philosophisch nicht möglich ist. Sie zieht sich die Maske Lessings an, schließlich hält sie eine Preisrede in seinem Namen, aber sie spricht im Namen der Juden, für die die Aufklärung jenseits jeder Dialektik liegt. Sie spricht im Namen Lessings über die Freude des Gesprächs, das aus der Klage wächst, die Freude, dass es die Wahrheit nicht gibt. Sie will gar nicht recht haben, und sie verabscheut die Pflicht zur Sachlichkeit, die sie im deutschen Denken erkennt.[71] Sie geht sogar so weit, sich und ihr Publikum zu fragen, sich den nazistischen Rassenwahn vorzustellen und dass es in der Tat Minderwertigkeit gibt, so wie viele Nazis davon überzeugt waren:

»Wäre eine solche zwingend erwiesene Lehre es überhaupt wert gewesen, ihr auch nur eine einzige Freundschaft zwischen zwei Menschen zu opfern?«[72]

Arendt trägt die Maske Lessings, tritt mit ihm gemeinsam auf die Bühne, tanzt mit ihm, spricht seine Sprache.[73] Denn mit dem Anlegen der Maske Lessings im gesamten ersten Teil der Rede glaubt sie, ihr Publikum erreichen zu können.

»Daß ein Mensch in der Öffentlichkeit überhaupt erscheint, daß die Öffentlichkeit ihn akzeptiert und bestätigt, ist keineswegs selbstverständlich.«[74]

Für Arendt ist es nicht einfach, als Jüdin in der deutschen Öffentlichkeit aufzutreten. Noch sagt sie das nicht, sie tut so, als würde Lessing vom Podest im Tiergarten herab sprechen.

Sie weiß, dass sie zu dieser Zeit schon berühmt ist in Deutschland durch ihre Bücher über den Totalitarismus und über Rahel. Sie will gehört werden. Juden sind lange nicht mehr gehört worden. Die Aufmerksamkeit schmeichelt ihr zunächst. Wenn sie über den »Einklang mit der Öffentlichkeit«[75] redet, weiß jeder Jude, jede Jüdin sofort, was gemeint ist. Welcher Jude oder welche Jüdin lebt schon im Einklang mit der Öffentlichkeit? Man lebt mit jüdischer Haut und nichtjüdischer Maske. Das ist für das Hamburger Publikum nicht nachvollziehbar. Sie weiß das sehr wohl, aber sie spricht nicht nur zu den Hamburger Bildungsbürgern, sie spricht zu Lessing und Mendelssohn, spricht über das Dilemma der deutsch-jüdischen Freundschaft, und sie spricht darüber, was es bedeutet, in diesem doppelten Bewusstsein zu leben, wo man sich als Jüdin immer durch die eigenen und fremden Augen sieht. Lessing und Mendelssohn sind Freunde zu ihren Lebzeiten, aber es ist eine Freundschaft zwischen kontextlosen Männern, keine Freundschaft zwischen einem Juden und einem Christen. Aber Arendt will sich auch nicht aus der Welt zurückziehen, denn Rückzug sieht sie als Weltverlust. In ihrer Rede bezieht sie sich nicht ohne Grund auf Lessings Haltung zur Welt.

> »Seine Haltung zur Welt war weder positiv noch negativ, sondern radikal kritisch und, was die Öffentlichkeit anlangte, durchaus revolutionär; aber sie blieb der Welt verpflichtet, verließ ihren Boden niemals und übersteigerte nichts in die Schwärmerei einer Utopie.«[76]

Versteht ihr Hamburger Publikum, dass es direkt angesprochen wird? Dass die Nachfahren der Nazis sich nicht so einfach mit dem Namen Lessings schmücken können? Dass sowohl sie mit Lessing bei ihnen zu Besuch kommt und sie beide über die Trümmer des Nachkriegsdeutschland schauen? Unmissverständlich zeichnet Arendt nach, dass man in Deutschland immer ein Außenseiter ist, nur weil man sich nicht von Sachlichkeit und Objektivität verführen lässt. Arendt will parteiisch sein, parteiisch für die Juden, und sich keiner Sachlichkeit beugen. Sie will Partei ergreifen im Interesse der Welt[77], und sie ergreift Partei für die Juden.

> »Ist schon der Einklang mit der Welt, den die Ehrung verlangt, in unserer Zeit und unter unseren Weltumständen nirgends selbstverständlich, so gilt dies für uns in erhöhtem Maße. Uns sind Ehrungen sicher nicht an der Wiege gesungen wurden, und es wäre nicht zu verwundern, wenn wir Weltoffenheit und Unbefangenheit, das, was die Welt im Guten gibt, einfach dankbar hinzunehmen, nicht mehr erlernen können.«[78]

Die Hamburger Bürger stellen sie auf die Bühne und fragen sich, wer sie ist. Arendt muss darauf antworten, sie hat keine Wahl, wie Juden eben keine Wahl haben, als darauf zu antworten, wer sie sind. Die Hamburger Bürger wollen, dass Arendt ihnen bestätigt, was sie schon immer von den aufgeklärten Juden hören wollten, dass sie nämlich von ihnen ununterscheidbar sind. Dazu ist Arendt nicht bereit. Immer wieder ist das Echo Saladins zu hören:

> »Tritt näher, Jude! – Näher! – Nur ganz her! –
> Nur ohne Furcht!«[79]

Nicht nur Arendt kennt diese Aufforderung.

AUFTRITT FRANZ ROSENZWEIG UND HEINRICH HEINE

Arendt ist nicht allein auf der Bühne. Sie spricht auch mit dem jüdischen Philosophen Franz Rosenzweig. 1886 in Kassel geboren, ist er 20 Jahre älter als Arendt. Sie kennen sich nicht persönlich. Aber bestimmt hört Arendt von ihm in Frankfurt und von dem von ihm und Martin Buber 1920 gegründeten Freien Jüdischen Lehrhaus. Rosenzweig beschäftigt sich auch mit der Freundschaft von Lessing und Mendelssohn und nennt sie 1919 in seiner Rede in Kassel eine messianische Freundschaft.[80] Im gleichen Jahr hält er in Kassel in der jüdischen Gemeinde eine Rede über Lessing und *Nathan*. In dieser Rede wie in dem ein Jahr später gegründeten Lehrhaus in Frankfurt geht es um jüdisches kulturelles Selbstverständnis und auch um jüdische Dissimilation, also eine Ungleichmachung: ein Prozess, der der Illusion der Gleichmachung – der Assimilation der Juden,

13 Jahre vor Beginn der Katastrophe – das Eigene entgegensetzt. Das Freie Jüdische Lehrhaus war eine Art jüdische Volkshochschule im Frankfurt der 1920er Jahre. In diesem Lehrhaus wird vom Osten in Richtung Westen gelernt; als Vorbild dient für Juden des Frankfurter Bürgertums dieser Zeit, die sich nicht mehr der Illusion der Assimilation hingeben wollen, das ostjüdische Judentum. Es geht darum, den neuen Weimarer experimentellen Zeitgeist mit dem Judentum zu verknüpfen. Das *Who's who* des intellektuellen Judentums dieser Zeit hält dort Vorträge, wie zum Beispiel die jüdische Feministin Bertha von Pappenheim, Siegfried Kracauer, Gershom Scholem, aber auch Franz Oppenheimer, der Vorgänger Karl Mannheims am Institut für Soziologie. Um nichts weniger als eine jüdische kulturelle Neugeburt geht es in dem Lehrhaus am Vorabend der jüdischen Katastrophe: nicht nur um eine kulturelle Selbstbestimmung jüdischen Lebens, auch um Anerkennung als nationale und ethnische Minderheit, also um den Prozess der bewussten Dissimilation.[81] Rosenzweig benutzt die Terminologie der bewussten Dissimilation nicht, aber er kann sie spüren. Das Lehrhaus ist seine Art, die Theorie der Dissimilation in die Praxis umzusetzen. Arendt kann sich mit diesen Anliegen sehr wohl identifizieren, sie sind ihre Anliegen. Ihr Buch über Rahel Varnhagen und ihre Rede in Hamburg könnten ein Produkt des Lehrhauses sein. Rosenzweig kennt wohl den Begriff des Postkolonialismus noch nicht, aber es ist ein jüdischer Postkolonialismus, den er im Lehrhaus praktiziert. Juden gehören zu Europa und standen gleichzeitig außerhalb der europäischen Kultur. Sie können – wie Lessing – keinen Frieden mit der Welt finden, aber auch nicht mit ihrem eigenen Partikularismus. Franz Rosenzweig kommt 1919 aus Kassel nach Frankfurt. Heutzutage verbindet man Kassel wohl eher mit einer weltberühmten Kunst-

schau als mit dem Geburtsort von Franz Rosenzweig. Und so ist es auch mit der Aufklärung, die mitnichten als universal bezeichnet werden kann. Ein jüdisch-postkolonialistisches Thema par excellence. Rosenzweig hätte sich über die documentas seiner Geburtsstadt wohl gefreut und gewundert.

Dieser Franz Rosenzweig, den Arendt wohl im Geiste sehr gut kennt, obwohl sie mit seiner eher unpolitischen Philosophie nicht viel anfangen kann, sucht nach dem in seinen Worten »behausten« Menschen, denn den »reinen« gibt es für ihn nicht. Rosenzweig steht mit Arendt auf der Bühne in Hamburg. Der Freundschaft Lessings mit Mendelssohn fehlte das »Blut der Gegenwärtigkeit«, sagt er in seinem Kasseler Vortrag.[82] Arendt wiederholt das 1959 in Hamburg. Dazwischen liegt die jüdische Katastrophe.

Rosenzweig hält seinen Vortrag vor einem jüdischen Publikum in der jüdischen Gemeinde und setzt sich dort mit der Möglichkeit der Freundschaft jenseits der religiösen Unterschiede auseinander. Er kritisiert Lessing dafür, dass er den Juden die Heimat, das Haus und damit die Zugehörigkeit raubt. Nathan wird zum Menschen, er ist kein kollektiver Jude mehr. Mendelssohn dient als Vorbild für Nathan, als Vorbild für Juden in Deutschland, die als Menschen über der Welt schweben wollen. Für Rosenzweig sind Lessings Nathan und Mendelssohn nicht nur tragische Figuren, ja sie sind – mehr als das – tragisch als Vorbilder für die assimilierten Juden. Das ist das Grundmotiv von Rosenzweig und sein Projekt der Dissimilierung. Tolerant ist die Aufklärung nur gegenüber den Gleichgesinnten und denjenigen, die sich dem Begriff der Menschheit unterwerfen wollen. »Den Juden als Nation muss man alles verweigern; als Individuen muss man ihnen alles zugestehen.« So hieß es in Frankreich nach der Französischen Revolution, und dieser Ausspruch ist der Inbegriff der gescheiterten jüdischen Assimilation in Europa. Denn letztendlich wird hier eine Konversion gefordert. Wie andere Stände auch, verloren die Juden ihre Autonomie, ihre eigene Gerichtsbarkeit und andere Privilegien. Sie verloren die Achtung, als Juden anerkannt zu werden, gewannen aber die scheinbare Wertschätzung durch Staatsbürgerschaft. Rosenzweig kann 1919 noch nicht ahnen, wie schutzlos dieser »Mensch« war. Lange vor Rosenzweig, 1824, hat es schon Heinrich Heine geahnt:

»An Edom!
Ein Jahrtausend schon und länger,
Dulden wir uns brüderlich,
Du, du duldest, daß ich atme,
Daß du rasest, dulde Ich.
Manchmal nur, in dunkeln Zeiten,
Ward dir wunderlich zu Mut,
Und die liebefrommen Tätzchen
Färbtest du mit meinem Blut!
Jetzt wird unsre Freundschaft fester,
Und noch täglich nimmt sie zu;
Denn ich selbst begann zu rasen,
Und ich werde fast wie Du.«[83]

Kann es denn besser ausgedrückt werden, welche Duldung die Toleranz erfordert? »Ich werde fast wie Du«, beschwört Heine fast ein halbes Jahrhundert später den Nathan und schließt das Fenster der Freundschaft, welches Lessing und Mendelssohn öffnen. Das ist auch die Zeit, in der Heine an seinem *Rabbi von Bacharach* arbeitet, einem Buch über Judenpogrome, antisemitische Hetze und Übergriffe. Es war auch die Zeit, als Heine Mitglied im 1819 gegründeten »Verein für Cultur und Wissenschaft des Judentums« war, der sich vor der Erfindung des Wortes »postkolonialistisch« mit Fragen der Minderheitenidentität in einer Mehrheitsgesellschaft auseinandersetzte.[84] 1825 lässt sich Heine taufen. Die Widersprüche sind zu groß, aber Arendt glaubt, dass er deswegen der Einzige ist, der Deutscher und Jude ist. Theodor W. Adorno hält drei Jahre vor Arendts Rede, anlässlich dessen 100. Todestages, eine Radioansprache über die Wunde Heine.[85] Wunde, weil – so Adorno – Heine so die deutsche Sprache wie ein Instrument bespielen kann, obwohl er in ihr nicht zu Hause ist. Und Adorno endet mit einem Satz, der in Arendts Rede widerhallt:

> »Heute, nachdem das Schicksal, das Heine fühlte, buchstäblich sich erfüllte, ist aber zugleich die Heimatlosigkeit die aller geworden; alle sind in Wesen und Sprache so beschädigt, wie der Ausgestoßene es war. Sein Wort steht stellvertretend ein für ihr Wort: es gibt keine Heimat mehr als eine Welt, in der keiner mehr ausgestoßen wäre, die der real befreiten Menschheit. Die Wunde Heine wird sich schließen erst in einer Gesellschaft, welche die Versöhnung vollbrachte.«[86]

Also nie. Im Hamburger Kaisersaal tritt gegen Ende der Rede Lessing zurück auf den Sockel, den Berliner Tiergarten überblickend. Gemeinsam mit Arendt stehen jetzt Heine, Rosenzweig und sogar Adorno im Saal. Die Wunde ist offen. Die Preisträgerin erfährt diese Schutzlosigkeit am eigenen Leib und liest den *Nathan* dementsprechend auch kritisch, aber mit einem Wissen, das Rosenzweig nicht haben konnte. Und doch befassen sie sich beide mit dem Abgrund. Rosenzweig und Arendt fordern von Juden mehr, als nur »Menschen« zu sein. Sie sollen eine Beziehung zur Welt haben. Dazu gehören auch Haus, Erde und

Boden. »Nur weil du Edom bist, darf ich Jakob sein«, drückte es Rosenzweig aus.[87] Nur so können Juden und Nichtjuden Freunde sein. Sie treffen sich als diejenigen, die sie sind, und erkennen die Unterschiede an. Bei dieser Art von Freundschaft geht es nicht um Seelenverwandtschaft, sondern um Anerkennung der Verschiedenheit. Rosenzweig stirbt 1929 in Frankfurt. Kurz danach kommt Arendt nach Frankfurt. Ihre Gedanken treffen sich in der Gestalt von Rahel Varnhagen.

»Sind Christ und Jude eher Christ und Jude, Als Mensch?«, fragt Nathan den Tempelherrn.[88] Die meisten Juden in Deutschland glaubten, dass die Antwort »ein Mensch« war. Und dieser Mensch wird von der Vernunft beherrscht. Arendt kritisiert in Hamburg, dass das »ein groteskes und gefährliches Ausweichen vor der Wirklichkeit« sei.[89] Erst spät in der Rede nimmt Arendt die Maske Lessings ab und beginnt mit ihrer jüdischen Maske zu sprechen. Sie spricht von ihrem Jüdinsein:

> »nichts als die schlichte Anerkennung einer politischen Gegenwart, die eine Zugehörigkeit diktiert hatte, in welcher gerade die Frage der personalen Identität im Sinne des Anonymen, des Namenlosen mitentschieden war.«[90]

Und dann kommt wohl das entscheidende Resümee, mit dem sie das Hamburger Publikum Lessing vergessen lässt:

> »Leider gilt hier der an sich so einfache und gerade in Zeiten der diffamierenden Verfolgung so schwer verständliche Grundsatz, daß man sich immer nur als das wehren kann, als was man angegriffen ist. Diejenigen, die solche Identifizierungen einer feindlichen Welt ablehnen, mögen sich der Welt wunderbar überlegen fühlen; aber eine solche Überlegenheit ist dann wirklich nicht mehr von dieser Welt, sie

ist die Überlegenheit eines besser oder schlechter ausstaffierten Wolkenkuckucksheims.«[91]

Das ist ihr Befreiungsschlag. Sie legt die Maske Lessings ab, um als Jüdin vor den Deutschen zu sprechen. Das ist nicht mehr das Klagelied Goethes, es ist ihr eigenes jüdisches Klagelied. Sie erzählt ihrem Publikum, dass die Zeiten immer noch finster sind. Nicht um private Freiheiten geht es ihr, vielmehr ist es eine Abrechnung mit der inneren Emigration und denjenigen, die den Luxus haben, sich in ein Innenleben zurückziehen zu können. Darauf lässt sie sich nicht ein. Sie will keine Vergangenheit bewältigen, sie will sie aushalten, denn das muss sie, wenn sie als Jüdin den Lessing-Preis erhält und vor dem Hamburger Publikum spricht. Nur so geht Freundschaft: ohne falsche Schuldkomplexe und ohne falsche Überheblichkeit.[92] Sie spricht über die Menschlichkeit, die sich in den Gesprächen der Freundschaft verwirklicht, wobei sie natürlich daran festhält, dass man nur im Gespräch bleiben kann, wenn man eine Welt teilt. Mit Menschen, die keine Welt teilen wollen, kann man auch kein Gespräch finden. Sie versteht, dass sie als bewusste Jüdin auch einen Preis für ihre Freiheit zahlt. Damit nimmt sie die Klage Gershom Scholems auf, der drei Jahre später von einem Selbstgespräch reden wird, das Juden mit Deutschen führen, und dass mit den Toten kein Gespräch mehr geführt werden kann. Arendt stimmt dem wohl zu. Ist es individuell möglich, dass jemand mit den Mördern der Eltern oder der Großeltern ein Gespräch führt, eine Welt teilt? Auch dann, wenn diese Mörder Nachbarn waren und Arendt zu einem Lessing-Preis einladen und im Publikum sitzen?

Am Ende ihrer Rede findet sie wieder zurück zu Lessing und auch zu seinem Nathan, sodass sie schließlich gemeinsam auf der Bühne stehen. Und sie endet mit dem Ring und der Frage, ob der echte Ring überhaupt existiert. Der Totalitarismus des echten Ringes fasziniert Arendt. Wie kann Lessing sonst im 18. Jahrhundert seine Freundschaft mit einem Juden rechtfertigen? Gibt es den echten Ring? Denn wenn es ihn gäbe, dann wären weder ein Gespräch noch die Freundschaft, die daraus entsteht, möglich. Aber sie geht noch einen Schritt weiter, indem sie die Zeit der wiedergewonnenen Freiheiten nach 1945 mit Bertolt Brecht als eine »finstere Zeit« kennzeichnet.[93] Finster sind die Zeiten, in denen der Bestand der Welt so fragwürdig wird, dass die Menschen von der Politik nicht mehr verlangen, als dass ihre Lebensinteressen und ihre privaten Freiheiten gewährleistet bleiben. Als wäre die geteilte Welt nur eine Fassade, hinter der sich die Menschen in ihre »kleinen Lebenswelten« zurückziehen. Auch in dieser Hinsicht trifft die Rede von 1959 ins Herz unserer heutigen Zeit. Juden können sich aber diesen Luxus nicht erlauben. Es ist daher auch nicht überraschend, dass sie sich – wie sie es in einem Brief an Jaspers ausdrückte – blümerant fühlte, als sie von dem Preis erfuhr.[94] Und das ist wohl auch der Grund, warum sie Lessing ihrem Publikum so vorführt, dass er ihnen nicht mehr bekannt vorkommt.

Sie präsentiert ihrem Publikum den polemischen und streitlustigen Lessing. Arendts Lessing ist ein Schelm, der sich darüber freut, dass es keine Wahrheit gibt, und für den Freundschaft wichtiger als Wahrheit ist. Das Publikum ist wohl sprachlos, die meisten Zeitungen ignorieren ihre Rede damals.[95] Die Jüdin ist zwar wieder da, aber nicht die aufklärerische Deutsche, die zufällig in New York lebt, der man einen Preis anbot, sondern eine Jüdin, die weiß, dass sie auch vor denjenigen spricht, die sie noch kurz davor vernichten wollten. Es hat den Anschein, als ob die jüdische Dame – sie war damals auch schon 53 – mit

Lessing und Nathan nach einer eigenen Choreografie tanzt. Sie hätte auch der Versuchung erliegen können, sich einer lähmenden Melancholie hinzugeben und über die deutsch-jüdische Symbiose nachzudenken. Das will und kann sie nicht.

> »Ich darf in diesem Zusammenhang nicht verschweigen, daß ich lange Jahre hindurch auf die Frage: ›Wer bist Du?‹ die Antwort: ›Ein Jude‹, für die einzig adäquate gehalten habe, nämlich für die einzige, die der Realität des verfolgt Seins Rechnung trug.«[96]

Eingeladen als Humanistin, spricht sie als Jüdin. Und sie spielt auf der Bühne mit jüdischer Verstärkung, Heinrich Heine, Franz Rosenzweig, Theodor W. Adorno sind mit ihr dabei. Das ist für ihr Publikum nicht einfach zu schlucken. Sogar das Wort »Jude« erweckt unangenehme Assoziationen. Sind wir nicht alle Menschen? Identität wird bei ihr zur politischen Tatsache, die sie auf die Bühne der Preisverleihung holt. Es geht ihr um Parteilichkeit. Sie kann und will den Preis nicht als Erbin einer deutschen Tradition annehmen.

Vielleicht äußert sie sich deshalb so kritisch über die sogenannte innere Emigration und bringt sie mit den dunklen Zeiten in Zusammenhang. Für viele wie sie endete die Weltlosigkeit im Lager. Aber damit ist das Gespräch nicht abgebrochen, sondern es beginnt unter neuen Voraussetzungen. Auch hier werden Widersprüche aufgehoben. Das sind dann wieder die frei schwebenden Intellektuellen, die performativ, virtuos und reflexiv auf die Welt schauen. Dazu kommen auch die Möglichkeiten, wie deutsche und jüdische Intellektuelle mit völlig unterschiedlichem Hintergrund sich in einem Raum treffen und miteinander sprechen können, ohne ihre eigenen Identitäten aufzugeben. Dieser Raum steht für die Freude am Gespräch.

»Gesprächig ist die Freude, nicht das Leid, und das wahrhaft menschliche Gespräch unterscheidet sich von der bloßen Diskussion dadurch, daß es von Freude an dem anderen und dem, was er sagt, ganz durchdrungen ist, gleichsam auf den Ton der Freude gestimmt ist.«[97]

Freude an dem anderen ist für Arendt eine Garantie für Freundschaft, Bewegungsfreiheit eine weitere. Das »Aufbrechen-Können, wohin man will« ist für den ehemaligen Flüchtling Arendt der Garant von Freiheit. Wie überlegt schon Nathan:

»Was will der Sultan? was? – Ich bin Auf Geld gefaßt; und er will – Wahrheit. Wahrheit!«[98]

Hamburg ist für sie eine Bühne und eine freudige dazu. Sie schließt ihre Lessing-Rede mit einem Zitat aus einem Brief von Lessing:

»Jeder sage, was ihm Wahrheit dünkt, und die Wahrheit selbst sei Gott empfohlen!«[99]

Und hinter der Maske Lessings:

»Ihm ging es ja nie darum, sich mit dem anderen, mit dem er in einen Streit geraten war, wirklich zu entzweien, sondern einzig darum, durch das unaufhörliche und immer wieder entfachte Sprechen über die Welt und die Dinge der Welt auch das Unmenschliche noch zu vermenschlichen. Er wollte vieler Menschen Freund, aber keines Menschen Bruder sein.«[100]

Einfach war es nicht für Hannah Arendt, niemandes Schwester zu sein. Arendt ist eine virtuose Künstlerin, sie bringt ihre Freiheit auf eine Bühne. Hamburg ist für sie eine Bühne. Aber nicht nur mit Rosenzweigs Rede spricht sie, sondern auch mit der Zukunft der Jahre 2023 und 2024. Wir wissen aus ihrer Korrespondenz mit ihrem Freund Karl Jaspers, dass ihr auch nicht wirklich wohl war bei der Preisverleihung. Es war Jaspers, der ihr diesen Preis »einbrockte«, wie sie ihm schreibt, auch weil er sie – ähnlich wie Biermann-Ratjen – an die deutsche humanistische Tradition anknüpfen will.

> »Sie werden nun über Menschlichkeit sprechen. Ich zweifle nicht, daß Ihnen das gelingt. Sie wissen wahrhaftig, worum es sich da handelt, wie Lessing es wußte. Wie wenige wissen es!«[101]

Aber weiß sie wirklich, was Jaspers meint, dass sie es wie Lessing weiß? Es war in der Tat ein Anliegen aufgeklärter Deutscher, Juden als die Ihren zu sehen. Damit kann man sich als Teil einer weltoffenen Elite betrachten, die sich nicht über ethnische oder religiöse Zugehörigkeiten definieren will. Und auch dafür steht Lessing. Arendt steht aber zugleich für einen anderen Lessing, einen streitbaren und polemischen Lessing, einen Lessing der wachsamen Parteilichkeit, der lieber über die Wahrheit spricht, als recht zu haben. Ein Lessing, der sich in der Tat weltoffen und voller Zorn und Leidenschaft parteiisch und unversöhnlich der Welt entgegenstellt. Das ist intellektuelle Bewegungsfreiheit.

> »Denn Lessing hat den Einklang in die Welt und die Öffentlichkeit nie gefunden, wohl auch nie finden wollen, und hat sich doch auf seine Weise ihr immer verpflichtet gefühlt.«[102]

Und so sagt Lessings Nathan:

»So ganz Stockjude seyn zu wollen, geht schon nicht. –
Und ganz und gar nicht Jude, geht noch minder.
Denn, wenn kein Jude, dürft er mich nur fragen,
Warum kein Muselmann?«[103]

Weder der Sultan noch der Tempelherr stellen sich diese Frage. Die Frage Nathans ist die jüdische Frage. Und ihre Wunde. Es ist auch Arendts Frage. Das war auch Nathans Wunde. Denn wenn die Emanzipation und Aufklärung sogar Juden als Teil der gemeinsamen Menschheit sieht, dann kann die Aufklärung auch die jüdische individuelle Besonderheit als Teil dieser Aufklärung sehen: »Und ganz und gar nicht Jude, geht noch minder.«[104] Nur so geht Freundschaft.

Schon Lessing, so erklärt Hannah Arendt ihrem Publikum, lebt in »finsteren Zeiten«, weil er den Eindruck hatte, dass die meisten nur mit Menschen zu tun haben wollten, mit denen sie nicht in Streit geraten konnten. Aber in einer solchen Welt der Enge droht mit der Freiheit der Einzelnen auch die Kraft von vielen zu verkümmern. Nur im unendlichen Gespräch zwischen den Menschen entsteht die Freundschaft, die eine Welt begründet. Deshalb will Lessing vieler Menschen Freund, aber keines Menschen Bruder sein. Ihr Lessing sucht nach einem Denken *ohne das Geländer der Tradition*.[105] Auch sie kann sich mit der Tradition nicht mehr versöhnen. Zu viel hat sie erlebt.

»SALADIN: Nathan, lieber Nathan! [...] – Geh! – Geh! –
Aber sey mein Freund.
NATHAN: Und weiter hätte Saladin mir nichts Zu sagen?
SALADIN: Nichts.
NATHAN: Nichts?
SALADIN: Gar nichts.«[106]

»Sei mein Freund« ist ein verzweifelter Ruf in der Wüste. Ob ihn jemand hört, wissen wir nicht. Arendt hat kurz vor ihrer Rede über die Wüste nachgedacht.[107] Die Wüste ist für sie das Sich-Ausbreiten von Weltlosigkeit: »Warum solle es überhaupt jemanden geben und nicht vielmehr niemanden?«[108]

Das sind die Oasen, die es nur geben kann, wenn es die Wüste gibt. Ihre Rede war eine Oase in der Hamburger Wüste. Die Wüste ist für Juden auch ein heiliger Ort, dort wurden ihnen die Gesetze von Gott gegeben, und die Wüste muss durchquert werden, damit sie frei sein können. Durch Lessings und ihr Angebot »Sei mein Freund« versucht Arendt die Wüste in eine mitmenschliche Welt zu verwandeln. Es ist ein Angebot, das man annehmen oder ablehnen kann.

Arendt kehrt nach ihrer Rede zurück nach New York, wo sie nun so gut wie zu Hause ist und wo sie ihre Arbeit fortsetzt. Ihre Rede hat in Deutschland 1959 so gut wie keine Resonanz. Es ist nicht ihr letzter Besuch in Deutschland, aber ihre Reise nach Jerusalem im April 1961 wird, um über den Eichmann-Prozess dort für die Zeitschrift *New Yorker* zu berichten, ihr weiteres Leben bis zu ihrem Tod 1975 bestimmen. Ihr Bericht überschattet auch ihre Rede in Hamburg und fast alles andere, was sie davor schreibt. Sie überlegte sich bestimmt, ob sie den Preis hätte annehmen sollen oder nicht. Hätte sie ihn wirklich ablehnen und sich auf ihre Karriere in New York konzentrieren können? Vielleicht hätte sie auch nicht nach Jerusalem fahren sollen, um dem Eichmann-Prozess beizuwohnen. Aber sie will und wollte die Öffentlichkeit, auch wenn sie nicht mit ihr in Einklang lebt. Arendt urteilt aus ihrer jüdischen Position heraus. Es gibt für sie keinen abstrakten Universalismus, keinen archimedischen Punkt, von dem aus man die Welt betrachten kann.[109] Und so beurteilt sie auch Eichmann. Der Punkt, von dem aus sie die Welt betrachtet, ist ein jüdischer und parteiischer. Das ist auch der Punkt, von dem aus sie schließlich beschließt, den Preis anzunehmen. Sie weiß, dass es auch die falsche Entscheidung sein kann, aber entscheiden muss sie sich.

DIE INTOLERANTE
MASCHA KALÉKO

»›... *Da kam der böse Wolf und fraß*
Rotkäppchen.‹ – weil sie nicht arisch.
Es heißt: die Wölfe im deutschen Wald
Sind neuerdings streng vegetarisch.«[110]
(Mascha Kaléko)

Die jüdische Dichterin Mascha Kaléko entscheidet sich anders. Sie lehnt einen Preis ab, ausgerechnet in dem Jahr, als Arendt ihren Preis annimmt. Es geht um den Berliner Kunstpreis für Literatur, auch Fontane-Preis genannt, der von der Westberliner Akademie der Künste verliehen wird:

> »Bei den ausgezeichneten Werken sollen möglichst solche Arbeiten bevorzugt berücksichtigt werden, welche von der Idee menschlicher Freiheit und Würde in künstlerisch besonders überzeugender Weise durchdrungen sind«,

heißt es in der Satzung.[111]

Einige Monate vor Arendts Preisrede wird Mascha Kaléko von der Jury der Westberliner Akademie der Künste für den Preis vorgeschlagen. Westberlin spürt deutlicher als andere Städte den Kalten Krieg, Fidel Castro ist in Kuba an die Macht gekommen, der Bau der Berliner Mauer liegt noch zwei Jahre in der Zukunft, aber schon spürbar in der Luft. Daher ist es in der Tat keine Selbstverständlichkeit, dass die Akademie der Künste in Westberlin eine 1938 in die USA geflohene jüdische Dichterin für den Preis nominiert. Es ist für sie ein Risiko. Kaléko ist acht Monate jünger als Arendt. Sie ist am 7. Juni 1907 in Galizien, im damaligen Österreich-Ungarn, geboren. Es ist eine andere jüdische Erfahrung, eine ostjüdische Erfahrung, die sich nicht auf deutsche Aufklärung und Emanzipation zurückführen lässt, eher auf Autonomie. 1914 flüchtet ihre Mutter mit den Töchtern Mascha und Lea vor den Pogromen in Osteuropa nach Deutschland, vorerst wohnen sie in Marburg und Frankfurt. 1918 zieht die Familie nach Berlin ins Scheunenviertel.[112] Es kann gut sein, dass die kleine Mascha auf dem Weg zur Schule unsere *Spiegel*-Juden trifft. Überrascht wird sie nicht sein, denn Nathan und sein Freund sehen nicht anders aus als die Juden, die sie aus ihrer alten Heimat kennt, wo fromme und nichtfromme Juden und Jüdinnen oft denselben Raum teilen. Mascha beginnt Gedichte zu schreiben, die bald sehr erfolgreich sind. Eine Mischung aus Berliner Witz und jüdischer Melancholie. Sie werden im *Berliner Tageblatt* und der *Vossischen Zeitung* veröffentlicht. Franz Hessel entdeckt sie für den Rowohlt Verlag. Mascha Kaléko verkehrt in Kreisen der Berliner Boheme, ist im Romanischen Café zu finden, sie mag dort Walter Benjamin, Else Lasker-Schüler oder Erich Kästner getroffen haben. Das Kaffeehaus ist ein besonderer Ort, ein neutraler Ort zwischen Heim und Arbeit, wo Juden und Jüdinnen sich mit der nichtjüdischen Umwelt treffen können.[113] Die Banalität des Alltäglichen konnte dort regieren. Kaléko fühlt sich wohl im Café.

Der Vergleich mit Kästner bleibt ihr ganzes Leben an ihr hängen. Sie wird der »Neuen Sachlichkeit« zugerechnet, einem Stil, der sich konkret auf das Sichtbare in der Kunst bezieht und bewusst vom Abstrakten distanziert. Mit dem Erfolg kommt der Umzug vom Scheunenviertel nach Charlottenburg in die Bleibtreustraße, ganz in der Nähe des Romanischen Cafés, eher die Umgebung der assimilierten Juden. Vielleicht schaut auch Hannah Arendt ab und zu herein, und sie unterhalten sich über Rahel Varnhagen. Kaléko schreibt Gedichte im kessen Stil dieser Neuen Berliner Sachlichkeit, man beginnt sie zu schätzen. Hannah Arendt und Mascha Kaléko, zwei junge jüdische Frauen in Berlin, Mitte zwanzig, die Zukunft, wie die der Stadt Berlin, noch offen. Dunkle Wolken am Horizont, aber noch ist in der Gegenwart alles gut für die beiden in Berlin. Kaléko tritt im Radio auf, veröffentlicht in Zeitungen, wird berühmt. Eine Universitätsausbildung hat sie nicht. Im Januar 1933 erscheint bei Rowohlt ihr erstes Buch, *Das lyrische Stenogrammheft*, es kann noch unter dem Radar der Nazis veröffentlicht werden, kurz danach, 1935, *Das kleine Lesebuch für Große*, Alltagsgedichte über das Leben von meist jungen Frauen in Berlin, die leben und lieben wollen. Und immer wieder die größte Liebe, die Stadt Berlin.[114] Aber sie ist Jüdin, ihre Liebe zu Berlin wird nicht mehr erwidert. Ihre Schriften werden als schädlich eingestuft, verboten. Sie darf nicht mehr schreiben und auch nicht mehr auftreten. Ihr Mann und sie können und wollen nicht mehr in Deutschland bleiben. Keine Sekunde zu früh, im September 1938 reist sie mit ihrem zweiten Mann Chemjo Vinaver aus Deutschland ab. Vinaver ist ein aus Polen stammender Jude, ein jüdischer Musikwissenschaftler, der jüdische liturgische Musik nicht nur erforscht, sondern auch aufführt. Er ist Kantor einer jüdischen Gemeinde in Berlin. Kaléko ist polnische Jüdin und dichtet auf Deutsch, dem Judentum und unserem *Spiegel*-Nathan sehr viel näher als Arendt. Ihre letzte Station in Deutschland ist Hamburg. Dort schifft sie sich mit ihrem Sohn und ihrem Ehemann im September 1938, noch einige Wochen vor den Terrorakten gegen Juden in der sogenannten »Kristallnacht«, nach New York ein.

Arendt ist in dieser Zeit noch in Paris. Kaléko trifft knapp drei Jahre vor Arendt in ihrer neuen Heimat ein. Die schafft es im Jahre 1941 über Frankreich und Portugal in die USA, im gleichen Jahr beginnt die Vernichtung des europäischen Judentums durch das nationalsozialistische Deutschland. 1941 hat Arendts Karriere noch nicht begonnen, die von Kaléko ist so gut wie schon vorbei, beide noch nicht Mitte dreißig. Etwas später, und noch vor Hannah Arendt, erhält sie 1944 die amerikanische Staatsbürgerschaft. Vinaver und sie halten sich über Wasser, der große Erfolg bleibt aus, sie schreibt kurze Werbetexte und Kinderlieder, dichtet auch auf Deutsch weiter. Ein kleiner amerikanischer Verlag veröffentlicht ihre Gedichte aus New York 1945 unter dem Titel *Verse für Zeitgenossen*. Sie dichtet über New York und ihre Sehnsucht nach einem Berlin, das es nicht mehr gibt: »Ob Ecke Uhland die Kastanien / Wohl blühn?«, so ihr Klagelied. Kaléko und Arendt teilen für eine Weile den jüdischen Raum New York. Arendt lebt auf der Upper West Side, Kaléko im Greenwich Village, sie sind weit voneinander entfernt, nicht nur geografisch auf verschiedenen Seiten Manhattans. Arendt lebt unter Universitätsmenschen und Intellektuellen, Kaléko unter Künstlern und Künstlerinnen. Sie werden sich nicht über den Weg laufen. Beide überleben die europäische Katastrophe in New York, beide eignen sich auf unterschiedliche Weise den amerikanischen Traum an, dass man als Jude frei sein kann. In Amerika Jude zu sein wird zu einer weiteren Variante der amerikanischen Identität.

Nach dem Krieg erinnert man sich in Deutschland allmählich wieder an Kaléko. Sie erhält Ende 1955 eine Einladung nach

Deutschland. Im gleichen Jahr erscheint das Buch *Elemente und Ursprünge totalitärer Herrschaft* von Arendt auf Deutsch und begründet ihren dortigen Ruhm.

Im Februar 1956 soll Kaléko an einer Festveranstaltung anlässlich des 100. Todestages von Heinrich Heine teilnehmen. Die Wunde Heine, von der Theodor W. Adorno in seinem vom Westdeutschen Rundfunk übertragenen Vortrag spricht, ist noch offen, und auch Kaléko wird sie nicht schließen können. Sie trifft Erich Kästner in München, um über Heine zu sprechen.[115] Ihr alter Verlag Rowohlt verlegt ihre Bücher, im Jahre 1956 *Das lyrische Stenogrammheft* und 1958 die *Verse für Zeitgenossen*.[116] Anfang der 1950er Jahre wollte sie das noch nicht, und einige ihrer Freunde bedrängten sie, der Veröffentlichung zuzustimmen. Ende 1955 reist sie zum ersten Mal und wieder über Hamburg nach Deutschland. Sie gibt viele Interviews, ihre Bücher verkaufen sich sehr gut. Sie kann ein Stück weit an ihre früheren Erfolge anknüpfen. Wie sie selbst sagt, weiß sie nicht, ob sie als Jüdin oder Amerikanerin oder ehemalige Berlinerin auftreten soll. Der Verlag kündigt sie als »Tochter eines russischen Vaters und einer österreichischen Mutter« an.[117] Das Wort »Jüdin« wird vermieden, so wie der Piper Verlag es auch in seiner Herausgabe von Arendts *Rahel Varnhagen* vermeiden will. Kaléko selbst bemerkt tiefsinnig:

> »Und alles fragt, wie ich Berlin denn finde? – Wie ich es finde? Ach, ich such es noch!«[118]

Gefunden hat sie die schon erwähnten Auseinandersetzungen zwischen inneren und äußeren Emigranten, die nun im Heine-Jahr 1956 auch sie erreichen. Soll man an die Verbrechen der Nazis erinnern oder nicht, war auch eine Frage, die nicht nur Kaléko und Kästner beschäftigt, sondern auch den gemeinsamen jüdischen Bekannten Hermann Kesten, der nicht nach Deutschland zurückkehrt, in Italien lebt und eine Rede über Heine in Düsseldorf halten soll. In diesem Zusammenhang schreibt sie 1956 ihr Gedicht »Deutschland, ein Kindermärchen«, in dem sie über die vegetarischen Wölfe in Deutschland nachsinnt:

»Jeder Sturmbannführer ein Pazifist,
So lautet das liebliche Märchen,
Und wieder leben Jud und Christ
Wie Turteltaubenpärchen.«[119]

Wie Adorno öffnet sie die Wunde Heine, die sich nicht schließen lässt. Wie Heine ist sie ein Flüchtling, ist ihr das Nachkriegsdeutschland fremd. Wie Adorno und Arendt versucht sie Heine zurück ins Judentum zu holen. Heine, kein deutscher Liedermacher, sondern ein jüdischer Dichter. Das sind auch die Jahre, in denen Kaléko um ihre Entschädigung für ihr Schreibverbot unter den Nazis kämpft, die dann auch 1959 genehmigt wird – mit einer geringfügigen Zahlung. Diesen Kampf führt sie fast bis zu ihrem Lebensende.[120]

Und trotzdem, oder vielleicht auch deswegen, schlägt die Westberliner Akademie der Künste im Februar 1959 Mascha Kaléko für den Fontane-Preis vor. Sie ist misstrauisch, was die deutsche postnationalsozialistische Gesellschaft angeht. Aber sie hätte den Preis – wie Arendt – wohl trotzdem angenommen. Ein Preis ist schließlich eine Anerkennung, erst recht für diejenigen, die abgewertet und der Aufmerksamkeit beraubt worden sind. Wie Arendt gleich am Anfang ihrer Rede sagt: »In der Ehrung meldet sich die Welt zu Wort«[121], auch wenn nicht genau die Welt sich zu Wort meldet, sondern Deutschland. Auch Kaléko will man bestimmt als die Unsrige reklamieren. Dazu bedarf es der Änderungen der Satzung, die seit 1957 erlauben, nicht nur deutschen Staatsbürgern mit Wohnsitz in Deutschland den Preis zu verleihen. Westberlin will sich öffnen, und das in der Zeit der großen Krise des Kalten Krieges. Im Februar 1959 schlägt die Kommission Mascha Kaléko vor. Sie sei eine »Berliner Dichterin in New York«.[122] Westberlin und New York werden in dieser Entscheidung miteinander verflochten, vier Jahre vor der legendären Rede John F. Kennedys in Westberlin, »Ich bin ein Berliner«. Kaléko ist also auch Berlinerin. Und Berlin freut sich auf die Rückkehrerin. Denn nach Berlin gehört sie mit ihren Gedichten, wie es in der Begründung der Jury heißt.

Aber es kommt anders. Kaléko erfährt, dass Hans Egon Holthusen der Jury angehört, die ihr den Preis aushändigen soll. Er ist zu dieser Zeit Direktor für Dichtung an der Akademie und ein einflussreicher Essayist und Kulturmanager. Kaléko kennt ihn sicher nicht persönlich, mag von ihm gehört haben. Es kann auch gut sein, dass jemand in ihrem Bekanntenkreis oder in der Akademie der Künste sie darüber informiert hat, dass Holthusen in der SS gedient hat. Er ist jünger als Kaléko. 1913 geboren, tritt er 1933 in die SS ein und promoviert 1937 über Rilke.[123] Einige Jahre nach diesem Vorfall berichtet er über sich in der dritten Person und erzählt so über seinen Eintritt in die SS:

> »Sein Eintritt in die SS war also nicht der Ausdruck einer Bekehrung zu den Ideen des Nationalsozialismus. Im Gegenteil: er war der erste Schritt auf einer Bahn, die zu einer entschiedenen Entpolitisierung seines Denkens führen sollte.«[124]

Als er in der Jury für die Preisverleihung sitzt, ist das noch nicht publik. Für Kaléko ist dessen ungeachtet klar, dass sie den Preis nicht annehmen kann und will, solange Holthusen Mitglied der Jury ist.[125] Sie ist zu dieser Zeit in Berlin und schreibt einen Brief an die Akademie:

> »Da mir eine Annahme des Fontanepreises aus der Hand eines solchen Herrn – wie Sie verstehen werden – vollkommen unmöglich wäre, bitte ich Sie sehr, meinen Namen mit sofortiger Wirkung von der Kandidatenliste der Akademie zurückzuziehen.«[126]

Es hätte zum Skandal kommen können. Da Kaléko in Berlin zu Besuch ist, bittet man sie zu einem Gespräch. Anwesend sind unter anderem auch Herbert von Buttlar, jünger als Kaléko, 1912 geboren, preußische Adelsfamilie. Er ist Archäologe und Kulturmanager und zu dieser Zeit Generaldirektor der Akademie der Künste. Einige Jahre früher, 1955, ist er auch der Generalsekretär der ersten documenta in Kassel. Das Gespräch zwischen Kaléko und von Buttlar wird protokolliert und kann durchaus als eine weitere Episode des deutsch-jüdischen Gesprächs gesehen werden, das überlagert wird vom Gespräch zwischen äußeren und inneren Emigranten. Er empfiehlt Kaléko, sich abzugewöhnen, irgendwelche Urteile abzugeben.[127] Von Buttlar hält die schützende Hand über Holthusen, will bestimmt einen Skandal vermeiden, aber versteht anscheinend wirklich nicht, warum Kaléko sich so aufregt. Sie besteht darauf, dass die SS für sie tabu sei und dass sie nicht vorhat, deren Wege zu kreuzen. Dazu heißt es im Protokoll:

> »Herr v. Buttlar bedauert, daß die unmenschlichen Erfahrungen der letzten Jahre die Juden um ihre Toleranz gebracht haben, d. h. eigentlich um ihren Charakter, den sie auch in diesen Schicksalsstürmen behaupten müßten.«[128]

Und natürlich die Frage, die schon bei Klaus Mann auftaucht. Können die Emigranten über die Jahre 1933–1945 urteilen?[129] Und von Buttlar macht ihr klar, dass nicht nur die Juden, sondern auch Deutsche wie er selbst gelitten haben. Hier wird in einem anmaßenden Ton auch kein Versuch unternommen, sie zur Rückkehr zu bewegen. »Wenn den Emigranten nicht gefällt, wie wir die Dinge hier handhaben, dann sollen sie doch fortbleiben …«[130]

Kaléko ist in der Tat um ihre Toleranz gebracht worden, und sie besteht darauf, den Preis abzulehnen. Kein Lessing der Welt kann sie dazu bringen, Toleranz für die SS zu zeigen. Sie hat diesen Vorfall nicht öffentlich gemacht. Arendt hat wahrscheinlich nichts davon gewusst. Und auch wenn sie es gewusst hätte, können wir nicht wissen, wie sie darauf reagiert hätte. Die jüdischen Erfahrungswelten von Arendt und Kaléko sind zu verschieden, obwohl beide zu dieser Zeit schon sehr lange in New York leben.

DIE ABSTRAKTE KUNST DER ABWEHR

Hans Egon Holthusen wird kurz darauf Gastprofessor an verschiedenen Universitäten in den USA. In den frühen 1960er Jahren leitet er das Goethe-Institut in New York, davon wusste Hannah Arendt. Sie schreibt an Jaspers am 1. November 1961:

> »Überhaupt bin ich auf die Deutschen wieder einmal nicht gut zu sprechen. Hier haben sie den Holthusen hergeschickt als Direktor des Goethehauses. Da hat sich erst mal herausgesellt, daß der Edle mal in der SS gewesen war.«[131]

Seine SS-Mitgliedschaft war also auch in New York bekannt. Dann kehrt er nach Deutschland zurück und hat dort weitere Kulturämter – wie die Präsidentschaft der Bayerischen Akademie der Schönen Künste – inne. Im Jahre 1987 erhält er das Bundesverdienstkreuz.[132] 1965, ein Jahr bevor er sich in der dritten Person als SS-Mietglied zu erkennen gibt und es als Jugendsünde abtut, ja eigentlich einen schon besseren Beleg für die »Banalität des Bösen« als Eichmann selbst liefert, trifft er auch Hannah Arendt, nicht persönlich, aber aufgrund seiner Rezension, die sich mit ihrem Bericht *Eichmann in Jerusalem* auseinandersetzt.[133] Es handelt sich um den erkennbaren Versuch, nicht nur einen Verriss zu schreiben, sondern auch die Autorin als ignorant zu disqualifizieren. Hannah Arendt hat als nichtinformierte Jüdin kein Recht zu urteilen. Er schreibt von ihrer fanatischen Wahrheitsliebe. Er nennt das Buch einen »Massensturm empörter Einzelheiten«.[134] Er erregt sich über ihr Porträt »Der Deutschen«, welches er nicht nachvollziehen kann, und das tut er, nachdem er konformistisch die jüdische Kritik an Arendt zitiert. Die meisten waren gegen das Regime, schreibt er, Arendt wisse nichts über die Dilemmata der inneren Emigranten, zu denen er sich selbst zählt. Gehorsam ist Ohnmacht, wie er am Ende insistiert, Ohnmacht, welche die meisten Deutschen gegenüber dem Naziregime empfanden. Dieser Essay wird im April 1965 veröffentlicht, just zu der Zeit, in der der Bundestag im März des Jahres über die Verjährung von Mord, also der Naziverbrechen diskutiert und letztlich doch auf 1969 vertagt. Das Nachrichtenmagazin *Der Spiegel* möchte mit Arendt ein Gespräch über die Verjährungsdebatte führen. Sie lehnt das Gespräch im Februar 1965 in einem Brief ab[135]: Etwas ironisch meint sie, dass es eine innerdeutsche Angelegenheit ist, für die sie nicht verantwortlich sei. Aber ihre Meinung ist klar, gegen

Verjährung und gegen was sie »Schlussstrich« nennt. Holthusen kennt diesen Brief bestimmt nicht, aber es hätte auch sicher nichts an seinem abwertenden Urteil über Arendt geändert.

Es ist dann Karl Jaspers, der im *Spiegel*-Gespräch die Meinung Arendts wiedergibt und sich klar gegen die Verjährung ausspricht:

> »... kein Mensch hat das Recht zu urteilen, daß eine Volksgruppe nicht da sein soll. Wer aufgrund solchen Urteils die Ausrottung von Völkern durch eine Organisation vollzieht und daran teilnimmt, tut etwas, was von allen Verbrechen, die es bisher gab, grundsätzlich verschieden ist. Er handelt gegen ein Prinzip, das im Menschsein als solchem, in der Anerkennung des Menschen als solchem, liegt. Und weil er das tut, gilt ihm gegenüber: mit Menschen, die das vollziehen, kann nun umgekehrt die Menschheit ihrerseits nicht zusammenleben.«[136]

Arendt hätte das nicht anders gesagt. Kaléko weiß sehr wohl, dass sie keinen Preis von Holthusen will, sie will mit Holthusen keine Welt teilen. Arendt hat sehr wohl die »Banalität des Bösen« verstanden, sie hätte wohl besser über Holthusen schreiben sollen. Aber dieser kommt nicht vor das Jerusalemer Gericht, sondern erhält das Bundesverdienstkreuz. Sein Verteidiger in der Akademie, von Buttlar, blieb bis 1964 Generalsekretär der Akademie, bevor er Präsident der Hamburger Hochschule für bildende Künste wird. Die Akademie grämt sich nicht lange und bietet den Preis Gregor von Rezzori, zwar kein Deutscher, aber deutschsprachiger und nichtjüdischer Schriftsteller, an, der ihn auch annimmt. Kaléko verlässt am Ende des Jahres Deutschland und zieht mit ihrem Mann, der an schwerem Asthma leidet, nach Jerusalem. Einige Monate bevor Arendt in Hamburg ihre Rede über Lessing hält, bricht Kaléko mit Deutschland. Es wird Jahre dauern, bis sie wieder gelesen wird. Preise bekommt sie nicht wieder angeboten, der deutsche Kulturbetrieb vergibt ihr nicht. Ihr Leben in Jerusalem bleibt der deutschen Öffentlichkeit verborgen.[137] Ihre Bücher werden nicht mehr aufgelegt. 1975 stirbt sie in Zürich an Krebs. 2012 versammelt man ihre Bücher und Briefe in einer Gesamtausgabe[138], eine Form der Anerkennung nach ihrem Tod. Arendt und Kaléko teilen gemeinsame Räume in Berlin und in New York, und 1959 werden sie Teil der Gewalt, die der Vergangenheit angetan wird und damit auch Teil der jüdischen Wunde.[139]

DIE »SCHMIERWELLE« IM JAHR 1959

Das Jahr 1959, in dem man versuchte, sich mit den Jüdinnen und Juden auszusöhnen, endet mit einem Skandal, über den sich die deutsche Öffentlichkeit empört. Es geht um eine antisemitische »Schmierwelle«, die ihren Beginn zu Weihnachten an der neu errichteten Synagoge in Köln hat und danach viele Nachahmungstäter findet.[140] »Juden raus« heißt die Parole dieser Schmierereien. Allein die Tatsache, dass Ende 1959 eine neue Synagoge eingeweiht wird, ist schon ein Signal der Versöhnung und Rückkehr. Dass ausgerechnet eine neue Synagoge beschmiert wird, stellt alles wieder in Frage. Juden und Jüdinnen sind wieder da, sie erhalten Einladungen, an sie werden Preise verliehen, aber die Schmierereien zeigen, dass die Bedingungen nicht von ihnen selbst gemacht werden. Auch von Buttlars Reaktion auf Kaléko war eine Schmiererei. Eine neue Synagoge wirkt wie ein Denkmal der Anklage: Wenn eine Synagoge 1959 neu eingeweiht wird, muss man auch darüber reden, was vorher geschah. Die sogenannte »Schmierwelle« dauert ein Jahr. Allein die Bezeichnung »Schmierwelle« meint wohl, dass es sich um Auslassungen von einzelnen Jugendlichen handelt, die auf keine Tendenz hinweisen. Aber Weihnachten 1959 ist nicht der Beginn. Antisemitische Vorfälle wie Friedhofsschändungen hat es schon seit dem Ende des Krieges gegeben, aber 1959 kam es zu deutlich mehr Zwischenfällen wie öffentliche Beschimpfungen von Juden, die nicht nur die Öffentlichkeit in Deutschland, sondern auch im Ausland, vor allen Dingen in den USA, aufschrecken lässt. Die Presse war zum Jahresende 1959 mit diesem Thema beschäftigt. Sie berichtet über die gelungene Vergangenheitsbewältigung, neue rechtsradikale Gruppen in der Bundesrepublik und ehemalige Nazis im Bonner Regierungsapparat. Ende 1959 entlädt sich der immer schon vorhandene Antisemitismus.[141] Das geht auch damit zusammen, dass eine Mehrheit der Bevölkerung glaubt, dass man nun mit der Verfolgung von Naziverbrechen aufhören solle. Kaléko und Arendt kommen also in ein Land, das sich mit diesen antisemitischen Wellen auseinandersetzt. Arendt wird auch in einem Radiointerview am 30. September 1959 dazu gefragt. »Antisemitismus gibt es in der ganzen Welt«, ist ihre eher lakonische Antwort.[142] Mit ihrer Ablehnung, einen Preis von einem ehemaligen SS-Mann überreicht zu bekommen, stemmt sich Kaléko so gegen den Zeitgeist von 1958 und 1959. Arendt und Kaléko haben wohl beide verstanden, dass diese Übergriffe auch ihr eigenes Leben in Deutschland in Frage stellen. Eine Vergangenheit, die bewältigt werden muss, die nicht bewältigt ist, die man auch nicht bewältigen kann, ist unbewältigt. Dies prägt bis heute die öffentlichen Debatten in Deutschland.

Am 18. Februar 1960 muss sich auch der Deutsche Bundestag der »Schmierwelle« in Deutschland widmen. Zu viel wird darüber im Ausland berichtet. Jaspers macht Arendt, die inzwischen wieder in New York angekommen ist, in einem Brief vom 5. März 1960 darauf aufmerksam, dass der damalige CDU-Bundesminister des Innern Gerhard Schröder in der Erklärung der Bundesregierung über die antisemitischen Vorfälle lange aus ihrer Lessing-Preisrede zitiert.[143] Schröder zitiert wohlwollend, dass man die Vergangenheit nicht bewältigen könne, sondern aushalten müsse. Er spricht von Arendt als der jüdischen Emigrantin, die sich mit tiefer Einsicht mitteilt, und dass ihre Gedanken das Nachdenken in der Tat lohnen. Arendt geht in ihrem nächsten Brief an Jaspers mit keinem Wort darauf ein und endet ihn mit: »Der Haushalt ruft.«[144] Die Sitzung selbst beruft sich darauf, dass es sich um Taten Einzelner handelt, die Empörung in der Bevölkerung hervorrufen. Innenminister Schröder referiert über die pädagogischen Maßnahmen gegen den Antisemitismus in der Bundesrepublik. Im Sinne der neuen Zeit spricht er über Erziehung zur Demokratie. Gleich zu Anfang erwähnt er, dass die deutsche Öffentlichkeit

> »die Schmierereien als einen bösen Verstoß gegen ihren durch Taten bewiesenen Willen zur Wiedergutmachung, zur Versöhnung und zur Toleranz [empfindet].«[145]

Das ist der Ton der Sitzung.

Einen Monat später, im März 1960, findet in der Hamburger Bürgerschaft die Haushaltssitzung statt. Dort marginalisiert der Kultursenator Hans Harder Biermann-Ratjen die antisemitischen Vorfälle in Hamburg als eine Randerscheinung. In Hamburg gab es nur ganz wenige Vorfälle, berichtet er.[146]

Weitab von diesen Debatten feiert die Bundesrepublik die zweite Auflage eines großen Kunstfestivals: die documenta II, die vom 11. Juli bis zum 11. Oktober 1959 in Kassel stattfand.[147] Ob Kaléko und Arendt von dieser Ausstellung wissen und sie sogar besuchen, ist nicht bekannt. Die Schau widmet sich der abstrakten Kunst, es werden einige amerikanische Künstler eingeladen. Jackson Pollock zählt zu den Stars.[148] Mit dieser Ausstellung werden Kassel und die Bundesrepublik zu einer globalen Bühne aufgewertet, die auch den Bruch mit der Nazivergangenheit dokumentiert. Es ist eine Versöhnung mit sich selbst und mit der Welt. Abstrakte Kunst soll zu einer Weltsprache werden, die auch in Deutschland gesprochen wird. Sie wird gefeiert als Ausdruck von Offenheit, Liberalismus und Demokratie. Sie steht im Gegensatz zum Totalitarismus des Ostens.[149] Die abstrakte Kunst wird zu einer anthropologischen Wahrheit erhoben.

Zuständig dafür ist Werner Haftmann. Jünger als Arendt und Kaléko, 1912 geboren, tritt er schon 1933 in die SA ein, was 1959 noch nicht bekannt ist. Im Krieg beteiligt er sich aktiv an der Partisanenbekämpfung in Italien, 1937 tritt er in die NSDAP ein.[150] Als Kunsthistoriker ist er für die künstlerische Leitung der documenta II 1959 zuständig und entwickelt die These von der abstrakten Kunst als einer Art vorurteilsfreiem Akt des Erlebens. Dafür steht die Reinheit der Linien und Farben. Ob Betrachter das in der Tat so sehen, ist schwer zu beweisen. Es ist eine geschichtslose Form der Betrachtung ohne Text. Das ist das Anliegen des ehemaligen Nazis Werner Haftmann, oder wie er es selbst im Vorwort des Katalogs formuliert:

»Dort, wo die Freiheit sich durchsetzt, verschwinden die Trennungen zwischen Nationen und Systemen.«[151]

Es war die Flucht nach vorne für die neue Bundesrepublik. Abstrakte Formen, das Sich-Hinwenden an die USA, der Kalte Krieg und der Kampf gegen den sozialistischen Realismus der DDR, all das fließt in die documenta II ein.[152] Dieser Haftmann erhält dann auch im Jahr 1962, nach Arendt, den nächsten Lessing-Preis. In seiner Preisrede schwärmt er über Lessing, und vor allen Dingen schwärmt er über Nathan:

»Durch seine warmherzige Vernünftigkeit und nüchterne Unverschwärmtheit erkennt er die sozialen, rassischen, religiösen Trennwände als Vorurteile einer unvernünftigen und unwürdigen Schwarmgeisterei.«[153]

Der rassische Unterschied – in seinen Worten – zwischen Jude, Türke und Arier zählt nicht mehr. Eine Rede, die von Lessing schwärmt, gut getaktet, sich anbiedernd, mit den Worten endend: »So spreche ich nur für mich – und halte mich im Schatten Lessings.«[154]

In der Tat eine abstrakte Rede, die Reinheit der Linien betonend. Der gleiche Ort, der Kaisersaal in Hamburg, der gleiche Laudator, Biermann-Ratjen, aber eine ganz andere Heimkehr, am 18. März 1962 gehalten. Dort sagt Biermann-Ratjen über den ehemaligen SA-Kämpfer:

»Haftmann gehört zu jener Generation, die mit dem Beginn ihrer geistigen Selbständigkeit die politische Welt als böse, zu allem fähig, und den Menschen dieser Welt, als bis zur Ungeheuerlichkeit manipulierbar erlebt hat.«[155]

Der Kreis zwischen Gustaf Gründgens und Werner Haftmann schließt sich. Hannah Arendt ist da eher ein Irrtum, ein konkretes Ereignis in der Abstraktion der Bewältigung der Vergangenheit. Er hebt Haftmanns Beitrag zum Verstehen der zeitgenössischen Kunst hervor. Und Herbert von Buttlar, der Kaléko aus Berlin verjagt, gehört auch zum Komitee der documenta II. Die abstrakte Kunst hat über die »Alt-Neue Sachlichkeit« von Arendt und Kaléko gesiegt. Das abstrakte und formlose Bild triumphiert hochmütig über die konkrete jüdische Sprache. So endet Arendts Rede fast schon resignierend mit Lessings Worten, die er vielleicht auf seinem Sockel im Berliner Tiergarten denkt: »Jeder sage, was ihm Wahrheit dünkt, und die Wahrheit selbst sei Gott empfohlen!«[156]

III

DIE UMKEHR NATHANS

Eine Zeit zum Gebären und eine Zeit zum Sterben, eine Zeit zum Pflanzen und eine Zeit zum Ausreißen der Pflanzen, eine Zeit zum Töten und eine Zeit zum Heilen, eine Zeit zum Niederreißen und eine Zeit zum Bauen (Prediger 3,2–3)

EUROPA, DIE HÖLLE AUF ERDEN

Ein unheimliches Bild. Ein Mann schaut uns an. »Selbstbildnis mit Judenpass« – entstanden vermutlich im August 1943. Nach der Niederschlagung des Aufstands im Warschauer Ghetto bricht auch für die Juden und Jüdinnen im besetzten Westen die Hölle aus. Die Ghettos werden aufgelöst und ihre Insassen in die Vernichtungslager transportiert. Auch in Belgien werden Juden und Jüdinnen aufgegriffen und in die Vernichtungslager im Osten deportiert. Felix Nussbaum, der sich auf der Flucht vor den Nazis in Brüssel versteckt hatte, malt sich selbst mit Blick in eine imaginäre Kamera, in der Hand einen Judenpass. Nussbaum kehrt zum Judentum zurück, nicht freiwillig. Er lebt nun im Exil, hat keine Heimat mehr, und sein Exil bedeutet genau betrachtet die Abwesenheit von Heimat. Bei ihm und so vielen anderen Juden und Jüdinnen ist diese Abwesenheit durch Verfolgung und Vertreibung verursacht worden. Sein Exil ist an einen konkreten Ort gebunden. Es gibt eine Heimat,

Felix Nussbaum (1904–1944): »Selbstbildnis mit Judenpass« (das letzte Selbstporträt), wohl im August 1943, Öl auf Leinwand, 56 x 49 cm. Sammlung der Niedersächsischen Sparkassenstiftung

wo man vor dem Exil gelebt hat, nach der man sich sehnt und in die man zurückkehren will. Aber auch Deutschland ist für Nussbaum Exil, ein Exil im Exil. Für ihn gibt es keine Rückkehr, nur Umkehr. Sein Exil ist transzendental. Aber wo ist für Nussbaum und andere eigentlich die Transzendenz, die diese Welt mit der anderen verbindet? Juden und Jüdinnen sind fremd in der Welt, weil die Entfernung des Menschen zu Gott keine Heimat zulassen kann. In der jüdischen Erfahrungswelt stehen diese beiden Begriffe in ständiger Spannung und wechselseitiger Beziehung. Auf der einen Seite Exil als Bezeichnung für ein Leben außerhalb Israels, auf der anderen Seite die Vertreibung aus dem Paradies als Beginn des menschlichen Exils. Jüdische Geschichte beginnt mit einem Exil, ja sie wird außerhalb des Landes im Sinai-Bund konstituiert.[1] Aber eine Rückkehr aus dem Exil im transzendentalen Sinne gibt es angesichts der Katastrophe nicht mehr. Es bleibt nur die Umkehr. Nussbaum ist Jude, damit ungeschützt, ein Staatenloser, der Staat Israel, der ihn hätte beschützen können, wurde erst fünf Jahre später gegründet. Er ist ein Verdammter. Felix Nussbaum ist ein wenig älter als Arendt und Kaléko, 1904 in Osnabrück geboren. Wie Arendt und Kaléko flüchtet er vor den Nationalsozialisten und hält sich seit 1937 in Brüssel auf. Können Betrachter und Betrachterinnen das Schicksal Nussbaums, ja seinen baldigen gewaltsamen Tod mitdenken? Für Nussbaum kommt vor dem Tod die Flucht. Er wurde 1940 von den belgischen Behörden als deutscher Ausländer verhaftet und in das Internierungslager Saint-Cyprien in Frankreich gebracht. Nussbaum malt sich und andere Gefangene in diesem Lager.[2] Drei Monate ist er in diesem Vorhof zur Hölle, kann aber von dort zurück nach Belgien fliehen. Während Nussbaum malt, sitzt Hannah Arendt am Schreibtisch. Wie Nussbaum ist sie seit 1933 auf der Flucht. Arendt flüchtet zuerst nach Frankreich, Nussbaum nach Belgien. Beide werden 1940 als feindliche Ausländer verhaftet und im Mai 1940 in verschiedene Internierungslager gebracht, Nussbaum nach Saint-Cyprien, Arendt nach Gurs. Sie begegnen sich wohl nicht, obwohl das durchaus hätte passieren können. Beide halten sich 1935 in Paris auf: Juden auf der Flucht. »Juden sterben in Europa und man verscharrt sie wie Hunde«, schrieb Arendt aus Frankreich am 21. Oktober 1940 an Gershom Scholem nach Jerusalem.[3]

Arendt denkt darüber nach ihrer Ankunft in New York nach. Einer ihrer ersten Essays in den USA – veröffentlicht im Januar 1943, während Nussbaum sich in Brüssel versteckt – reflektiert 16 Jahre vor ihrer Rede in Hamburg über das »Wir« in »Wir Flüchtlinge«:

> »die Zeitgeschichte [hat] einen neuen Menschentyp hervorgebracht [...] – Menschen, die von ihren Feinden ins Konzentrationsläger und von ihren Freunden in Internierungsläger gesteckt werden«.[4]

Wer sind nun diese Menschen? Arendt beschreibt 1943 die Situation der jüdischen Flüchtlinge wie sie selbst, wie Kaléko, wie Nussbaum und unzählige andere so:

> »Die von einem Land ins andere vertriebenen Flüchtlinge repräsentieren heute die Avantgarde ihrer Völker. [...] Zum ersten Mal gibt es keine separate jüdische Geschichte mehr, sondern die jüdische Geschichte ist verknüpft mit der Geschichte aller anderen Nationen.«[5]

Beide werden von den Ereignissen ihrer Ausgrenzung als Juden dazu gezwungen, über jüdisches Leben nachzudenken – in Texten oder Bildern –, in einer Zeit, als jüdisches Leben in Europa ausgelöscht wurde. Arendt ist entsetzt über den Verrat Frankreichs, das sich von den Idealen der Revolution verabschiedet und sie ins Internierungslager steckt. Für sie ist damit das endgültige Scheitern der Aufklärung und der Emanzipation der Juden besiegelt. Es gibt keine Rückkehr mehr, nur noch die Umkehr. Nussbaum denkt das in seinen Bildern. Nicht das menschliche Miteinander, sondern das Gegeneinander sind ihr Thema, die deutschen Täter und die jüdischen Opfer und auch die französischen und belgischen Zuschauer und Mittäter. Gemeinsames Erinnern ist durch die verschiedenen Lebenswelten der Täter, Opfer und Zuschauer so gut wie unmöglich gemacht. In den eindringlichen Worten Hannah Arendts aus dem Jahre 1943 zeichnet sich das Ende des europäischen Judentums ab:

> »Wir haben unser Zuhause verloren und damit die Vertrautheit des Alltags. Wir haben unseren Beruf verloren und damit das Vertrauen, in dieser Welt irgendwie von Nutzen zu sein. Wir haben unsere Sprache verloren und mit ihr die Ursprünglichkeit der Reaktionen, die Einfachheit der Gebärden und den ungezwungenen Ausdruck von Gefühlen. Wir haben unsere Verwandten in den polnischen Ghettos zurückgelassen, unsere besten Freunde sind in Konzentrationslägern umgebracht worden, und das bedeutet den Zusammenbruch unserer privaten Welt.«[6]

Diese Sätze sollen 16 Jahre später in Hamburg noch nachschwingen. Nicht um menschliche Solidarität geht es ihr und Nussbaum. Juden sind im »Warteraum des Todes« völlig allein.[7] Niemand ist mit ihnen solidarisch. Das Unmenschliche siegt. Nussbaum kennt diesen Warteraum schon seit 1942. Der Tod selbst kommt einige Jahre später. Denn schon 1942 ordnet Adolf Eichmann an, die Juden und Jüdinnen aus Belgien in den Osten zu deportieren. Menschen können sich vielleicht retten, Juden und Jüdinnen nicht, denn sie sind keine Menschen mehr. Nicht der Mensch Felix Nussbaum schaut auf die Betrachter, sondern der zurückgekehrte Jude. Kein gläubiger Jude, nicht unser Nathan aus dem Scheunenviertel, den würden wir sofort am Äußeren erkennen, sondern ein moderner assimilierter Jude, der gleich sein will, sich wie die Nichtjuden anzieht, spricht, bewegt und auch malt. Sein Vater war ein deutscher Patriot, ein wohlhabender Eisenwarenhändler, und lebte die deutsch-jüdische Illusion der Anpassung. Er finanzierte seinem Sohn, der mehr als 100 Jahre nach Moritz Daniel Oppenheim geboren wird, ein Kunststudium in Berlin. Es ist keine große Überraschung mehr, dass Juden malen, und Nussbaum entwickelt sich sehr schnell zu einem Star der Berliner Kunstszene. Aber ab dem 15. September 1935, als die Nürnberger Gesetze in Kraft traten, ist er nun Jude, sichtbar oder nicht. Aus diesem von den Nazis gemachten Schicksal gibt es für Felix Nussbaum und Millionen andere kein Entrinnen, obwohl Nussbaum schon 1933 Deutschland verlassen hatte, zuerst nach Rom, wo er schon 1932 ein Stipendium von der Preußischen Akademie der Künste in der Villa Massimo bekam, dann über verschiedene Stationen nach Ostende und Brüssel. Er sollte nie wieder nach Deutschland zurückkehren. Die Eltern Nussbaums emigrieren nach Holland. Auch sie werden 1944 in Auschwitz ermordet.

Nussbaum kehrt in diesem Bild nicht nur zum Judentum zurück, er klagt auch die Gleichgültigkeit der Welt an. Er sucht kein Mitgefühl. Die Eindringlichkeit seines Gemäldes entkoppelt seinen jüdischen Blick von seinem spezifischen Ort und seiner spezifischen Zeit und soll auf diese Weise die ethnischen Mauern der Gleichgültigkeit zum Einsturz bringen, also Räume des Mitfühlens schaffen. Dies können nicht nur Bilder leisten, sondern Sprache ganz allgemein, ob als Sprache der Fotografie, der Malerei, der politischen Theorie oder der Literatur. Die Bilder sollen nicht schweigen, sie sollen das Leid der entfernten Anderen als eigenes Leid mitfühlen. Doch das gelingt nicht. Es sind konkrete Bilder in einem konkreten Kontext. Was bleibt, ist Felix Nussbaum, der ein Jahr später nach einem der letzten Transporte aus Brüssel über das Sammellager Mechelen in Auschwitz ermordet wurde.[8] Nussbaum ist mit der Malerin Felka Platek verheiratet, sie wird mit ihm 1944 in Auschwitz ermordet. Sie malt immer im Schatten ihres Mannes, ist einige Jahre älter als Arendt und Kaléko, 1899 geboren. Sie stammt aus Warschau und kommt in den 1920er Jahren nach Berlin, um dort den Geist der Weimarer Freiheit zu leben.[9] Vielleicht trifft sie auf der Reise von Warschau nach Deutschland unseren Nathan. Sie stammt aus einem anderen jüdischen Milieu in Warschau, aber die frommen Nathans sind ihr nicht unbekannt. In Warschau trifft sie immer wieder auf sie, sie mag sie auch im Berliner Scheunenviertel treffen. In Berlin geht sie auf die Lewin-Funcke-Kunstschule, lernt dort Felix Nussbaum kennen, der selbst 1923 in Berlin ankommt. Vielleicht trafen die beiden Mascha Kaléko oder auch Hannah Arendt.

Wir können nur spekulieren, dass Felka Platek vielleicht nach Warschau zurückgekehrt wäre, hätte sie Felix Nussbaum nicht getroffen. Dort wäre sie dann wohl mit Hunderttausenden Juden und Jüdinnen 1940 ins Warschauer Ghetto gepfercht worden. Während Nussbaum sein Selbstporträt und andere Bilder über die jüdische Wunde malt, beginnt fast 1300 Kilometer weiter östlich am 19. April 1943 im Warschauer Ghetto der Aufstand der Juden und Jüdinnen gegen die Nazis. Arendt und Kaléko sind zu dieser Zeit schon weit weg in New York, und Arendt schreibt einige Monate vor dem Aufstand im Warschauer Ghetto in der *Wir*-Form über ihr Schicksal als Flüchtling. Arendt weiß von dem Aufstand. Am 21. April 1944, zum ersten Jahrestag des Aufstands im Warschauer Ghetto, veröffentlicht sie einen bewegenden Aufsatz in der deutschsprachigen Exilzeitung *Aufbau* in New York. Der Ton ist voller Stolz: »Für Ehre und Ruhm des jüdischen Volkes« lautet sein Titel.[10] Mit »Ehre« und »Ruhm« entdeckt sie neue politische Vokabeln, die für Juden und Jüdinnen wie sie in ihrer schwersten Stunde relevant werden. Das Ausmaß der Vernichtung ist noch nicht völlig klar, aber Arendt und andere wissen schon mehr, als ihnen lieb ist. In dem Text erwähnt Arendt auch ihre Einschätzung, dass die Kämpfer sich »als Juden für die Freiheit der Juden zu schlagen wünschen«.[11] Nach dem Scheitern der

Emanzipation geht es ihr darum, dass sich die Juden über diese Kämpfer – und perspektivisch über eine Armee – als Gleichberechtigte in die Völkergemeinde integrieren können. Das ist ein sehr zionistischer Gedanke, den sie hier drei Jahre vor der Staatsgründung Israels formuliert:

> »Damit liquidierten sie die Pariastellung des jüdischen Volkes in Europa und ordneten sich als Gleichberechtigte in den Freiheitskampf der europäischen Völker ein.«[12]

Aus hilflosen Opfern werden kämpfende und politisch aktive Menschen. Diese Gedanken äußert sie schon 1941. Wenn sie sich im *Aufbau* vom 14. November für eine jüdische Armee einsetzt und glaubt, dass Juden sich als Juden verteidigen müssen, hat sie nicht nur Palästina im Blick, sondern fordert Juden in der ganzen Welt auf, mit der Waffe in der Hand für ihre Freiheit zu kämpfen.[13] Diese Forderung zieht sich wie ein roter Faden durch ihr jüdisches Denken. Der hilflose Tod hat keine Bedeutung für Arendt. Er bleibt stumm. Für sie war es wichtiger, »lieber stehend sterben als auf den Knien leben«, wie sie das 1942 in einem anderen Aufsatz für den *Aufbau* betonte.[14] Ihre Anliegen sind die jüdische Öffentlichkeit und die Rückkehr der Juden in die Geschichte – auch hier spricht sie eine klare zionistische Sprache, eine Sprache, die bis heute in Israel widerhallt, aber es geht ihr um mehr als um die territoriale Souveränität. Sie versuchte, eine öffentliche jüdische Sprache zu finden, die sich politisch versteht und aus der sich ein neues politisches Handeln ableitet. Es ist eine Sprache, die der jüdischen politischen Erfahrung vor der Vernichtung verpflichtet ist, eine Sprache, die sich schwertat, nach der Vernichtung einen Ort zu finden. Die Forderung nach einer jüdischen Armee ist da nur ein Beispiel, aber ein wesentliches. Sie ist ein Aspekt ihres Engagements, Juden aus der Anonymität der Geschichte zu holen, sie in griechische Helden zu verwandeln.[15] Daher auch die Anknüpfung an die Makkabäer:

> »Die Sache der jüdischen Armee ist nur zu einem kleinen Teil die Angelegenheit von Diplomaten. Sie ist die Sache dieser Erben, die sie fordern werden im Namen der Lebenden und im Namen der Toten.«[16]

Offener kann Arendts jüdische Wunde nicht sein.

Im Jahre 1939 wohnen 340 000 Juden und Jüdinnen in Warschau. Vielleicht hätte Platek auch am jüdischen Aufstand gegen die Nazis teilgenommen. Im April 1943 leben nur noch etwa 50 000 Juden und Jüdinnen im Ghetto. Die anderen 300 000 sind schon im Jahr davor in die Todeslager deportiert worden. Im Ghetto selbst sterben Zehntausende Menschen an Hunger und Krankheit. Die jüdischen Aufständischen wehren sich einen Monat lang, bevor das Ghetto von deutschen Soldaten dem Erdboden gleichgemacht wird und die Mehrzahl der Juden dort ermordet wird. Aber was war das Ziel des Aufstands? Die deutschen Nazis zu besiegen und die Juden dort vor der Vernichtung zu retten? Keiner der Anführer des Aufstandes glaubt, dass man Juden retten kann. Das ist nicht ihr Ziel. Einer der Aufständischen, Marek Edelmann, betont immer wieder, Ziel sei es, den Tod selbst wählen zu können. »Dem Herrgott zuvorkommen«, wie er es nennt.[17] Es geht nicht mehr ums Überleben, sondern darum, mit Würde zu sterben. Das Ghetto brennt im April und Mai 1943, viele Juden kommen in den Häusern um. Aber das Ghetto ist umgeben vom nichtjüdischen Warschau, die nichtjüdischen Polen und Polinnen können das Ghetto brennen sehen. Auch die deutschen Soldaten sehen das. Fühlen, denken und handeln sie mit? Die meisten Polen und

Polinnen schauen gleichgültig zu und freuen sich, dass sie selbst nicht verbrannt werden. Viele nehmen das Schicksal der Juden im Ghetto skrupellos hin. Handlungsspielraum? Die Aufständischen erzählen von ihrer Machtlosigkeit und wie schwierig es ist, sich, unterdrückt und ausgehungert inmitten einer feindlichen Bevölkerung, zu wehren. Aber sie tun es, allein und fast ohne Hilfe.[18] Am 16. Mai 1943 kann der SS-Brigadeführer Jürgen Stroop an seine Vorgesetzten berichten: »Der ehemalige jüdische Wohnbezirk Warschaus besteht nicht mehr.« Die anthropologische Sicherheit, die notwendig ist, um in der hochzivilisierten Welt überhaupt einen Schritt vor die Tür zu setzen, zerbrach damit nicht nur für die Opfer des Ghettos.

Es gibt auch noch einen anderen Widerstand im Ghetto, der nicht nur den Zweck hatte, den Tod zu wählen und dem Herrgott zuvorzukommen. Der jüdische Historiker Emanuel Ringelblum organisiert mit mehreren Mitarbeitern im Ghetto ein Untergrund-Archiv, »Oneg Shabbat« (die Freuden des Sabbats) genannt, das die schriftlichen Zeugnisse des unmenschlichen Alltags sammelt. »Falls keiner von uns überlebt, soll wenigstens das bleiben«, schreibt Ringelblum.[19] Die meisten Mitarbeiter und Mitarbeiterinnen des Projekts überleben nicht, eine der Überlebenden ist Rachela Auerbach, die dafür sorgt, dass das versteckte Archiv nach dem Krieg teilweise wieder aufgefunden wird.[20] Auerbach ist etwas älter als Arendt, Kaléko, Platek und Nussbaum, geboren 1903 in Lanovtsy, das heute in der Ukraine liegt. Von dort zieht die Familie nach L'viv oder Lwów (oder Lemberg) um, 1933 dann nach Warschau. Rachela Auerbach ist eine bewusst osteuropäische Jüdin, Deutschland und die dortige Assimilation der Juden ist weit weg für sie. Sie sieht ihr Schicksal in jüdischer Autonomie und in der jiddischen Sprache. Wenn Platek in Warschau geblieben wäre, hätte sie wahrscheinlich Auerbach getroffen, und sie hätten darüber gesprochen, wie Bilder und Texte auf die Vernichtung reagieren könnten. Auerbach überlebt und arbeitet bis zu ihrem Tod 1976 in Jerusalem für die Gedenkstätte des Holocaust Yad Vashem, wo sie für die Dokumentation der mündlichen Überlieferungen zuständig ist.

Den Bildern von Nussbaum und den Texten aus dem Warschauer Ghetto sind wir gleichzeitig nah und fern. Nah, weil die Sprache eine Sprache ist, in der Ringelblum, Auerbach und andere kommunizieren, die verstanden werden kann wie die Bilder von Nussbaum. Fern, weil keine Sprache dieses Grauen zu kommunizieren vermag. Wie schreibt, wie malt man von der eigenen Vernichtung? Nussbaum, Platek, Arendt, Kaléko, Edelmann, Ringelblum, Auerbach und viele andere leisten mit Schrift und Pinsel Widerstand. »Wenn ich untergehe, lasst meine Bilder nicht sterben – zeigt sie den Menschen«, soll Felix Nussbaum gesagt haben. Diese Hoffnung mag sich erfüllt haben. Seine Bilder, viele von ihnen sind erhalten, werden nun in einem ihm gewidmeten Museum in Osnabrück gezeigt.[21] In Osnabrück wird Nussbaum auch zum ersten Mal nach dem Krieg 1955, im Jahr der documenta I, ausgestellt, und zwar im Rahmen einer Gruppenausstellung, »5 Osnabrücker Künstler«.[22] Es braucht noch eine Reihe von Rechtsstreitigkeiten und Restitutionen, bis Felix Nussbaum am Ende des 20. Jahrhunderts nicht nur in Osnabrück berühmt ist. Der jüdisch-amerikanische Architekt Daniel Libeskind, bekannt durch den neuen Bau des Jüdischen Museums in Berlin, plant Ende der 1990er Jahre dann auch den permanenten Ausstellungsort für Nussbaum in Osnabrück. Nussbaum ist heute eine Ikone der Kunst des Holocaust, für die Malerei so bedeutsam wie Hannah Arendt für die Politische Theorie, Mascha Kaléko für die

Dichtung oder Rachela Auerbach für die Erinnerung an das Warschauer Ghetto.

Werner Haftmann, der 1932 an der Humboldt-Universität zu Berlin mit seinem Geschichtsstudium beginnt, hat wohl von dem neuen Star der Berliner Kunstszene gehört. Im November 1933, Arendt und Nussbaum sind schon nicht mehr in Deutschland, nur noch Kaléko in Berlin, tritt er in die SA ein. Ob aus Überzeugung oder als Mitläufer, sei dahingestellt.[23] Er wohnt in dieser Zeit in Charlottenburg, nicht weit von Mascha Kaléko, möglicherweise trifft er sie auf dem Weg ins Romanische Café, wenn er dort mit seiner SA-Uniform vorbeiläuft und vielleicht auch ein paar Gäste drangsaliert. Nach einer Zwischenstation in Göttingen kommt er 1937 an das Kunsthistorische Institut in Florenz. Ob er von Nussbaums Aufenthalt in Rom 1933 weiß, ist nicht klar. Wahrscheinlich verliert er ihn in Italien aus den Augen. Dort lebt er bis 1945, hin und wieder in Turin, auch ist er an der Verfolgung und Folterung von Partisanen beteiligt.[24]

Aber noch sind wir in der Zeit, in der Arendt und Kaléko schon in New York leben und Felix Nussbaum und Felka Platek sich in Brüssel verstecken müssen. Haftmann hat sie damals bestimmt nicht getroffen. Vielleicht trifft er einen anderen jüdischen Maler, der auch seit 1933 auf der Flucht ist und seit 1940 in Florenz lebt und malt. Als Kunsthistoriker wird Haftmann von Rudolf Levy bestimmt gehört haben, ja sogar vielleicht seine Werke kennen. Levy ist älter als Haftmann und auch als Nussbaum, 1875 in Stettin geboren.[25] Er studiert Kunst in München und geht anschließend nach Paris. In den 1920er Jahren lebt er in Berlin und ist schon ein etablierter Maler mit seinem eigenen expressionistischen Stil. Er stellt in der Galerie Flechtheim aus, verkehrt in Künstlerkreisen, zählt Gustaf Gründgens und Klaus Mann zu seinen Freunden. Auch Levy wohnt in Charlottenburg, malt und lehrt dort. Er verlässt Deutschland schon im April 1933 und kommt 1940 in Florenz an. 1943 besetzen die Nazis Florenz. Sicher ist Werner Haftmann dabei. Ob die beiden je in Florenz 1943 miteinander sprechen, ist wohl eher unwahrscheinlich. Levy arbeitet in Florenz weiter. Anders als bei Nussbaum ändert sich sein Stil kaum. Er malt weiter expressionistisch in prächtigen Farben. Berühmt genug in Nazideutschland, werden viele seiner Gemälde bei der Aktion »Entartete Kunst« 1937 beschlagnahmt. Im Januar 1944 wird Levy von den Nazis in Florenz aufgegriffen und nach Auschwitz gebracht. Er überlebt den acht Tage langen Transport nicht. Viele seiner Bilder überleben und sind auch im Deutschland der frühen 1950er Jahre bekannt.

Rudolf Levy (1875–1944), »Selbstbildnis IV«, 1943, Öl auf Pappe, 41 x 33,5 cm. Museum Pfalzgalerie Kaiserslautern, Inv.-Nr. PFG 54/4, Fotografie A. Kusch

Werner Haftmann überlebt den Krieg und zieht nach kurzer Kriegsgefangenschaft nach Bremen. Schon Ende 1946 beginnt er für die Wochenzeitung *Die Zeit* zu arbeiten und engagiert sich für die abstrakte Kunst, noch bevor er am Konzept der documenta I im Jahre 1955 mitarbeitet. Rudolf Levy steht auf deren Künstlerliste, verschwindet aber wieder von ihr.[26] 1950 wird Haftmann Dozent an der Hochschule für bildende Künste in Hamburg; und 1954 erscheint sein Standardwerk *Malerei im 20. Jahrhundert* mit dem fragwürdigen Satz:

> »Die moderne Kunst wurde als jüdische Erfindung zur Zersetzung des ›Nordischen Geistes‹ erklärt, obwohl nicht ein einziger der deutschen modernen Maler Jude war.«[27]

Haftmann geht wohl davon aus, dass weder Nussbaum noch Levy deutsche oder moderne Maler sind. Dass sie Juden sind, das weiß er sehr wohl. Gleichzeitig sorgt er für die Rehabilitierung von Emil Nolde, einem expressionistischen Maler, der Antisemit und Nazi-Sympathisant war. Die Ausblendung jüdischer Künstler ist Teil der Wiederfindung Westdeutschlands nach dem Krieg, eine Versöhnung mit der eigenen Geschichte. Die ersten documenta-Ausgaben in Kassel 1955 und 1959 gehören zum Beginn der Bundesrepublik, des Kalten Krieges, der Westanbindung, der Freiheit und zum symbolischen und zum realen Ausschluss von Juden und Jüdinnen aus dieser Welt. Haftmann ist die Personifikation dieses Prozesses. Denn es ist klar, dass, wenn Nussbaum und Levy, beide 1944 in Auschwitz ermordet, auf der documenta I zu sehen gewesen wären, man wohl Fragen nach ihrem Schicksal gestellt hätte, und das nicht nur wegen der Rolle von Haftmann in Italien. Die Judenverfolgung und ihre Ermordung wären dann auch Thema der Ausstellungen gewesen. Haftmanns eigene Worte zur Eröffnung der documenta I sprechen Bände.[28] »Freiheit nach vorn« ist das Motto. Bei der modernen Kunst gehe es um das Allgemeine und nicht um das Konkrete. Haftmann feiert den Universalismus der modernen Kunst, der sich bewusst vom Konkreten distanziert. Nur das Allgemeine sei frei. Nicht um das blühende Feld gehe es, sondern um das Blühen an sich. Die moderne Kunst entstehe – so Haftmann – im Atelier und nicht in der Natur. Die moderne Kunst schaffe es, das »zeitlich Getrennte zum Simultanen« zu verwandeln.[29] So spricht jemand, der elf Jahre früher noch Partisanen in Italien jagte. Es geht ihm um die allgemeine Vorstellung von Wirklichkeit. Und immer wieder die Freiheit als der Ausdruck des Allgemeinen. Er endet sein Plädoyer für das Allgemeine und den Künstler damit, dass die soziale Funktion der Kunst die Würde des Menschen sei[30], und »vielleicht nimmt er den Glanz mit, und dann wird sich sein Leben wirklich ändern«.[31] Haftmann redet für die gesamte Bundesrepublik. Sein Allgemeines ist eine leere Phrase, denn es geht ihm um die Leidenschaft seiner eigenen Vergangenheit. Und natürlich verliert er kein Wort über die eigene oder kollektive Vergangenheit. Als einzigen jüdischen Künstler holt er Marc Chagall nach Kassel. Chagall ist viel älter als die anderen Akteure in unserem Drama, schon 1887 in Russland geboren, in Frankreich lebend, war 1941 wie Arendt in die USA entkommen, dann aber nach Frankreich zurückgekehrt. Für Haftmann war Chagall eher ein Maler der jüdischen Folklore als ein abstrakter Künstler.

Als Arendt 1959 in Hamburg ihre Rede hält, ist Haftmann ein angesehener Player im Kunstbetrieb. Gut möglich, dass er neben Gründgens im Publikum sitzt, als Arendt ihre Rede hält, Kaléko vergrämt nach Jerusalem abreist und Nussbaum, Platek und Levy schon ermordet, Marek Edelmann in Łódź und

Auerbach in Tel Aviv leben. Einige Wochen vor Arendts Rede in Hamburg hält Haftmann am 11. Juli 1959 die Eröffnungsrede für die documenta II in Kassel.[32] Vier Jahre nach der ersten documenta redet er mit mehr Selbstsicherheit und erwähnt die Künstlergeneration der nach 1900 Geborenen. Er spricht über ihre schrecklichen Kriegserfahrungen, über Todesschreie. Er erinnert auch an die gewaltvolle Zeit zwischen den Kriegen, an die Vertreibung der Griechen, an den Spanischen Bürgerkrieg. Ein kleiner Satz zur »blutigen Zäsur Hitlers«[33], dann geht er schnell weiter zu den Kriegen in Korea und Indochina. Sogar der Nahe Osten darf nicht fehlen. Er spricht von Flüchtlingen, von García Lorca, sogar von dem Mädchen Anne Frank. Was für ein Mädchen Anne Frank ist, sagt uns Haftmann nicht. Lieber spricht er von den bösen Politikern wie Hitler und Mussolini, und das alles nur, um das Fundament für eine neue Künstlergeneration zu legen, die nun nach Kassel kommt. Sie alle malen aus einer Wunde heraus, so Haftmann.[34] Und Haftmann kehrt auch zum Allgemeinen, zum Universalen zurück. Der einzige Halt des Künstlers sei seine sittliche Kraft. Er spricht auch über die Verfolgung der modernen Kunst in Nazideutschland, aber nicht über Künstler, die verfolgt werden, weil sie Juden sind, sondern über jene, die auf Freiheit und Selbstverwirklichung bestehen und sich gegen den Totalitarismus stellen. Aber sie waren wieder da, »als der Spuk verging«.[35] Für ihn ist die documenta II ein Modellfall für die Weltkultur, betonte die »Welt-Habe des zeitgenössischen Menschen«.[36] Er beendet seine Rede mit folgenden Worten:

> »Denn ich wünschte, daß ›documenta‹ nicht allein als bequemer Anlaß und Information genommen wird, sondern eben als Anlaß zur Kenntnisnahme innerer Vorgänge

> und Entscheidungen, als Anlaß zur Gewissensforschung, sowohl für die Öffentlichkeit, als auch für den Künstler selbst.«[37]

Juden und Jüdinnen tauchen in diesen beiden Reden Haftmanns nicht auf. Einige Wochen nach Haftmanns Eröffnungsrede hält Arendt ihre Lessing-Rede in Hamburg. Das heißt aber nicht, dass Haftmann nicht Teil des deutsch-jüdischen Gesprächs ist. Im Winter 1960/61 findet eine Vortragsreihe des Bayerischen Rundfunks über »Die Juden und die Kultur« statt. Haftmann hält dort den Vortrag über die bildende Kunst.[38] Der Zweck der Vortragsreihe ist, sich gegen den Mythos des unschöpferischen Juden zu stellen und einen einseitigen Monolog mit Juden und Jüdinnen als Statisten aufzunehmen. In seinem Vorwort betont Leonhard Reinisch, dass die Juden doch kein »Schmarotzervolk« seien und selbst viel schöpferische Kräfte entwickelt hätten. Diese schöpferischen Kräfte will die Vortragsreihe herausarbeiten. Es geht auch um den Verlust, den die deutsche Wissenschaft und Kultur durch die Judenverfolgung erlitten hat. Die Wunde ist eine deutsche Wunde, ganz im Sinne der Rituale der Woche der Brüderlichkeit, die Deutschland jährlich seit 1952 begeht.[39] Immer geht es darum, zu beweisen, dass die Juden ein Kulturvolk sind. Werner Haftmann, der bewusst oder unbewusst keine Juden auf »seinen« ersten documentas zeigen will, versucht nun gegenüber den Hörerinnen und Hörern, den Ausschluss der Juden zu rechtfertigen. Sein Bild von den Juden ist auf die Orthodoxie beschränkt. Der Vortrag liest sich, als ob er über unseren *Spiegel*-Nathan spricht, über Juden, die, vom Bilderverbot geleitet, in einer nichtbildlichen, transzendentalen Welt leben. Das jüdische Volk, so Haftmann, schnitt sich von den Quellen der bildenden

Kunst ab, weil sie sich von den Völkern der Antike abschnitten. Er betont auch die steinlosen Steppen der Juden, die sich nicht der bildenden Kunst anbieten, auch spricht er von naiver Volkskunst. Marc Chagall, der auf der documenta I von ihm ausgestellt wird, ist für ihn ein Prototyp gerade dieser ostjüdischen Folklore. Haftmann betont auch, dass die Moderne für Juden die Bedingungen schafft, das Transzendente auch künstlerisch umzusetzen. Am Ende seines Vortrags zitiert er den israelischen Maler Mordechai Ardon mit dem Satz: »Die Aussöhnung zwischen Jerusalem und Athen wird man wohl nie herbeiführen.«[40] Mit diesem Satz wird Haftmann, der ehemalige SA-Mann und Partisanenjäger, vielleicht sogar recht haben. Felix Nussbaum, Felka Platek und Rudolf Levy existieren für ihn nicht, haben auch wohl nie für ihn existiert, obwohl sie sich jenseits des Bilderverbots mit ihrer eigenen jüdischen Existenz und Verfolgung auseinandersetzen.[41] Werner Haftmann steht für die deutsche Wunde, für das deutsche Trauma.

KUNST UND TRAUMA

Kunst kann eine wichtige Rolle spielen, um Traumata zu überwinden. Die Leiter der ersten Ausgaben der documenta wollten mit Gegenwartskunst die Traumata der deutschen Vergangenheit überwinden. Kunst, wie sie auf den ersten beiden Ausgaben der documenta gezeigt wurde, kann aber auch die Räume für eine Versöhnung einengen. Traumata und Versöhnung sind verworrene Begriffe. Wenn verheerende Ereignisse auf Individuen und Gruppen wie Deutsche und Juden ganz unterschiedlich wirken, warum verwenden wir dann ein und dasselbe Wort »Trauma«, um ein breites Spektrum sozialer und kultureller Reaktionen zu erklären? Trauma ist ein Wort, dessen Bedeutung sich in den letzten 150 Jahren mehr und mehr erweitert hat, von den Wunden eines Körpers über die Wunden des Geistes, der Kultur, der Gesellschaft bis hin zu Wunden der Politik.[42] Als Trauma wird fast alles Unangenehme bezeichnet, das uns als Individuen und als Angehörige politischer Gemeinschaften widerfährt. Offenbar kann ein ursprünglich für Individuen konzipierter Begriff ohne Schaden auf soziale und politische Gruppen übertragen werden, etwa im Falle des kulturellen Traumas.[43] Ein kulturelles Trauma unterscheidet sich von einem körperlichen oder psychischen Trauma. Es wird nicht durch natürliche Prozesse ausgelöst und entfernt sich von allen essentialistischen und pathologischen Konnotationen hin zu einer Sprache kollektiver und damit moralischer Identifikationen. Oft wird die Zuschreibung traumatischen Leidens entlang der Spannung zwischen universellen Werten und partikularen Erfahrungen organisiert. Und dieser Prozess ist immer umstritten.

So auch in der modernen Kunst. Zeitgenössische Kunst und die mit ihr verbundenen ästhetischen Erfahrungen von Mehrdeutigkeit und Ambiguität können bei der Aufarbeitung von Traumata helfen. Gleichwohl geht es dabei immer auch um Distanzierung. Moderne Menschen fallen ständig aus einer Welt heraus, in der Ambiguität Teil dessen geworden ist, was es bedeutet, modern zu sein. Verschiedene Situationen können unterschiedliche Sichtweisen hervorrufen, das zählt zum fast schon selbstverständlichen Anspruch zeitgenössischer Kunst.[44] Diese Haltung kann aber auch zum Klischee gerinnen. Menschen betrachten eine Kunst, von der man ihnen gesagt hat, dass sie mehrdeutig sei: So kann eigentlich unverständliche Kunst verständlich gemacht werden. Die ersten Ausgaben der documenta zeigen jedoch, dass sich dahinter ein konkretes

Anliegen verbergen kann. Abstrakte Kunst, der Inbegriff von Mehrdeutigkeit, wird in der postnationalsozialistischen Weltanschauung von Werner Haftmann und seinen Kollegen bei den beiden ersten Ausgaben der documenta durch den Ausschluss der traumatischen Vergangenheit und durch den Ausschluss von Juden und Jüdinnen auf Eindeutigkeit reduziert. Sie haben den deutschen Alltag der Verdrängung durch Abstraktion und Universalismus in die Kunst hineingeholt, haben damit die abstrakte Kunst, die eigentlich autonom sein soll, in den Dienst deutscher Nachkriegsinteressen gestellt. Die abstrakte Kunst der ersten documentas in den Jahren 1955 und 1959 trägt daher zur Stabilisierung der Nachkriegsgesellschaft der jungen Bundesrepublik bei.[45] Auch hier findet eine Umkehrung statt. Es geht bei den ersten documentas auch um die Rehabilitierung dessen, was die Nationalsozialisten als »Entartete Kunst« bezeichnet hatten. Entartet ist Kunst, die sich nicht als national versteht, die nicht dem Volke dient, die international vor allen Dingen auch mehrdeutig ist. Entartet ist aber nicht nur die Kunst, als entartet gelten auch Künstler und Künstlerinnen, wenn sie Juden oder Jüdinnen sind. Abstraktion stellt sich gegen die Klarheit und Prozesse des eindeutigen Verstehens der Welt. Abstraktion jedoch, also das Uneindeutige, der Ausdruck von Innerlichkeit, Inhalte, die nicht unmittelbar zugänglich sind und nicht Staat und Volk dienen, gelten als krank und dekadent. Das Gegenteil von »entartet« ist die Eindeutigkeit und die Aufhebung des Zweifelns. Die nichtentartete Kunst ist offen und vieldeutig und wendet sich anstatt der Vergangenheit der Zukunft zu.[46] Sie passt daher gut in die neue Verklärung der Bundesrepublik als zukunftsorientiertes Projekt. Konservative Kunstkritiker, die abstrakte Kunst noch im Sinne der »entarteten Kunst« verachten, verstehen diese Funktion der Stabilisierung nicht wirklich.[47] Denn es geht hier nicht nur um Kunst, sondern um den mehrdeutigen Blick, das mehrdeutige Leben, eigentlich um die Uneindeutigkeit des Lebens, auch wenn diese Form der Mehrdeutigkeit unter Ausschluss der jüdischen Stimmen oder Künstler und Künstlerinnen stattfindet. Auch soll ein Gegenmodell zum sozialistischen Realismus in der Kunst der DDR entwickelt werden. Dort war in der Kunst Parteilichkeit und Volkstümlichkeit angesagt, nicht dem Volke, sondern dem Sozialismus dienend. Auch hier ist die Kunst nicht »entartet«. Diese Parteilichkeit und Volkstümlichkeit werden 2022 auf der documenta 15 mit ihrer postkolonialen Ausrichtung noch einmal zum Leben erweckt. In beiden Kunstrichtungen gibt es nur Eindeutigkeit.

DIE AMBIGUITÄTSTOLERANZ VON ELSE FRENKEL-BRUNSWIK

Jüdinnen und Juden praktizieren mit ihrem Leben zwischen Anpassung und Autonomie Ambiguität, ob sie es wollen oder nicht. Für Hannah Arendt können sie sich nur assimilieren, wenn sie sich an den Antisemitismus assimilieren, als Jude oder Jüdin immer durch die Augen der Nichtjuden betrachtet werden und mit ihrer Wunde leben. Oder in den Worten Kalékos: »Zwei Seelen wohnen, ach in mir, zur Miete«. Nun sind gerade Juden und Jüdinnen der Eindeutigkeit des Nationalsozialismus zum Opfer gefallen, die mit diesen Mitteln den psychologischen Mechanismus des Antisemitismus zu verstehen versuchten.

Es geht also nicht nur um Ambiguität, sondern auch um die Fähigkeit, sie zu ertragen, was in der Sozialpsychologie etwas holprig Ambiguitätstoleranz genannt wird. Und es geht auch um das Gegenteil, um die Ambiguitätsintoleranz. Diesen Begriff entwickelt die jüdische Psychologin Else Frenkel-Brunswik in den 1940er Jahren in den USA. Sie hat eine etwas andere Lebensgeschichte als jene, die wir schon betrachtet haben. Frenkel-Brunswik wird 1908 im heutigen westukrainischen Lwiw, dem damals habsburgischen Lemberg, geboren. Sie ist etwas jünger als Arendt und Kaléko, zweimal geflohen, das erste Mal 1914 vor antisemitischen Pogromen mit ihrer Familie 750 Kilometer Richtung Westen nach Wien, das zweite Mal 1938 vor den Nazis in die USA. Die Pogrome Ende des 19. und zu Beginn des 20. Jahrhunderts sind die einschneidendste jüdische Erfahrung vor der Shoah. Auch die Aufständischen des Warschauer Ghettos nehmen in ihrer Welt auf sie Bezug.[48] Sie finden Eingang in eine eigene Sprache, die sich Ende des 19. Jahrhunderts und zu Beginn des 20. Jahrhunderts herausbildet. Viele Gedichte versuchen, die Erfahrung der Pogrome auf Jiddisch und Hebräisch festzuhalten, sie gelten heute als kanonisch.[49] Das bekannteste von allen ist das Klagelied über die Pogrome von Chaim Nachman Bialik. Konkreter Anlass ist das Pogrom von Kischinew (heute Weißrussland) von 1903. Chaim Nachman Bialik, einer der einflussreichsten Dichter Israels, wird von einer jüdischen historischen Kommission nach Kischinew geschickt, um das Pogrom zu dokumentieren. Er verfasst eines der eindringlichsten hebräischen Gedichte über den jüdischen Tod, über die Schutzlosigkeit und Wehrhaftigkeit.[50] Fast 50 Juden und Jüdinnen kamen ums Leben, über 500 wurden verwundet, fast 3000 Häuser zerstört. Keine großen Zahlen im Vergleich zu dem, was auf die jüdische Welt noch zukommt. Trotzdem hallt das Pogrom in dieser jüdischen Welt nach. Es ist auch das erste Pogrom, dessen Ausmaße fotografiert und dokumentiert werden.[51] Bialik spricht immer wieder von Schande, vom hilflosen Zuschauen der Männer, die nichts taten, als ihre Frauen und Töchter geschändet wurden. Etwa 600 Frauen wurden bei diesem Pogrom vergewaltigt. Das Gedicht ist nicht nur Klage, sondern vor allem eine Anklage. Die Reaktionen in der jüdischen Welt sind eindeutig. Es geht um Hilflosigkeit, Passivität, den Wunsch nach Souveränität und Machtausübung.

> »Fluch aber dem der Rache sagt! Diese Rache, Rache für eines Säuglings Blut hat auch der Satan nicht erzeugt.«[52]

Dieser Satz ist in der hebräischen Literatur bis heute kanonisch. Er zeigt, dass Gedichte vor, während und nach Auschwitz nicht nur möglich, sondern auch notwendig sind. Bialik dichtet über den sinnlosen Tod, der einem sinnlosen Leben folgt. »So stöhnt nur ein Volk, das schon ganz ist verloren«.[53] Das Gedicht, das zwei Jahre danach ins Jiddische übersetzt wird, verbreitet sich zwischen den Jahren 1903 und 1914 wie ein Lauffeuer. Bialik schreibt das Gedicht in der heiligen Sprache des Hebräischen, aber es ist kein heiliges Gedicht. Es hinterfragt ständig die Existenz Gottes, der zuschaut, wie Juden geschlachtet werden. Bialik verwendet dafür die Sprache der Bibel und der biblischen Klagelieder, etwa der biblischen Klagelieder über die Zerstörung Jerusalems im 6. Jahrhundert vor Christus, die schon immer zum jüdischen Kanon gehören.[54] Aber das beginnende 20. Jahrhundert bringt gerade für osteuropäische Juden eine andere Erfahrung. Etwa 40 000 russische Juden wanderten in den Jahren zwischen dem Pogrom und dem Ersten Weltkrieg in das Gebiet des künftigen Israel ein, eine kleine Gruppe, die aber später in vielerlei Hinsicht den politischen und kulturellen Ton Israels bestimmen sollte. Auch von den Ereignissen in Kischinew mitbeeinflusst, gründeten diese Einwanderer paramilitärische

Verteidigungsorganisationen, welche die Grundlagen für die spätere israelische Armee bildeten. Die souveräne und auch revolutionäre Ausübung von Gewalt als Akt der Emanzipation, als Akt des Lebens gegen die Fügung in den Tod wurde zu einer der wichtigsten öffentlichen Sprachen Israels. Es sind nicht Arendts Klagelieder, von denen sie in ihrer Preisrede spricht. Bialiks Gedichte stehen ganz in der osteuropäischen jüdischen Tradition.

Wir wissen nicht, ob die Eltern von Else Frenkel das Gedicht kennen, als sie mit ihrer Familie 1914 Lemberg verlassen. Rachela Auerbach hat sie vielleicht noch kurz auf ihrem Schulweg gesehen. Else ist gerade mal sechs Jahre alt. 1914 gehört die Familie zum jüdischen Bürgertum in der Stadt und wird wie andere Juden der Kollaboration mit den Habsburgern beschuldigt.[55] Das Pogrom von 1914 wird von russischen Kosaken begangen, mehr als 40 Juden und Jüdinnen fallen ihm zum Opfer. Anders als im Westen Europas ziehen sich Pogrome seit dem Ende des 19. Jahrhunderts durch die osteuropäische jüdische Erfahrung. So wird Wien zum Sehnsuchtsort. 1918 kommt es in Lemberg zu einem weiteren Pogrom. Die Stadt wird von polnischen Truppen eingenommen. Die Juden sind zwischen die Fronten der Ukrainer und Polen geraten.[56] Neutralität ist keine Option für sie. Sie sind in diesem Konflikt die Verlierer. 150 jüdische Menschen werden am 22. November von polnischen Soldaten getötet, jüdische Häuser und Synagogen abgebrannt. Im Osten der Ukraine werden in dieser Zeit etwa 40 000 Juden und Jüdinnen von ukrainischen Truppen ermordet.

Lemberg, das Leben der jüdischen Menschen zwischen Polen und Ukrainern und auch Else Frenkels Biografie sind in der Tat der Inbegriff von Ambiguität. Ihre ersten Jahre verbringt sie am östlichen Rand Europas, dort, wo heute die Europäische Union endet und Krieg herrscht. Einst war ein Drittel der Bevölkerung von Lemberg jüdisch. 1939 waren es mehr als 100 000, zu denen noch einmal so viele jüdische Flüchtlinge aus Westgalizien stießen. Sie lebten mehr schlecht als recht mit ihren polnischen und ukrainischen Nachbarn. Aber sie lebten. Im heutigen ukrainischen Lwiw leben kaum noch Juden, 5000 etwa, die meisten von ihnen im Rahmen sowjetischer Bevölkerungspolitik dorthin umgesiedelt. Die ursprüngliche jüdische Bevölkerung von Ostgalizien wurde vernichtet, die wenigen Überlebenden haben ihren Weg nach Israel und den Westen gefunden. Spricht man von kollektiver Erinnerung, dann verweist dies wie kaum ein anderer Begriff auf den klassisch gedachten Nationalstaat und dessen Einheit und Homogenität von Raum, Zeit und Bevölkerung, die alle Ambiguität überwindet. Der Zweite Weltkrieg ist für die Ukraine traumatisch und folgenreicher als für viele andere Nationen. Der westliche Teil der Ukraine wird nie darüber hinwegkommen, dass ethnische Ukrainer mit den Nazis kollaborierten, wie etwa der Nationalheld Stepan Bandera, dessen Statue einen der großen Plätze von Lemberg schmückt und der nun als Teil der nationalen, antirussischen Tradition verehrt wird: eine weitere jüdische Wunde. Ostgalizien ist in der jüdischen Erinnerung ein Ort des Grauens, der Vernichtung, des Hasses. Von der ethnischen Vielfalt Österreich-Ungarns ist nichts mehr übrig geblieben. Der ethnische Nationalstaat hat sich über das multiethnische Imperium gesetzt. Auf diesen Gebieten der heutigen ethnischen Nationalstaaten wurden die meisten der Juden ermordet. Sie verschwanden fast vollständig aus dieser Region, und mit ihrem Verschwinden verschwand auch die Erinnerung an sie. Sogar das Vergessen wurde vergessen.

Else Frenkel-Brunswiks Lemberger Herkunft wird heute kaum noch beachtet.[57] Eine größere Rolle spielt für sie Wien, wo sie zur Schule geht und auch studiert. Sie schließt ihr Studium 1930 mit 22 Jahren ab und promoviert bei dem Wiener Psychologen Karl Bühler über ein Thema der Assoziationspsychologie, ein Jahr nach Arendt. Die beiden kennen sich natürlich nicht, genauso wenig wie Felka Platek, Rachela Auerbach und Mascha Kaléko sich gegenseitig kennen, aber all diese jüdischen Frauen sind Teil der jüdischen und weiblichen Emanzipation, sind Teil ähnlicher Sozialisationen in Lemberg, Berlin, Warschau und Wien: europäische und jüdische Stationen. Für einige ist die Rettung die USA, für andere ist es Palästina und Israel, doch für viele gibt es keine Rettung.

Als Wiener Psychologin setzt Else Frenkel sich auch mit Psychoanalyse auseinander und beginnt sich für Lebenslaufforschung zu interessieren. Aber sie behält auch immer die empirische Forschung im Auge. All das nimmt am 12. März 1938 ein Ende, als die Nazis in Wien einmarschieren. Bis dahin arbeitet sie als Wissenschaftlerin bei Karl und Charlotte Bühler an deren Institut. Den Antisemitismus gerade studentischer Kreise jedoch spürt sie schon vor 1938. Die Wiener Universität galt als Hochburg des Antisemitismus, und Else Frenkel erlebt ihn ganz unmittelbar. Im März 1938 endet abrupt ihre Karriere, sie wird kurz von der Gestapo verhört und flieht dann, noch nicht mal 30 Jahre alt, zum zweiten Mal in ihrem Leben vor dem Antisemitismus. Ihre Flucht führt sie in die USA, ihre Familie wandert nach Palästina aus. Noch auf dem Schiff nach New York heiratet sie ihren Kollegen und Freund Egon Brunswik und erhält dadurch sofort die amerikanische Staatsbürgerschaft. Wie Hannah Arendt, die zu dieser Zeit schon mit Heinrich Blücher verheiratet ist, geht Else Frenkel die Ehe mit einem Nichtjuden ein. Auch Karl und Charlotte Bühler, mit denen sie arbeitet, sehen sich gezwungen, Wien zu verlassen, ihr Institut wird geschlossen. Im gleichen Jahr wandert Mascha Kaléko in die USA aus. Die beiden kennen sich selbstverständlich nicht. Kaléko bleibt in New York, Frenkel-Brunswik geht an die University of California in Berkeley, wo sie eine Anstellung am *Institut for Child Welfare* findet. Ihre doppelte Emigration, ihre Erfahrungen als Kind in Lemberg und junge Frau in Wien führen sie wohl auch dazu, sich mit Fragen zu ihrer eigenen Biografie auseinanderzusetzen. Es ist nicht überraschend, dass der Antisemitismus für sie zum Forschungsthema wird, wobei sie Sozialpsychologie und Psychoanalyse konstruktiv miteinander verbindet. Sie beschäftigt sich mit Persönlichkeitsstrukturen und Vorurteilen, aber auch mit den Zusammenhängen von Rassismus und Antisemitismus als Voraussetzungen politischer Haltungen. Aus psychoanalytischer Perspektive will Frenkel-Brunswik empirisch belegen, dass Hass und Liebe gleichzeitig empfunden werden können, dass zu einer komplexen Persönlichkeit eben Ambiguitätstoleranz gehört. Der Begriff »Intoleranz gegenüber Mehrdeutigkeit« oder »Ambiguitätsintoleranz« wird heute in einem Atemzug mit ihrem Namen genannt.[58] Sie spricht hier über die Unfähigkeit, Widersprüche bei sich und anderen auszuhalten, vor allem im Kindes- und Jugendalter. Ihre akademische Karriere ist nie einfach, weil sie ohne feste Anstellung von Projekten abhängig ist. Bekannt ist sie bis heute denn auch als Mitherausgeberin der von Theodor W. Adorno in den USA initiierten *Studien zum autoritären Charakter*.[59] Als Mitglied der *Berkeley Public Opinion Study Group* der Sozialpsychologen R. Nevitt Sanford und Daniel J. Levinson arbeitete sie an quantitativen Analysen von Antisemitismus und Faschismus, um geeignete Strategien für deren Bekämpfung zu entwickeln. Was bringt Menschen dazu, nationalsozialistische Überzeugungen anzunehmen? In Berkeley kommt ihre Gruppe mit der Frankfurter Schule in Berührung und hat auch Kontakt zu Theodor W. Adorno in New York und zu Max Horkheimer, der zu dieser Zeit an der Westküste lebt. Den Kontakt knüpfte Ernst Simmel, ein im Jahre 1882 in Breslau geborener jüdischer Psychoanalytiker, der an der Westküste lebt und 1944 eine Konferenz über Antisemitismus organisiert, deren Ergebnisse 1946 veröffentlicht werden.[60] Zur gleichen Zeit werden jüdische Menschen wie Felix Nussbaum, Felka Platek und Rudolf Levy mit unzähligen anderen Juden und Jüdinnen in die Vernichtungslager deportiert.

Das Glück, in die Emigration entkommen zu sein, befreit diese jüdischen Wissenschaftler nicht von ihrer Pflicht zu verstehen. Zusammengeführt werden die verschiedenen Forschungsperspektiven von Max Horkheimer, der auch den Eröffnungsvortrag hält. Der autoritäre Charakter, der keine Vieldeutigkeit zulässt, gewinnt in gewissen Zeiten normative Kraft und ermöglicht den Faschismus. Man will die Welt mit einfachen Augen sehen, Feindschaft gegen Juden gehört dazu. Juden sind zu unheimlich, weil sie vertraut und gleichzeitig fremd sind. Zur gleichen Zeit schließt Hannah Arendt in New York ihre Studie über den Totalitarismus ab, in der sie diese Prozesse aus der Perspektive der politischen Theorie verfolgt. Auch sie kommt zu dem Befund, dass die Täter auf strikte Normen fixiert sind und totalitäre Einstellungen aus der Mitte der Gesellschaft kommen. Die Wissenschaftlerinnen und Wissenschaftler wollen auch ihre eigene Situation, ihre eigenen Wunden verstehen. Else Frenkel-Brunswik ist in der Studie über den autoritären Charakter für die Ausarbeitung und Auswertungen der Tiefeninterviews zuständig. Sie will verstehen, was Menschen zu rigiden und unflexiblen Einstellungen bringt, und berücksichtigt dabei auch ihre eigene jüdische Erfahrung.[61] Die theoretischen Grundannahmen der Frankfurter Schule und die empirische Persönlichkeitsforschung von Else Frenkel-Brunswik in Berkeley liegen methodisch meilenweit auseinander, fast schon so weit wie die Entfernung zwischen New York und Berkeley, aber sie werden durch die jüdischen Erfahrungen der Verfolgung zusammengeführt. Finanziert wird die Studie vom *American Jewish Committee*, einer jüdischen amerikanischen NGO, die sich für das Wohl der Juden in den USA einsetzt.

Warum gibt es in der Moderne überhaupt Antisemitismus, den Adorno in dieser Zeit als »Gerücht über die Juden« bezeichnet? Warum glauben Menschen diese Gerüchte? Gerüchte verbreiten immer auch geheimnisvolle und mehrdeutige Verschwörungstheorien, vermischen Wahrheit und Lüge. Ob man sie glaubt oder auch nicht, sie stehen in der Welt. Frenkel-Brunswik verfolgt ein anderes Konzept und forscht über Intoleranz gegenüber Mehrdeutigkeit. Mehrdeutigkeit ist ein weiteres Gerücht über Juden. Sie sind Juden und Nichtjuden zugleich, Fremde und Eigene, weiß und nichtweiß, dazugehörend und auch nicht. Die hier aufgelisteten jüdischen Erfahrungen mit ihren spezifischen Wunden kennen säkulare und orthodoxe Juden, westeuropäische und osteuropäische Juden und Jüdinnen. Dazu kommt jetzt als amerikanisch-jüdische Erfahrung die Freiheit, Fragen der eigenen Identität zu untersuchen. Auch in der Sozialpsychologie von Else Frenkel-Brunswik bei Antisemitismus geht es um die Feindschaft gegenüber einer komplexen Gesellschaft, in der Juden und Jüdinnen dazu verurteilt sind, gleich und verschieden, angepasst und autonom zu sein. Diese Einstellung teilt sie mit Adorno. Beide schreiben keine Gedichte, keine Klagelieder, aber sie beklagen sehr wohl in ihren Arbeiten, was es heißt, jüdisch zu sein nach 1945. Mit 50 Jahren verstirbt Frenkel-Brunswik im März 1958, drei Jahre nach dem Tod ihres Mannes Egon. Es kann gut sein, dass sie sich deprimiert das Leben genommen hat, zu oft wird sie nur als Fußnote zu Adornos Studie über den autoritären Charakter wahrgenommen. Dennoch war Frenkel-Brunswiks Mitwirkung von zentraler Bedeutung für die Studie.

Und wir fragen noch heute, ob Frenkel-Brunswiks sozial- und tiefenpsychologische Einsichten auf soziale und kulturelle Prozesse, wie etwa die abstrakte oder gegenständliche Kunst, übertragen werden können.[62] Spricht Kunst für sich selbst, hat sie also ihre eigene Sprache der Ambiguität? Oder muss jemand für sie sprechen und demzufolge also Erfahrungen miteinbeziehen, zugefügtes Leid, Protest, Widerstand? All das verbirgt sich offen in der Person Else Frenkel-Brunswiks, die in der Unfähigkeit, Widersprüche auszuhalten, den Schlüssel zur autoritären Persönlichkeit sah, also auch den Schlüssel zu antisemitischen Ressentiments. Juden und Jüdinnen verkörpern die Tatsache, dass das Verhältnis von Universalismus und Partikularismus eher eine wechselseitige Konstitution und innere Verbindung ist und nicht eine Opposition, in der das Universale für das steht, was ist, und das Partikulare seinen Hintergrund bildet oder das Partikulare für das steht, was ist, während das Universale den Hintergrund bildet. Wenn sich das eine ändert, ändert sich das andere – aber keines verschwindet. Frenkel-Brunswiks Studien richteten den Fokus auf die Persönlichkeitsstruktur, und es wäre durchaus möglich, dass solche historischen Prozesse über die Persönlichkeiten der Akteure verstanden werden sollten. Ambiguitätstoleranz muss eine Provokation für Menschen sein, die ein einfaches Leben ohne Ambiguitäten innerhalb klar definierter Grenzen propagieren. Sie wollen komplexe soziale Zusammenhänge vereinfachen. Diese Tendenz der Reduzierung von Komplexität kann von rechts oder von links kommen, von religiösen Überzeugungen, nationalistischen Abwehrhaltungen gegenüber der Globalisierung: Immer geht es darum, die Welt ohne Widersprüche und Mehrdeutigkeiten zu sehen, Konflikte in Freund-Feind-Dichotomien zu beschreiben. Zwei Ideen sind hier von Bedeutung: die Idee, dass verschiedene Kulturen in verschiedenen Welten leben, und die Idee – eine Variante der ersten –, dass wir in einer gemeinsamen Welt mit einer gemeinsamen Geschichte und Erzählung leben, die partikulare Geschichten als Relikte der Vergangenheit sehen. Beide Ideen flüchten vor der Vieldeutigkeit. Doppelte Erfahrung und doppeltes Bewusstsein machen es möglich, die Welt distanzierter zu betrachten, parallele Linien der Erfahrung zu erkennen, unterschiedliche Fluchtpunkte, ohne den eigenen Standpunkt mit dem anderen zu versöhnen.[63] Die Studien von Frenkel-Brunswik haben wohl in den späten 1940er Jahren noch nicht berücksichtigt, dass rigides und autoritäres Denken nicht nur von der rechten Seite der politischen Landschaft kommen kann, sondern dass es auch linkes autoritäres Denken geben kann. Hannah Arendt hat diese Korrespondenz in ihrer Studie über die totale Herrschaft 1951 gerade mit dem Begriff des Totalitarismus umfassender analysiert.

»ES GIBT KEIN RICHTIGES LEBEN IM FALSCHEN«

Für Arendt sind die USA Wahlheimat geworden, den 1948 gegründeten Nationalstaat der Juden Israel betrachtet sie mit Distanz, Kritik, aber auch Anerkennung. Zu sehr ist sie in der jüdischen Diaspora-Politik involviert, als dass man sie zu einer antizionistischen Kritikerin abstempeln könnte.[64] Sie versteht sehr gut die Ohnmacht abstrakter Menschenrechte ohne die Deckung staatlicher Souveränität. Antisemitismus und autoritäre Einstellungen lassen sich auch nicht nur bei rechten Gruppen beobachten. Die Jahre in Frankreich und ihre Beschäftigung mit der Französischen Revolution und deren Nachwirkung auf jüdisches Leben prägen ihre Einstellungen zum Judentum. Juden werden als Vertreter des alten, vornationalstaatlichen Regimes, also als partikular angegriffen, das könnte unseren Nathan aus dem Scheunenviertel treffen. Aber auch umgekehrt verachtet man sie als zu modern, zu transnational, zu fremd, als Akteure des revolutionären Umbaus der Gesellschaften und am Ende verantwortlich für die Französische und alle ihr nachfolgenden Revolutionen. Das trifft bestimmt für radikale universale Juden zu, die auch Teil der bolschewikischen Revolution waren.[65] Ressentiments gegen Juden können also aus allen Richtungen der politischen Landschaft kommen. Dass sie sowohl die Träger des »alten Regimes« genauso wie Träger der Revolution sind, nährt die Gerüchte über Juden. Und wie alle Gerüchte enthalten sie vielleicht einen Splitter Wahrheit. In den USA sieht Arendt die Chance für Juden und Jüdinnen, diesen Gerüchten zu entkommen. Durch ihre Umkehr zum Judentum ist eine Rückkehr nach Deutschland für sie keine Option. In der amerikanischen Verfassung sieht sie die Garantie, das jüdische Dilemma zwischen Anpassung und Autonomie leben zu können.[66]

Max Horkheimer und Theodor W. Adorno sehen das anders. Adorno, von den Nazis zum Juden gemacht, seine Mutter katholisch, sein Vater konvertiert, gilt nach den Nürnberger Gesetzen als Halbjude. Nach Abschluss der Studie über den autoritären Charakter kehrt zunächst Horkheimer und kurz darauf Adorno nach Frankfurt zurück.[67] Sie sind älter als Arendt,

Adorno 1903 geboren, Horkheimer 1895. Es ist kein leichter Entschluss, sie haben professionelle, private und finanzielle Gründe. Es ist wohl auch die deutsche Sprache, in der sie sich zu Hause fühlen, sie glauben, nur auf Deutsch philosophieren zu können. Sie wollen auch zurück in das Land ihrer Kindheit, als ob es diese geografische Rückkehr erlaubt, wieder da weiterzuarbeiten, wo man gezwungen wurde aufzuhören.[68] Diese Gründe mögen für Arendt auch zutreffen, waren für sie aber kein Grund zur Rückkehr. Ebenso Else Frenkel-Brunswik: Sie besucht ihre alte Heimatstadt Wien für Forschungsaufenthalte, aber denkt nicht daran, wieder zurückzukehren. Zu deprimierend findet sie das alte Europa.[69]

In den Jahren der ersten beiden Ausgaben der documenta sind Horkheimer und Adorno in Frankfurt und werden langsam zu Schlüsselfiguren der Studentenbewegung. Adorno steigt an die Spitze des Frankfurter Instituts für Sozialforschung auf, Horkheimer zieht sich in den 1950er Jahren mehr und mehr ins Private in die Schweiz zurück. Die Beziehung zwischen Adorno und Horkheimer zur Studentenbewegung war nicht immer einfach.[70] Sie werfen den Studenten Linksfaschismus vor, umgekehrt kritisieren die Studenten bei ihnen eine nichtrevolutionäre Einstellung. Die letzten Jahre vor seinem Tod im August 1969 sieht sich Adorno scharfer Kritik seitens der Studenten ausgesetzt. Von Konservativen und Rechten wird Adorno als Urheber des Anarchismus, von linken Studenten als Diener des Revanchismus kritisiert. Adorno lässt das von Studenten besetzte Institut von der Polizei räumen. Der Konflikt kulminiert am 22. April 1969, einige Monate vor seinem Tod, als Studentinnen ihn mit einer »aktionistischen« Aktion provozieren. Drei Studentinnen springen während seiner Vorlesung aufs Podium und entblößen sich. Diese Aktion wird von den Medien zur »Busenattacke« stilisiert.[71] Adorno packt seine Manuskripte zusammen und verlässt den Raum. Der knapp 66-Jährige, der nach Deutschland zurückgekehrt ist, empfindet die Aktion als Demütigung durch junge deutsche Studentinnen. Zwei Wochen später gibt er dem *Spiegel* ein Interview.[72] Darin betont er, dass es ihm nie um die Aktion geht, sondern um klares theoretisches Denken. Er will sich nicht für eine aktivistische Solidarität einspannen lassen. Er kritisiert die APO, dass sie sich der Aktion ausliefert, dass sie mitmachen will. Er hingegen betont das theoretische Denken und nicht die Praxis, nicht die Aktion, und gibt auch zu, nicht zu wissen, was zu tun sei. Er weiß nur, dass er nach dem Massenmord an den europäischen Juden nicht weiter auf der Seite derer stehen kann, die Gewalt predigen. Er will am Denken festhalten. 13 Jahre nachdem er über »Die Wunde Heine« gesprochen hat, öffnet sich seine eigene. Nur das Denken ist für Adorno mehrdeutig, die Tat ist ihm zu eindeutig. Das gilt nach seinem Verständnis auch für die Kunst. Nur autonome, nichtdienende Kunst kann emanzipatorisch wirken. Kurz vor seinem Tod drückt er mit diesem Satz seine Stimmung aus: »Denn nichts als nur Verzweiflung kann uns retten.« Adorno hat wohl auch die antijüdischen »Aktionen«, wie sie in der Nazisprache hießen, im Sinn, als er über Aktionismus spricht. Es ist der kompromisslose Aufruf zur Tat. Der Aktionismus ist es dann auch, der die documenta 15 mehr als 50 Jahre später überschattet. Es geht nicht mehr um Kunst, die die Vergangenheit durch Abstraktion verdrängt, sondern um aktionistische Kunst, die auch die deutsche Vergangenheit in einer ganz anderen Form zu verdrängen versucht.

DOCUMENTA 15 UND DIE REDUKTION DER MEHRDEUTIGKEIT

Kunst kann nicht nur der Mehrdeutigkeit einen gebührenden Auftritt ermöglichen, sie kann auch die Räume enger machen und den Vorwand für rigides Denken im sogenannten weltoffenen Milieu liefern – etwa bei der documenta 15 im Sommer 2022. Da ging es nicht mehr um abstrakte Kunst wie zu Beginn in den 1950er Jahren und auch nicht darum, die neue Bundesrepublik mit dem Zeitgeist des Westens zu versöhnen. Nicht mehr um die Westanbindung und die Nähe zu den USA ging es, sondern eher um das Gegenteil. Es ging um den globalen Zeitgeist des progressiven Milieus und die dichotomische Teilung der Welt in weiße Unterdrücker, zu denen die USA und Israel gehören, und nichtweiße Unterdrückte, oft mit der Metapher des »Globalen Südens« verallgemeinert. Die documenta 15 war bewusst politisch und aktivistisch konzipiert, gleichzeitig ging es aber auch darum, die deutsche Vergangenheit zu verdrängen und Juden und Jüdinnen zu stigmatisieren und auszugrenzen. Für Toleranz und Mehrdeutigkeit war da kein Raum. Vielmehr setzte die documenta das Programm des sozialistischen Realismus unter veränderten Vorzeichen fort. Man kann das auch als »Agitprop« bezeichnen, als einen künstlerischen Aktivismus, der die sozialistische Doktrin mit Mitteln der visuellen Kunst zu verbreiten sucht. Es war eine Kunst, die dem Klassenkampf diente[73], die sich nach dem Zweiten Weltkrieg von der Sowjetunion aus in die anderen sozialistisch regierten Staaten verbreitete.[74] Nur zu oft werden diese visuellen Nachrichten mit Bildern und Topoi von kosmopolitischen, zionistischen, kapitalistischen, reaktionären und bürgerlich-nationalistischen Juden transportiert. Diese antijüdischen Kampagnen und kulturellen Bilder erreichen ein Jahr nach der Gründung des Staates Israel 1949 einen weiteren Höhepunkt in der Sowjetunion, also just zu der Zeit, als Adorno und Frenkel-Brunswik in den USA über den autoritären Charakter forschten. In der Sowjetunion werden Juden und Jüdinnen gleichzeitig als wurzellose Kosmopoliten oder tief verwurzelte Zionisten diskreditiert. Juden sind 30 Jahre nach der Revolution schon mit dem Sozialismus assimiliert, und trotzdem werden sie nun als Fremdkörper im sozialistischen System bekämpft.[75]

Im Sommer 2022 also wird Deutschland von einem Kulturskandal erschüttert, der die gesamte Problematik von Ambiguität und Ambiguitätstoleranz verschiedener Beschreibungen dieser Wirklichkeiten auf den Prüfstand stellt.[76] Antisemitismusvorwürfe stehen schon vor der Eröffnung der documenta im Raum.[77] Es geht um antisemitische und auch autoritäre Weltbilder, die als solche nicht so gesehen werden. Zwei sich gegenseitig ausschließende Weltbilder stehen einander gegenüber. Einerseits deutsche Schuld und Verantwortung für die Verbrechen der Nazis, was dann auch zur Solidarität mit Israel führt, also ein »Nie wieder Holocaust!«. Auf der anderen Seite ein postkoloniales »Nie wieder Kolonialismus!«, das Israel selbst als einen ungerechten kolonialistischen Staat beschreibt. Sind das unüberbrückbare Beschreibungen der Wirklichkeit, oder können sie miteinander versöhnt werden? Auf der documenta 15 sicher nicht. Eigentlich soll es um zeitgenössische Kunst gehen, die der Inbegriff von Mehrdeutigkeit sein soll, weshalb sie als autonom bezeichnet und ihre Freiheit als Norm deklariert wird.[78] Die documenta 15 ist aber weder zeitgenössisch noch mehrdeutig, auch nicht wirklich modern und abstrakt, eher konkret, politisch, einer bestimmten Idee dienend, also nicht frei oder autonom. Die documenta 15 soll den Blick des »Globalen Südens« auf den Westen richten[79], weg vom westlichen Prinzip des individuellen Künstlers, hin zu einer offen und bewusst aktivistischen Kunst. Also wird ein Künstlerkollektiv aus Indonesien, die Gruppe Ruangrupa, damit beauftragt, die Ausstellung zu kuratieren. Eine weltoffene Kunst sollte gezeigt werden, eigentlich der Inbegriff von Ambiguität. Und zu dieser Vieldeutigkeit gehört auch der lokale Kontext. Künstlerkollektive wie Ruangrupa interessieren sich weniger für die deutsche Geschichte und Verantwortung. Das ist nicht ihr Anliegen. Als kulturelle Akteure des Globalen Südens stehen sie in der postkolonialistischen Tradition, der Suche nach dem Wirken und Nachwirken kolonialer Herrschaft. Darum soll es bei dieser Kunstschau ausdrücklich gehen.[80] Postkolonialistische Politik kämpft für die Emanzipation partikularer unterdrückter Menschen und akzeptiert dabei, wenn nötig, auch Gewalt. Das ist seit Frantz Fanon kein Geheimnis mehr. Und einer der Gründungsväter postkolonialistischer Theorie und Praxis, Edward Said, sieht schon Ende der 1970er Jahre postkoloniales Denken und Antizionismus Hand in Hand gehen. Damit steht er in der sowjetischen Tradition des Antizionismus wie des arabisch-palästinensischen Kampfs gegen Israel. Vielen an der documenta beteiligten Künstlern und Kuratoren wird auch Nähe zu der zum Boykott gegen Israel aufrufenden BDS-Bewegung vorgeworfen. Damit steht auch der Vorwurf des Antisemitismus wieder im Raum. Doch das entspricht nicht der Selbstdarstellung der Kuratoren selbst. Die feiern eher das Ende der westlichen autonomen Kunst und sehen sich in einer progressiven Tradition des politischen Aktivismus, dem sie künstlerischen Ausdruck geben. Kein Wunder also, dass der Stein oder eher das Bild des Anstoßes ein Bild in der klassischen Tradition der sowjetischen Agitprop ist: »People's Justice« von Taring Padi.

Ausschnitt aus »Die Gerechtigkeit des Volkes« (»People's Justice«) von Taring Padi auf der documenta 15 (2022)

Allein der Name des Bildes, »Die Gerechtigkeit des Volkes«, ist Programm. Hier ist ein kleiner Ausschnitt aus dem Wimmelbild, das sich als Teil des indonesischen antikolonialistischen Freiheitskampfes versteht. Nach großen Protesten wird das Bild schon am Tag nach der Eröffnung abgebaut.[81] Die Organisatoren der documenta sind erschrocken, viele Juden und Jüdinnen entsetzt, sie sehen sich mit Bildern konfrontiert, die sie an Nazipropaganda erinnern und die sie im Namen der Kunstfreiheit akzeptieren sollen. Und je häufiger beteuert wird, dass es für Antisemitismus im öffentlichen Raum in Deutschland keinen Platz gibt, desto stärker wird man sich der Anwesenheit des Antisemitismus im öffentlichen Raum bewusst. Es ist ein Angriff auf Anstand und Haltung, so wie das »Busenattentat« auf Adorno in seinen Worten widerlich und schwachsinnig ist. Es wird so getan, als könnte die Kunst für sich sprechen. Es ist jedoch ein Phantasma, dass zeitgenössische Kunst außerhalb jeglicher gesellschaftlichen Zusammenhänge existiert und alles unter die sogenannte Kunstfreiheit fällt. Gerade die postkolonialistische Kunst weiß das als bewusst dem Zeitgeist dienende Kunst natürlich. Darum geht es bei diesem Agitprop-Bild.

Dabei geht es nicht nur um die Empfindlichkeiten von Juden und Jüdinnen oder um die Frage, wie sie mit der jüdischen Wunde leben. Auch geht es nicht um einen Vertrauensbruch zwischen Juden und Deutschen in Deutschland, da dieses Vertrauen seit 1945 ohnehin nur eine ritualisierte Illusion ist. Allein die Debatte, ob das Bild nun antisemitisch sei oder nicht, ob es vielleicht Teil des indonesischen antikolonialistischen Befreiungskampfes sei, bedeutet für viele Juden und Jüdinnen nichts Gutes – die noch offene Wunde schmerzt noch mehr. Es wirft sie zurück in die Zeit der Emanzipation, in die Zeiten des Berliner Antisemitismusstreits und anderer Ereignisse, die die Prämisse der Anpassung und Angleichung thematisieren und damit auch offen zeigen. Für die meisten Juden und Jüdinnen geht es dabei um das nicht geführte Gespräch, um den Blick zurück über die Schulter, um das Erstarren, wenn es an die Tür klopft. Sie können mit Begriffen wie Postkolonialismus und Globalem Süden wenig anfangen, denn jenseits des progressiven und akademischen Milieus handelt es sich dabei um abstrakte Begriffe. Und je stärker man sich vom Antisemitismus distanziert, desto größer steht er als Elefant im Raum. Je häufiger man behauptet, dass es nicht um Juden, sondern um Israel gehe, desto mehr steht für Juden und Jüdinnen auf dem Spiel. Israel ist für diese Juden und Jüdinnen – natürlich nicht für alle – ein Garant ihres prekären Lebens in Deutschland, das eigentlich angesichts der Katastrophe, die vor gar nicht so langer Zeit stattfand, immer gefährdet ist. Sie erleben durch diese Debatte eine Normalisierung antijüdischer Ressentiments, egal, ob man das nun Antisemitismus nennt oder nicht. Daran ändern auch Erklärungen zur Kunstfreiheit, Einordnungen und Kontextualisierungen nichts. Auch diejenigen Juden und Jüdinnen, die sich von Israel distanzieren, die sich im sogenannten »israelkritischen« Lager sehen, deren Selbstverständnis sich vom Partikularismus abwendet, können die Existenz des souveränen Staates Israel als jüdischem Staat nicht ignorieren. Da hilft auch keine Kontextualisierung.

Auch die documenta 15 kontextualisiert. Sie rahmt die Arbeiten des Künstlerkollektivs, das »People's Justice«, so ein:

> »Ihre Bilderzählungen auf Leinwand und Karton beinhalten Protestzeichen und teilen die Figuren in Unterdrückte und Unterdrücker auf.«[82]

Das heißt, dass auch in der Selbstbeschreibung ein eindeutiges aktionistisches Weltbild in der Tradition der Agitprop gezeichnet wird. Das Künstlerkollektiv versteht den Antisemitismusvorwurf nicht oder will ihn nicht verstehen. Die Leitung der documenta versteht ihn und versucht, die Augen davor zu verschließen. Es werden also mehrere Debatten gleichzeitig geführt: die Debatte über Antisemitismus, die Debatte über Demokratie und Kunstfreiheit, die Debatte über Deutschlands Ort in der globalen Welt.

ISRAELISCHE BESATZUNG ALS (KÜNSTLERISCHE) BESCHREIBUNGEN DER WIRKLICHKEIT

Deshalb stehen Israel als Staat und Israel als Idee genau im Brennpunkt dieser Debatten.[83] Israel stammt aus Europa, liegt aber nicht in Europa. Israel kann daher als eine weiße europäische Formation betrachtet werden, die in kolonialistischer Weise den arabischen Raum eroberte. Israel ist aber auch gleichzeitig ein Projekt der Befreiung der Juden, die innerhalb und außerhalb Europas unterdrückt, verfolgt und ermordet werden. Die Dichotomie zwischen Unterdrückern und Unterdrückten gilt einfach nicht. Genau dies bringt auf den Punkt, woraus sich die Israelskepsis heute speist. Kann es beides gleichzeitig sein? Wie ist es möglich, dass das Bild Israels bei vielen Menschen zwischen Pflichtjubel und Feindbild oszilliert? Wird das Spektrum von wohlwollender Gleichgültigkeit und offener, manchmal feindseliger und hasserfüllter Ablehnung ausreichen, um die absehbaren Brüche und Zusammenbrüche zwischen großen Teilen der Welt und Israel aufzufangen? Können diese Gegensätze überwunden werden, und was kann Kunst dafür leisten? Sie könnte natürlich versuchen, diese verschiedenen Realitäten in ihrer spezifischen Weise zu beschreiben. Dabei handelt es nicht nur metaphorisch um Bilder einer Ausstellung, die Besucher betrachten, um sich ein Bild zu machen. Aber die documenta 15 arbeitete genau in die umgekehrte Richtung.

Dafür ein anderes Beispiel: Ausstellungsbesucher beanstandeten Zeichnungen des Kollektivs Archives des luttes des femme en Algérie. Dieses Frauenkollektiv archiviert politische

Plakate, die vor allem den weiblichen Kampf gegen Unterdrückung und die israelische Besatzung dokumentieren. Darunter findet sich auch eine Zeichnung, die einen hässlichen Soldaten mit Hakennase, Helm und Davidstern zeigt, dem von einer tapferen Kämpferin zwischen die Beine getreten wird. Antisemitisch, also nicht legitim? Oder doch eher Protest, der gegen das israelische Militär agitiert im Sinne von eher nicht ambiguitätstoleranter künstlerischer Agitation, also legitim? Kann es eigentlich jenseits von Legitimität beides gleichzeitig sein? Die Künstlerinnen glauben das nicht und veröffentlichen ihre Kontextualisierung des Bildes als Teil des Kampfes gegen den israelischen Kolonialismus. Darunter war zu lesen:

> »Liebe Besucher*innen
> Wir bedauern, dass die historischen Bilder und Zeichnungen, die um das Jahr 1988 entstanden sind, für einige Besucher*innen nicht verständlich sind und es daher zu Fehlinterpretationen gekommen ist …«
> Archives des luttes des femmes en Algérie[84]

Immer wieder ist die Rede von Kontextualisierung. Der Antisemitismusvorwurf wird zurückgewiesen und als »nicht verständlich« und »Fehlinterpretation« zurückgewiesen. Ruangrupa stimmen mit dieser Ambiguitätsintoleranz überein und veröffentlichten am 4. August 2022 eine Erklärung: »Die Bilder in der Broschüre Presence des Femmes sind eindeutig nicht antisemitisch […] Alle Karikaturen haben eine bestimmte Geschichte […] Sie repräsentierten die Propagandakunst der damaligen Zeit und den Standpunkt der Palästinenserinnen und Palästinenser gegenüber der militärischen Besatzung. Auf keinem der Bilder werden Menschen jüdischen Glaubens abstrakt dargestellt. ›Es handele sich um Darstellungen von israelischen

Soldaten mit eindeutigem Bezug zur israelischen Flagge.‹ Der Davidstern auf den Helmen von Soldaten ist das Symbol des israelischen Staates und der israelischen Armee, hier gibt es keine Zweideutigkeit.«[85]

Man möchte Ruangrupa dafür danken, dass sie sich ausdrücklich von der Ambiguität moderner Kunst verabschieden und mit Begriffen wie »eindeutig«, »Propagandakunst« und »keine Zweideutigkeit« argumentieren. Trotzdem bleibt der Eindruck, dass es sich bei diesen Vorwürfen doch eher um pädagogische Maßnahmen handelt, ein fast schon politisch hilfloses Gebaren der moralischen Überlegenheit, die dann auch noch dem politischen Widerstand den nötigen analytischen Rückhalt bieten soll. Es geht auch um klare politische Deklarationen, wobei der Standpunkt eindeutig vertreten wird. Es ist eine der »guten Sache« dienende Kunst.

»Auf keinem der Bilder werden Menschen jüdischen Glaubens abstrakt dargestellt.« Was meinen die Kuratoren mit der »abstrakten Darstellung« von Menschen jüdischen Glaubens, die nicht auf diesen Bildern zu sehen sind? Existieren solche Menschen? Juden und Jüdinnen sind konkrete Menschen, manche identifizieren sich mit Israel, manche nicht. Manche sehen Israel als die politische Antwort auf den Antisemitismus und die Erfahrung der Vernichtung, andere wiederum sehen sich gerade deswegen einem allgemeinen Kampf gegen Unterdrückung verpflichtet. Manche sind so wie unser *Spiegel*-Nathan und manche so wie Hannah Arendt. Sicher ist das Bild ein Protest gegen die israelische Besatzung, und gleichzeitig benutzt es auch antisemitische Bildsprache. Das schließt sich nicht gegenseitig aus und steht in einer langen politischen Tradition des antizionistischen Kampfes und der Agitprop-Bewegung. Die post- und antikolonialistische Bildsprache kann und will nicht mehrdeutig sein, verkennt bewusst die jüdische Geschichte, universalisiert sie, indem sie Juden und Nichtjuden als weiße Europäer deklariert, die das Land von Grund auf veränderten und die Palästinenser zur Flucht zwangen. Die Eindeutigkeit der Darstellungen mag auch darauf hinweisen, dass die Künstlerinnen und Kuratoren wenig Bildkompetenz zeigen. Ein ambiguitätstoleranter Blick auf das Bild würde auch bedeuten, diese antisemitische Bildsprache hinter dem politischen Aktivismus zu erkennen. Sie gehörte und gehört auch zum Kampf gegen Juden vor ihrer Ausübung politischer Souveränität in Israel. Nach 1945 schien es für viele Juden geradezu zwingend, dass nur der Zionismus das von den Nazis Zerschlagene wieder zusammenfügen kann. So kann man diese antisemitische Bildsprache, die nun gegen Israel eingesetzt wird, gleichzeitig als eine der Ursachen für die Gründung des Staates selbst sehen.

Hinter den oft rigiden ideologischen Bildern verbergen sich verschiedene und in der Argumentation zumeist einander entgegengesetzte historische Bilder und Beschreibungen. Es sind keine historischen Bilder, sondern ästhetische Darstellungen eines politischen Kampfes. Das kolonialistische Narrativ beschränkt sich auf die palästinensischen Flüchtlinge von 1948, während sich das zionistische Narrativ auf die jüdischen Flüchtlinge des 19. und 20. Jahrhunderts konzentriert. Damit verharmlost die kolonialistische Beschreibung auch den europäischen Antisemitismus. Antisemitismus und die Probleme der Assimilation machen die Juden zu Nichteuropäern. Die postkolonialistische Beschreibung muss das ignorieren, weil sie sich sonst in Widersprüche verstrickt. Es geht dabei auch um die uneindeutige Loyalität zu universalen Gerechtigkeitsprinzipien, um die Frage, wer nun unterdrückt wird und wer unterdrückt. Die Versuchung ist groß, universell, europäisch, progressiv, inkludierend zu denken und zu fühlen. Es ist aber auch gleichzeitig eine Versuchung, die in ihrem eigenen Fortschrittsgedanken gefangen bleibt. Die Herausforderung ist doch das Kontrastieren und Vergleichen des Partikularen mit dem Universalen, ohne in essentialistische Identitätspolitik zu verfallen, wie das in Kassel 2022 immer wieder zu sehen war. Dann kann man auch jüdische Erfahrungen wie die von Else Frenkel-Brunswik in eine ambiguitätstolerante Kunst miteinbeziehen.

Ein weiteres Beispiel, vielleicht das offensichtlichste dieser Verknüpfung von Antikolonialismus, Antizionismus und Antisemitismus waren die »Tokyo Reels«. Hier wurden historische Propagandafilme, in Japan gesammelt und zusammengestellt, als Kunstwerk präsentiert. Es gibt übrigens Verbindungen zwischen der Terrorgruppe der Roten Armee in Japan, dem Agitprop-Künstler Masao Adachi und den »Tokyo Reels«. Gezeigt wurden in Kassel mehrere propalästinensische Filme, die in den 1970er und 1980er Jahren im Kontext der antiimperialistischen Solidarität mit Palästina entstanden sind.[86] Es ist in der Tat Kunst, die Politik zeigt, bewusst einseitige Filme, die den Krieg der PLO gegen Israel im Libanon von 1982 kommentieren und auch Terror verherrlichen. Eine Expertenkommission bat am 10. September 2022 darum, diese Filme abzusetzen, bis es zu einer Kontextualisierung kommt.[87] Das fand nicht statt. Im Gegenteil, die Expertenkommission wurde von den Kuratoren in die Schranken verwiesen und als rassistisch bezeichnet.[88]

Eine bittere Ironie wird in der Analyse der Collagen des Künstlerkollektivs aus dem Gazastreifen »Eltiqa Group for Contemporary Art« deutlich. Dabei sollen Collagen klassischer Bilder den Alltag im Gazastreifen darstellen. Die Collagen »Guernica Gaza« entstanden zwischen 2010 und 2013 als Reaktion auf den Krieg in Gaza von 2008, als die israelische Armee auf Raketenbeschuss aus dem Gazastreifen mit einer Militäraktion antwortete. Diese engagierte Kunst arbeitet mit der Technik des Vergleichs, mit einer Parallele zwischen Guernica und Gaza. Guernica ist eine baskische Stadt, die während des Spanischen Bürgerkrieges am 26. April 1937 vom deutschen Luftwaffen-Verband Legion Condor angegriffen wurde und diesen Angriffen wehrlos ausgesetzt war. Berühmt wurde Guernica durch das Gemälde von Pablo Picasso für die Weltausstellung in Paris 1937. Die Collagen »Guernica Gaza« wollen mehrere Assoziationen provozieren. Das Bombardieren von wehrlosen Menschen, das Bild von Picasso, welches sich ausschließlich auf die Opfer und den Horror des Krieges bezieht, und auch die Identität der Täter, deutsche Nazis in Guernica und Israelis im Gazastreifen.[89] Ob diese Collagen antisemitisch sind oder nicht, sei dahingestellt, aber sie haben eine klare politische Richtung, sie identifizieren sich mit den Bewohnern Gazas, die als friedfertige Bauern und Bäuerinnen dargestellt werden, die sich der grausamen israelischen Armee erwehren müssen. Sicher sind diese Bilder keine historischen Lektionen, das wollen sie auch gar nicht sein. Sie sind visuelle Formen des politischen Aktionismus, der für die documenta 15 bezeichnend war.

Die documenta 15 bleibt vielen Juden und Jüdinnen in bitterer Erinnerung. Sie markiert für sie einen Bruch in ihrem Leben in Deutschland und Europa. Da ist von Vertrauensverlust die Rede. Es geht also darum, ein Gespräch aufrechtzuerhalten, das seit dem 19. Jahrhundert nicht wirklich geführt wurde. Welche Projektionsbilder verbergen sich daher auf der documenta 15 (und nicht nur dort) hinter dem, was Israel heißt? Wenn es wirklich Projektionsbilder sind, werden die Fragen zur Einstellung gegenüber Israel komplexer, als sie vielleicht im ersten Moment für die documenta-Macher aussehen. Ein Schritt nach vorne wäre also ambiguitätstolerante Kunst, die das »Entweder-oder« durch ein »Sowohl-als-auch« ersetzt und die sich jenseits der üblichen Kritik nach neuer Aufklärung bemüht. Es geht bei dieser Debatte immer um das Rechthaben, auch beim Antisemitismusvorwurf und seiner empörten Zurückweisung. Für jüdische Menschen, die aufgrund ihrer Herkunft mit Mehrdeutigkeit leben müssen, wäre eine illusionslose Konfrontation mit Ambiguitäten im öffentlichen Kulturraum angebrachter gewesen. Es geht nicht darum, scheinbar verloren gegangenes Vertrauen wiederherzustellen, sondern um die Frage, was denn Vertrauen in diesem Zusammenhang bedeutet.

Die documenta 15 ist in dieser Hinsicht gescheitert, so wie die ersten documentas in den 1950er Jahren für Juden und Jüdinnen ein Scheitern waren. Die documenta 15 wirkte auf jüdische Menschen wie ein »Busenattentat«. »Wer nur den lieben Adorno lässt walten, der wird den Kapitalismus sein Leben lang behalten«, stand seinerzeit auf der Tafel zu lesen, bevor Adorno beschämt den Hörsaal verließ. Die documenta 15 funktioniert in diese Richtung. Juden und Jüdinnen sollen in Verruf gebracht werden, sollen sich schämen. Wenn Kunst die Wahrheit über die Gesellschaft spricht, dann ist diese ausgestellte Kunst die einer antikolonialistischen, antizionistischen und antisemitischen Wahrheit. Wer sich mit der antijüdischen und antiisraelischen Kunst solidarisiert, nimmt nach seinem Verständnis richtige und plausible Gründe in Anspruch. Nicht nur um Kapitalismus ging es, sondern um Unterdrücker und Unterdrückte ganz allgemein. Es geht hier um das Allgemeine. Wie die ersten Ausgaben der documenta versuchten, das Allgemeine über die Abstraktion, die Westanbindung, die Annäherung an die USA, zu arrangieren, wurde bei der documenta 15 das Allgemeine über den universalen Zeitgeist der Ablehnung des Westens neu aufgelegt. Es sollte dort ein Universalismus im wahrsten Sinne des Wortes zur Schau gestellt werden, indem der sogenannte »Globale Süden« nach Deutschland geholt wurde. Wie in den 1950er Jahren will die Kunstelite Teil von etwas sein, das über Deutschland hinausgeht. Sie will auch nicht länger provinziell sein, sie will die Vergangenheit im globalen Kontext erinnern, was schließlich darauf hinausläuft, den Holocaust als ein Verbrechen unter vielen verstehen zu wollen. Die wohl nicht intendierten Konsequenzen dieses Wunsches haben dann genau das Gegenteil hervorgebracht. Juden und Deutsche waren im Sommer 2022 wie schon lange nicht mehr in einen Kampf um die je eigene Vergangenheit verwickelt. Der politische Universalismus will den Unterschied zwischen Juden und Nichtjuden unter dem Banner der weltweiten Gleichheit auflösen. Genau das Gegenteil ist eingetroffen. Juden und Jüdinnen sind sich ihrem Partikularismus nie bewusster gewesen als im Sommer 2022. Und je weltoffener die deutsche Kulturelite sein will, desto weltverschlossener reagieren darauf viele Juden und Jüdinnen. Auch daher rührt der Vertrauensverlust. Wir sind wieder bei Mendelssohn, Lessing und Lavater angekommen. Wir führen die Emanzipationsdebatte unter veränderten Vorzeichen. Das sind die jüdischen Bruchlinien. Es sind andere Bruchlinien als die der sich einem Universalismus unterwerfenden Kulturelite.

JISSRAEL, SEI SICHER AN IHM! – ER IST IHRE HILFE, IHR SCHILD (PSALM 115,9)

Fragen des Antisemitismus hängen teils mit den unpolitischen Qualitäten der Juden als Diaspora-Volk zusammen, das über keinen eigenen Staat verfügt. Können diese Qualitäten »normal«, also mit Souveränität und Gewaltausübung verbunden werden? Die »Normalität« politischen Handelns setzt die Möglichkeit voraus, Macht auszuüben. Dazu gehört auch politisches Handwerk, politischer Mut und – wie Arendt betont – auch die Inszenierung von Politik, die immer vor Publikum ausgetragen wird. Souverän sein heißt auch, heroisch und frei handeln zu können. Das schließt den kreativen Umgang mit Freund und Feind als politische Begriffe mit ein. Das ist Juden und Jüdinnen im Sommer 2022 in Deutschland und in anderen Ländern nicht möglich. Zu sehr sind sie noch eine Minderheit, die um ihre Emanzipation und Gleichheit kämpft. Das Publikum wird von der Mehrheitsgesellschaft geprägt. Aber gleichzeitig müssen sich die Juden und Jüdinnen außerhalb Israels ständig mit der Spannung zwischen dem Partikularismus des israelischen Staates als Ausdruck der Ausübung jüdischer politischer Souveränität und dem Universalismus anderer Staaten, in denen sie gleichberechtigte Staatsbürger und Staatsbürgerinnen sind, auseinandersetzen.

Deshalb auch die Skepsis gegenüber unserem *Spiegel*-Nathan, der diese strittigen Prozesse in Frage stellt. Er selbst bekommt diese Debatten nicht mit. Er wird 1938 aus Deutschland nach Polen ausgewiesen und dann entweder im Lager oder im Ghetto ermordet. Für die zionistische Bewegung, also für die Möglichkeit politischer jüdischer Souveränität, hat er sich nie interessiert. Auch stand er der Emanzipationsbewegung der Juden eher distanziert gegenüber. Mehr noch, er lehnt diese Bewegungen als Gotteslästerung oder, schlimmer noch, als Götzendienst ab. Er legt seine eigene Sicherheit in die Hände Gottes, nicht in die Hände eines eigenen oder fremden Staates, und es kann gut sein, dass er auf dem Weg in den Tod Gott gepriesen hat, genau mit den Worten des Psalms, »Sei sicher an IHM! Er ist ihre Hilfe, ihr Schild«.[90] Im Hebräischen ist »Sicherheit« gleichbedeutend mit dem deutschen Wort »Vertrauen«. Gottvertrauen bedeutet so viel wie die eigene Sicherheit in die Hände Gottes zu legen. Die Übersetzung der Schrift von Buber und Rosenzweig, an der sie seit 1925 arbeiten, drückt das deutlich aus. Auch ist dieser Psalm recht typisch für die jüdischen Gebete. In vielen Synagogen wurden und werden Gebete mit dem Rezitieren von Psalmen, in Hebräisch »Tehillim« (Lobpreisungen), abgeschlossen. Und das stimmt insbesondere in Zeiten der Gefahr für das jüdische Kollektiv. »Tehillim« zu rezitieren ist im Judentum eine wichtige Waffe im Überlebenskampf. Man glaubt an die Allgegenwärtigkeit Gottes, die alle möglichen Formen annehmen kann.

Unser *Spiegel*-Nathan kennt diese Psalmen. Er rezitiert sie in den 1920er Jahren in einer der vielen Synagogen im Berliner Scheunenviertel, also zu der Zeit, als Martin Buber und Franz Rosenzweig damit beginnen, die Schrift ins Deutsche zu übersetzen, und dabei die Sprachmelodie des Hebräischen bewahren.[91] Unser Nathan braucht diese Übersetzung nicht, für ihn ist nur allzu natürlich, dass er die Lobgesänge auf Hebräisch in der Berliner Synagoge und dann nach seiner Ausweisung in Polen rezitiert. Das Vertrauen in Gott ist seine aktive Handlung in der Welt. Es gibt den ansonsten hilflosen Betern die Möglichkeit, etwas Positives für ihre Sache zu tun und in der Stunde der Not zu fühlen und zu wissen, dass Gott ihnen beisteht. Und es ist ein Lobgesang der Lebenden für die Lebenden, so wie es der Psalm auch im 17. Vers ausdrückt: »Nicht die Toten preisen oh Ihn, nicht all die in die Tiefstille sanken.« (Psalm 115,14) Tehillim können fröhlich sein und voller Gesang, aber auch nüchtern und realistisch. Sie spenden Juden und Jüdinnen Trost, und unser Nathan braucht diesen Trost.[92]

Unser Nathan steht all den modernen jüdischen Debatten um Anpassung oder Autonomie sogar nach seinem gewaltvollen Tode ratlos gegenüber. Es sind die Debatten über die Staatsgründung Israels, über die documenta in Kassel, aber auch die Debatten über den kolonialistischen Charakter Israels und die existentiellen Fragen der Rückkehr oder auch der Umkehr. Er hätte wohl verstanden, dass in Israel nun ein modernes Hebräisch gesprochen wird, das versucht, die heilige Sprache in eine säkulare zu verwandeln, und daran freilich scheitern muss, weil das Sakrale nicht wie ein Mantel abgelegt werden kann. Nathan wird sich wohl denken, dass man »die heilige Sprache nicht einfach verweltlichen [kann], ohne dass die Welt heilig aufgeladen wird, ohne dass Gott bei jedem hebräischen Satz in die Welt gerufen wird«.[93] Er versteht das Neuhebräische so gut, wie er die heilige Sprache der Schrift versteht. Er versteht auch den theologischen Subtext des neuhebräischen Wortes für Sicherheit – »Bitahon«. Er weiß auch, dass der Minister, der in Israel für die Armee zuständig ist, kein Verteidigungs-, sondern ein Sicherheitsminister ist. Jeder in Israel kennt das Wort »Bitahon« – von den Zugangs- und Taschenkontrollen bei öffentlichen Gebäuden und den Personenkontrollen in den sensiblen Bereichen rund um die Flughäfen. Dazu gehört auch der Respekt, den man denjenigen zollt, die für »Bitahon« arbeiten. Allein schon das Wort hat eine mythische Kraft, die es aus der Schrift schöpft. Das ist auch der Erfolg des israelischen Nationaldichters Bialik, der gerade mit seinem Gedicht über das Pogrom die jüdischen Lebenswelten zusammenführt. Für Zionisten ist das rabbinische Denken aus der Exilzeit, zu der auch Gottvertrauen gehört, eine Zeit der Macht- und Wehrlosigkeit, eine Zeit ohne Politik und Souveränität. Das Judentum als raumlose Religion wurde durch die Staatsgründung mit dem Raum in Einklang gebracht. Damit wird auch das raumlose Gottvertrauen in den politischen Raum Israel transportiert. Die hebräische Sprache ermöglicht frommen Menschen in Israel wie unserem Nathan, im Zionismus eine Fortsetzung der jüdischen Erfahrung und keinen Bruch mit ihr zu sehen. Juden wie Nathan waren – so kann man durchaus sagen – intern kolonisiert. Sie waren immer einem diskriminierenden Blick ausgesetzt. Das haben die frommen und assimilierten Juden und Jüdinnen gemeinsam. Der nichtjüdische Blick auf sie war immer Teil ihres Lebens. Der Zionismus ist eine Befreiungsbewegung für Juden, die nicht dazugehören, die unterdrückt und diskriminiert sind, die sich an anderen nationalen Befreiungsbewegungen orientiert, aber nie den jüdisch-messianischen Erlösungsgedanken hinter sich lassen kann. Nach dem Vernichtungskrieg gegen die europäischen Juden kam die Dringlichkeit dazu, über einen eigenen Staat zu verfügen, der dann 1948 gegründet worden ist, drei Jahre nach der Katastrophe. Nathan war da schon tot, aber diese Dringlichkeit beruht auch auf seiner Ermordung. Im israelischen Selbstverständnis ist es die zwingende Antwort auf die versuchte Vernichtung. Aber diese Bruchlinie zwischen dem orthodoxen Judentum und dem modernen Israel, die durch die Sprache überwunden werden sollte, ist im Laufe der israelischen und jüdischen Geschichte immer neu verhandelt worden. Die Gründung des Staates Israel als jüdischer Staat oder Judenstaat verändert das Verhältnis von Moderne und Judentum von Grund auf. Es bringt die Ausübung politischer Souveränität in die jüdischen Lebenswelten. Die Idee eines »jüdischen Staates« – eines Staates, in dem Juden und Jüdinnen und die jüdische Religion und Nation als partikulare Markierung verstanden werden, von denen nichtjüdische Bürger oft ausgeschlossen sind – trifft frontal auf ein universales aufklärerisches Gleichheitsdenken, ein Denken, mit dem Nathan nicht viel anfangen kann. Das haben Nathan und die Zionisten gemeinsam.

Auch Hannah Arendt ist sich nach ihrer Rede 1959 in Hamburg und dem späteren Besuch in Jerusalem, wo sie Adolf Eichmann auf der Anklagebank genau beobachtet, ihres Judentums sehr klar bewusst. In einem Briefwechsel vom Juli 1963 mit Gershom Scholem nach der Veröffentlichung ihres Berichtes über den Prozess geht es unter anderem um ihr Verhältnis zum Judentum und der Souveränität Israels. Scholem wirft ihr vor, dass sie nicht genug solidarisch mit den Juden sei. Das ist für sie unsinnig. In ihrer Antwort darauf erzählt sie Scholem eine Geschichte über ein Treffen, das sie mit der damaligen Außenministerin Israels Golda Meir hatte. Sie kam zu Besuch, und sie tranken eine Tasse Tee. Arendt rekonstruiert die Unterhaltung mit Golda Meir aus dem Gedächtnis:

> »Dabei sagte sie [Golda Meir] sinngemäss, ich besinne mich auf den genauen Wortlaut nicht mehr: ›Sie werden ja verstehen, dass ich als Sozialistin nicht an Gott glaube, ich glaube an das jüdische Volk.‹ Ich bin der Meinung, dass dies ein furchtbarer Satz ist, und ich habe ihr nicht geantwortet, weil ich zu erschrocken war, aber ich hätte

> antworten können: Das Großartige dieses Volkes ist es einmal gewesen, an Gott zu glauben, und zwar in einer Weise, in der Gottvertrauen und Liebe zu Gott die Gottesfurcht bei weitem überwog. Und jetzt glaubt dieses Volk nur noch an sich? Was soll daraus werden?«[94]

Ja, was soll daraus werden? Diese Frage Arendts ist nicht ironisch gemeint. Es ist eine jüdische Frage. Unser Nathan hätte diese Frage sofort verstanden, Arendt war ihm in diesem Moment näher als die emanzipierten oder zionistischen Juden. Ihre Kritik an der Souveränität Israels ist eine jüdische Kritik, ja sie speist sich aus der jüdischen Theologie selbst. Aus dieser Frage, was daraus werden soll, spricht Arendts jüdische Frömmigkeit. Auch ihr geht es um jüdische Sichtbarkeit, die auch jenseits des Staates existiert. Jüdisches Denken in der Diaspora braucht sich nicht mit Fragen der militärischen Gewaltausübung auseinanderzusetzen, was bis in die heutige Zeit den großen Unterschied zwischen Juden in Israel und Juden in der Diaspora ausmacht. In den frühen 1940er Jahren glaubt Arendt noch an den Aufbau einer internationalen jüdischen Armee, die den Faschismus bekämpfen sollte.[95] Mit der Gründung Israels 1948 ändert sich ihre Einstellung zur Souveränität eines jüdischen Staats, sie sieht diese kritischer, ohne je ihre Zugehörigkeit zu den Juden aufzugeben. Das Schicksal Israels berührte sie persönlich mehr als das jedes anderen Landes der Welt.

Indem traditionelle rabbinische jüdische Religion mit dem staatlichen Zionismus in Einklang gebracht wurde, konnte bei vielen orthodoxen Juden die feindselige Einstellung gegenüber dem Zionismus besänftigt werden. Die Familie von Nathan, die heute in Israel lebt, kann das bezeugen. In Israel entwickelt sich ein Judentum, das vor allem mit Souveränität und

Macht verknüpft ist, Begriffe, die für unseren Nathan nur für die nichtjüdische Welt existieren. Dieses israelische Judentum grenzt sich gerne ab von einem mehr diasporisch konnotierten Judentum, das über die Machtlosigkeit eine universale Ethik entwickelt hat. Arendt versucht auch daran festzuhalten. Aber auch davon weiß unser Nathan nicht viel, denn er kann mit dem Begriff des Universalen wenig anfangen. Der Staat Israel steht auch für die aktive, wehrhafte Haltung von Juden und Jüdinnen. Israelische Juden greifen nun aktiv in die Geschichte ein, vertrauen auf sich und warten nicht auf die Erlösung durch den Messias. Dazu gehört auch Gewaltanwendung, wenn das jüdische Kollektiv sich verteidigen muss. Das war für Nathan keine Option. Und trotzdem, die scheinbar säkulare politische Sprache bleibt auch immer theologisch, in der anscheinend weltliche Begriffe wie Staat und Bürger, Land und Staat immer mit Gott in Beziehung gesetzt werden müssen. Israelis nehmen in ihrem Leben viele Entbehrungen in Kauf, zahlen unverhältnismäßig hohe Steuern, akzeptieren drakonische militärische Maßnahmen, Besatzung, Schikane, Kontrollpunkte, all das, um sicher zu leben. Diese Sicherheit ist notwendig, weil die Ausübung jüdischer politischer Souveränität seit Beginn der zionistischen Bewegung vor mehr als 100 Jahren von Teilen der arabischen Bevölkerung außerhalb Israels nie akzeptiert wurde und wird. Die Vermischung von Sicherheit als Gottvertrauen und Sicherheit, die der Staat als Verpflichtung sieht, ist daher Teil der israelischen Staatsräson.[96] In der politischen Theorie der Moderne steht dieser Sicherheitsanspruch des modernen Staates am Beginn des modernen Denkens:

»Der alleinige Weg zur Errichtung einer solchen allgemeinen Gewalt, die in der Lage ist, die Menschen vor dem Angriff Fremder und vor gegenseitigen Übergriffen zu schützen und ihnen dadurch eine solche Sicherheit zu verschaffen, daß sie sich durch eigenen Fleiß und von den Früchten der Erde ernähren und zufrieden leben können, liegt in der Übertragung ihrer gesamten Macht und Stärke auf einen Menschen oder eine Versammlung von Menschen, die ihre Einzelwillen durch Stimmenmehrheit auf einen Willen reduzieren können.«[97]

Mit diesen Worten begründet der englische Philosoph und politische Theoretiker Thomas Hobbes in seinem 1651 erschienenen Buch *Leviathan* die Legitimität des modernen Staates. Es geht darum, Sicherheit zu schaffen. All das vor dem Hintergrund der blutigen Ereignisse im Europa des 17. Jahrhunderts. Der moderne Staat Israel legitimiert sich auch aufgrund dieses modernen Anliegens, Sicherheit für seine Bürger und Bürgerinnen zu garantieren und sich nicht mehr allein auf Gott zu verlassen. Das ist der Vertrag zwischen dem modernen Staat und seinen Bürgern und Bürgerinnen. Aber Israel ist nicht nur ein moderner Staat. Israelis leben im ständigen Kampf zwischen einer staatlichen Normalität und religiösen und metaphysischen Gesetzen der Erlösung, die immer wieder in die Tagespolitik eindringen. Nathan lebt auch in Israel. Und die Psalmen werden immer noch gesungen.

Dieser Vertrag wird am 7.Oktober 2023 in Israel gebrochen. Mit dem Zusammenbruch der Sicherheit zerbrach die ontologische Sicherheit der israelischen und jüdischen Welten. Was am 7.Oktober geschah, bildet nicht nur eine Zäsur in der israelischen Geschichte, sondern wird zum Teil des transnationalen jüdischen Schicksals. Unser Nathan wird hier einiges aus seiner eigenen Lebensgeschichte wiedererkennen. Aber nicht nur er. Die israelische Identität der Stärke und Unverwundbarkeit ist zu einer Identität der jüdischen Schwäche und Verwundbarkeit geworden. Israelische und jüdische Geschichte und Geschichten treffen an diesem Tag frontal aufeinander. Hamas-Terroristen entfachen im Süden des Landes die Hölle auf Erden. Kleinkinder werden vor den Augen ihrer Eltern massakriert, bevor man die Eltern umbringt, die Bilder davon online gepostet, Menschen werden bei lebendigem Leibe verbrannt, Frauen auf brutalste Weise vergewaltigt, tanzende junge Leute auf einer Raveparty niedergemetzelt oder als Geiseln verschleppt. Der Staat und seine Militärs können sie am Anfang nicht beschützen. Viele Stunden dauerte die Hassorgie der Hamas. Das Land ist für mehrere Stunden von Terroristen besetzt, die Menschen sind ihnen und ihren Grausamkeiten hilflos ausgeliefert. Erinnerungen an die jüdische Geschichte werden wach. Vielleicht sollten diese Massaker ganz gezielt die kollektiven Erinnerungen an Pogrome und Shoah wieder wachrufen. Die Hamas will mit dem Terrorangriff jüdische Urängste schüren. Das sind die Ereignisse, die unser Nathan sehr gut kennt. Der 7.Oktober ist der schwärzeste Tag in der israelischen Geschichte und ein schwarzer Tag in der jüdischen Nachkriegsgeschichte. Ein Gemetzel an Juden, wie es das seit der Shoah nicht mehr gegeben hat. Gleichzeitig beginnt für viele Juden und Jüdinnen außerhalb Israels eine andere Zeit. Ein verwundbares Israel macht sie auch außerhalb Israels verwundbarer. Antisemitische Übergriffe haben einen anderen Stellenwert, auch wenn sie in einer progressiven neuen Sprache transportiert werden. Die Reaktionen sind eine extremere Version der Reaktionen auf die Vorwürfe während der documenta 15 im Sommer 2022.

Dass nach dem 7. Oktober Erinnerungen an Pogrome und an die Shoah wieder wachgerufen wurden, stellten Spezialisten und Spezialistinnen für Völkermord und Antisemitismus in Frage, solche Analogien seien unhistorisch und dienten keiner politischen Lösung.[98] Das mag sein, historische Ereignisse zu vergleichen, einzuordnen, berühmt-berüchtigte Kontexte zu finden gehört zum Handwerkszeug eines jeden sich als Intellektueller verstehenden Menschen. Dabei müssen die emotionalen Wahrheiten der Beteiligten ausgeschlossen bleiben, um sich die gefühlslose und kalte Objektivität zu bewahren. Aber gleichzeitig ist das auch Flucht vor der Wirklichkeit, einer Wirklichkeit, die von keiner Theorie eingefangen werden kann. Auch wenn man darauf besteht, dass Vergleichen nichts zu tun hat mit Gleichsetzen, geht es gerade um das Gleichsetzen. Die Debatten spitzen sich schon deshalb zu, weil alle Seiten für sich in Anspruch nehmen, mit der richtigen Haltung die Lehren aus einer grausamen Geschichte zu ziehen und also auf der richtigen Seite der Geschichte zu wandeln. Es gibt jene, ja es muss sie geben, die sich von ihren moralischen Vorstellungen treiben lassen und sich damit auch etwas über die Hamas einfallen lassen, Unterschriften unter Aufrufe setzen, die Gewalt auf allen Seiten verurteilen. Damit ist die scheinbare Sicherheit, die Welt zu erfassen und zu verstehen, wiederhergestellt. Zu oft wird dann einfach mit einem moralischen Universalismus der unterschiedslosen Opfer argumentiert. Man fühlt mit allen mit. Ist Mitgefühl daher eine allgemeingültige Idee, die das Konkrete aufhebt, obwohl diese vom konkreten Schmerz ausgehen muss, um überhaupt zu wirken?

Die jüdisch-israelische Lebenswelt – insbesondere nach dem 7. Oktober – ist an die Partikularität geknüpft, was dann auch heißt, dass man als konkreter Mensch an sein konkretes Dasein mit konkreter Verantwortung gebunden ist. Und dazu gehören die Geburt und die Geschichte. Die Verwobenheit von Moral und Identität ist sowohl die jüdische als auch israelische Antwort darauf, wie man die Spannung zwischen Partikularismus und Universalismus aufrechterhält. Für Juden und Jüdinnen, das weiß Nathan sehr wohl, innerhalb und außerhalb Israels sind die finsteren Zeiten immer noch allgegenwärtig. Die Lebenserfahrungen der Akteure in diesem Essay zeigen das deutlich auf. Aber die Lebenswelten dieser Akteure beruhen noch auf der Minderheitserfahrung der Diaspora, der Erfahrung der Machtlosigkeit, als Fremde, als Semiten betrachtet zu werden. Mit der Staatsgründung Israels soll sich das ändern. Intellektuelle und Nichtintellektuelle haben dort aber von Anfang an den Zionismus als eine europäische Kolonialbewegung angesehen. Mit der Entkolonisierung in der arabischen Welt müssen Juden und Jüdinnen in Algerien, Tunesien, Marokko oder Ägypten ihre Länder aus ethnischen und religiösen Gründen verlassen. Viele von ihnen ziehen nach Frankreich oder in das neu gegründete Israel. Damit wird das zionistische, israelische Projekt noch dringlicher. Es gibt mehrere Ebenen in der Betrachtung, den historischen Geschichtsverlauf, den Blick auf Israel mit der Frage, ob das Land ähnlich vorgehe wie die Kolonialmächte Frankreich oder Großbritannien oder ob es ein anderes Konzept verfolge. Kolonialismus geht üblicherweise davon aus, dass ein Mutterland Menschen in die Welt schickt, um Kolonien zu bilden. In Israel war es umgekehrt: Die Kolonisierten gründen ein Mutterland. Aber ein Mutterland in einer feindlichen Umgebung.[99]

Die jüdische Souveränität macht das Jüdische, das in der Emanzipation anscheinend unsichtbar, also universal wurde, wieder sichtbar. Es ist eine politische Sichtbarmachung. Es ist aber auch der zionistische Fehlschluss, der annahm, dass Israel ein Staat wie jeder andere sein könne, wo das Jüdische unsichtbar wird. Israel hat sich nie als universales Projekt verstanden. Israel ist die partikulare jüdische Lösung für ein partikulares jüdisches Problem. Das israelische Projekt wehrt sich also per definitionem gegen die Universalisierung. »Nie wieder wir« und nicht »Nie wieder«. Es gibt das Rückkehrgesetz, wonach jeder Jude weltweit das Recht hat, nach Israel einzuwandern. Das ist kein universales Einwanderungsgesetz, aber für Juden ist es selbstverständlich, dass es einen sicheren Hafen gibt, in dem jeder Zuflucht suchen kann, falls nötig. Damit wird die Sichtbarkeit des Jüdischen in diesem Staat noch einmal manifestiert. Das ist auch ein Dorn im Auge derjenigen Intellektuellen, die sich als universale Menschen definieren und sich nicht über Herkunft und Geburt definieren lassen wollen.[100] Und Teil dieser Universalität ist die sich daraus schließende moralische Arithmetik von gegenseitig begangenen Grausamkeiten. Diese moralische Arithmetik konnte man schon auf der documenta 15 beobachten, als Kolonialismus und Zionismus epistemologisch nicht unterschieden wurden. In diesem Fall wären Vergleiche jedoch angebracht, um die Geschichte besser zu verstehen. Wenn also von außerhalb der jüdischen Erfahrung Vergleiche angestellt werden, die Israel in einem politisch negativen Licht darstellen wollen, dient das der progressiven Sache, wenn aber innerhalb der jüdischen Erfahrung Ereignisse mit der eigenen Vergangenheit und dem eigenen Schicksal verglichen werden, wenn also Angriffe auf Juden und Jüdinnen mit Pogromen und Shoah verknüpft werden, dann werden solche Vergleiche als unhistorisch und unpolitisch abgelehnt. Im Selbstverständnis vieler Israelis ist Ethik an Partikularität gebunden, was dann auch heißt, dass man als konkreter Mensch an sein konkretes Dasein mit konkreter Verantwortung gebunden ist. Für Arendt, Nussbaum, Platek, Levy, Kaléko, Frenkel-Brunswik und unseren Nathan kann es keine wertfreie Beschreibung des Holocaust geben. Das Sollen ist immer ans Sein gebunden. Alles, was in der Welt geschieht, hat moralische Bedeutung für einen selbst. Universalmaximen sind ohne die Leidenschaft der Identität nur leere Phrasen. Ihre jüdischen Identitäten spielen eine Rolle. Die Tatsache ihrer Individualität koppelt sie nicht von ihrem Kollektiv ab. Individualität ist ein soziales Produkt und als solches ein Ergebnis aus historischen Wurzeln und der Gefühle und Erinnerungen, die sozial und kollektiv erzeugt werden. Der 7. Oktober 2023 bringt die jüdische Geschichte der Verfolgung, bringt die Geschichte Nathans mit der israelischen Geschichte zusammen. Für die Menschen in Israel, wie auch für die Juden und Jüdinnen außerhalb Israels, heißt das dann auch, universelle und lokale Werte, die Menschen emotional berühren, von der Stufe der abstrakten Philosophie in die Herzen der Menschen zu tragen. Diese Werte werden zum Integral der persönlichen Identität von Menschen und dadurch auch politisch bedeutsam. Das ist eine Form der jüdischen Aufklärung.

JÜDISCHE AUFKLÄRUNG ZWISCHEN NATHAN UND HANNAH ARENDT

Eine Politik des rationalen und universalen Fortschritts jenseits der Identitäten leugnet und verneint die jüdische Identität und Perspektive, auf die eine realistische Aufklärung aufbauen kann. Das wird sehr oft verkannt. Und allzu oft wird auch die jüdische Denkerin Hannah Arendt dafür bemüht. Arendt wird entweder als weise Prophetin gepriesen, die den gewaltsamen Konflikt schon Jahrzehnte im Voraus sah, oder als intellektuelle Vorläuferin eines gewissen politischen Milieus, welches der aktuellen Politik Israels kritisch gegenübersteht. Ein gutes Beispiel, sicher nicht das einzige, dafür ist der 2023 verliehene oder nicht ganz verliehene »Hannah-Arendt-Preis für politisches Denken« der Heinrich-Böll-Stiftung und der Freien Hansestadt Bremen. Preisverleihungen sind immer eine gute Gelegenheit, die Grenzen der Diskurse auszuloten. Es gibt eine direkte Linie zwischen dem Lessing-Preis von 1959 und dem Hannah-Arendt-Preis von 2023. Bei der Preisverleihung von 1959 musste Arendt ihre jüdische Identität betonen, da der Preis der Aufklärung und Lessing geschuldet ist und der Hamburger Senat sie in dieser Tradition beanspruchte. Sie musste ihre jüdische Identität betonen, weil es 1959 sonst niemand tat. Beim »Hannah-Arendt-Preis für politisches Denken« passiert Ähnliches. In der Selbstbeschreibung geht es um allgemein politisches Denken. In dieser Selbstbeschreibung des Preises wird Hannah Arendt so beschrieben:

> »Den Preisgründerinnen und Preisgründern aus Politik, Wissenschaft und Kultur war und ist daran gelegen, der 1933 aus Deutschland vertriebenen, deutsch-amerikanischen Denkerin einen angemessenen Platz in der öffentlichen Wahrnehmung zu schaffen.«[101]

Man erfährt nicht, warum Arendt Deutschland 1933 verlässt, wir erfahren auch nicht, dass Arendt Jüdin ist. Sie ist deutsch und amerikanisch. Und als deutschamerikanische Denkerin und nicht als jüdische Denkerin soll ihr Platz geschaffen werden. Das mag einer modernen Auffassung von nationaler und nichtethnischer Identität entsprechen, wobei jüdische Befindlichkeiten wohl als partikular und rückschrittlich verstanden werden. Aber es ist gegen jegliches Selbstverständnis von Arendt selbst.

2023 wird dieser Preis Masha Gessen für ihre Arbeiten über Putin und Russland verliehen. Selbst jüdischer Abstammung, veröffentlicht Gessen Anfang Dezember 2023 einen Essay im *New Yorker*, wo auch Arendt 1963 ihre Essays über Eichmann publizierte: »In the Shadows of the Holocaust«.[102] Es ist sicher einfacher aus amerikanischer Sicht und auch gerade aus jüdisch-amerikanischer und progressiver Sicht, Identitäten zu kombinieren und zu mischen, den persönlichen Geschmack und die politische Gesinnung zu entdecken und damit zu experimentieren. Das fördert eine Gesellschaft der Individuen, wie es die USA sind. Aber in Deutschland muss das auch auf Widerstand stoßen, wenn eine Hannah-Arendt-Preisträgerin in einem Atemzug über Gaza und das Warschauer Ghetto schreibt und sich dabei auf Hannah Arendt beruft.[103] Das rührt an Tabus, die nicht zu überschreiten sind. Die Heinrich-Böll-Stiftung und die Hansestadt Bremen zogen sich vom Preis zurück, der Preis aber wurde trotzdem verliehen. 2023 kann man sich im

Namen Arendts einem deutschen Publikum annähern, indem man jüdische Israelis selbst zu Nazis macht, die Gaza und seine Bewohner auslöschen. Damit werden die Hamas-Terroristen wohl zu Kämpfern des Warschauer Ghettos aus dem Jahre 1943, der 7. Oktober dadurch ein gerechtfertigter Befreiungsschlag gegen uns Nazis. Das geschieht auch, weil der Aufstand des Warschauer Ghettos, der sich im April 2023 zum 80. Mal jährte, nicht zur deutschen Erinnerungskultur gehört. Es ist ein jüdischer und israelischer Erinnerungsort. Was im Jahr davor bei den Debatten um die documenta 15 noch intellektuelle Spielerei war, ist nun bitterer Ernst geworden. Dieser Vergleich im Namen Hannah Arendts ist möglich, weil der jüdische Aspekt ihres Denkens bewusst ausgeblendet wird. Und wenn im Namen Arendts über den reaktionären Gehalt der deutschen Erinnerungskultur lamentiert wird, dann unterscheidet man auch nicht zwischen dem, was erinnert wird (Holocaust, Kolonialismus, Krieg), und denjenigen Individuen oder Gruppen, die sich erinnern. Das ist gerade in Zeiten einer Konsolidierung einer sich zusehends universalisierenden Holocaust-Erinnerung gerade auch im progressiven Milieu zu beobachten. Da wird auch Universalisierung qua Aufklärung als progressiver und richtiger aufgefasst, die partikularen und parallelen Erinnerungen von Opfergruppen als Nebensache abgetan. Im Falle der Shoah kann das auch zu einer Missachtung, ja sogar Auslöschung partikularer jüdischer Erinnerung führen, wie das bei Gessen und anderen der Fall ist. Arendt ging es aber um jüdische Erinnerungen und um Erinnerungen an das, was Juden und Jüdinnen zugestoßen ist. Die Herausforderung hier liegt im Kontrastieren und Vergleichen des Partikularen mit dem Universalen, ohne in essentialistische Identitätspolitik zu verfallen. Und das ist immer Arendts Verdienst gewesen. Das wird in den Debatten über die Zeit des Nationalsozialismus zu oft ausgeklammert, weil die jüdischen Erinnerungsorte des Ghettos und die Erinnerungen an die Pogrome vielen, die sich Arendts Namen bedienen, nicht wirklich bekannt sind.

JÜDISCHE VERSÖHNUNGS-VERWEIGERUNG

Konflikte zwischen Gewalterfahrungen können nicht einfach universell aufgehoben werden. Auch deshalb können widersprüchliche historische Narrative, wie das Warschauer Ghetto und der Krieg in Gaza, nicht einfach durch oberflächliche Vergleiche miteinander verknüpft oder gegeneinander ausgespielt werden. Erinnerungen sind Tragödien und offene Wunden, die nicht geschlossen werden können. Tragödien sind öffentliche Rituale, in denen moralische Dilemmata öffentlich ausgetragen wurden. So wie das Publikum griechischer Tragödien emotional erschüttert wird, so ist auch das Publikum der Erinnerungspolitik von den Eindrücken des Grauens erschüttert. Tragödien können auch Brücken zwischen den Spannungen des Universalismus und des Partikularismus schlagen, weil sie zu beiden Bereichen gleichzeitig gehören. Das ist Ambiguität und Teil des jüdischen Schicksals, wobei es um Konflikt und nicht um Harmonie geht. Es geht dabei nicht um Versöhnung, nicht um die Schließung der Wunden, die nicht geschlossen werden können, sondern um die Konfrontation mit diesen Wunden. Es ist gerade der radikale Universalismus, der das Leiden der Menschen zum universalen Gut macht, der auf Versöhnung besteht. Und es sind wiederum viele Juden und Jüdinnen wie Arendt, die sich dagegenstemmen und sich deutlich von der Universalisierung der Holocaust-Erinnerung distanzieren. Es ist auch ein Nein zur Versöhnung. Arendt ist nicht die Einzige. Es gibt eine Reihe von jüdischen Autoren und Autorinnen wie Vladimir Jankélévitch, Jean Améry, Primo Levi, Imre Kertész, die sich ihr Recht auf Ressentiment und Versöhnungsverweigerung bewahren wollen. Sie trauen den Eliten ebenso wenig wie weiten Teilen der Bevölkerung in Deutschland, die die Selbstanklage und die Schuld ihrer Nation als einen moralischen Standard akzeptieren wollen. Die Ausrottung der Juden ist für sie Ausdruck einer ontologischen Bosheit, für die es weder Verzeihung noch Erlösung gibt. Die Opfer sollen ihr Recht auf Unversöhnlichkeit bewahren dürfen. Es sind die Überlebenden, die die Bürde des Ressentiments weiterzutragen haben, es ist eine philosophische Aufgabe, nicht zu vergeben.[104] Bei diesen Interventionen geht es nicht um die großen Erzählungen, nicht um die Klärung von historischen oder theoretischen Begrifflichkeiten, sondern um das konkrete »Ich war dabei«.[105]

Angesichts der monströsen Verbrechen gegen die Juden und ihre Lebenswelten wirkt nicht nur jede Bestrafung unangemessen, sondern auch die Versöhnung mit den Tätern. Diese jüdischen Denker und Denkerinnen sehen in dem Ressentiment oder der Unversöhnlichkeit die einzige moralische Haltung, die nach dem Holocaust möglich ist. Diese Interventionen sind partikulare Einsprüche zu globalen Prozessen der universalen Versöhnung, in der Menschenrechtsverletzungen, Völkermord, Bombardierungen, Vertreibungen und Kolonialismus integriert werden. Hier zeigen sich in traumatischen Gewaltgeschichten die Dimensionen des Tragischen. Die Universalität des Traumas mag in der Tat Räume schaffen für die Versöhnung von Erzählungen, Räume, die Gruppen miteinander ins Gespräch kommen lassen. Ein psychoanalytisch informierter Traumabegriff behauptet, dass wir alle traumatisiert sind, und weil alle Traumata gleich beschaffen sind, lässt sich auch ein universaler Versöhnungsbegriff denken. Aber die historischen Erfahrungen stemmen sich dagegen.[106] Die jüdischen Opfer wollen sich als Versöhnungsverweigerer ihr Recht auf Unversöhnlichkeit bewahren. Die überlebenden Opfer sehen es als ihre Aufgabe, nicht zu vergeben. Das heißt auch, sich zur Wahrheit der Ausrottung, der Erniedrigung, des Monströsen, des Horrors, den die Judenvernichtung über ihre Opfer und deren Nachkommen brachte, zu bekennen. Wenn es um die Judenvernichtung geht, geht es Arendt auch um das »Wir«, und zwar in einem Text, der um die Zeit ihrer Lessing-Preisrede veröffentlicht wird.

> »Bei den letzteren handelt es sich um das, was wir seit Kant ›das radikal Böse‹ nennen, ohne doch recht zu wissen, was das ist, obwohl doch gerade wir Gelegenheit genug gehabt haben, in diesen Dingen einige Erfahrung zu sammeln. Auf jeden Fall können wir das ›radikal Böse‹ vielleicht daran erkennen, daß wir es weder bestrafen noch vergeben können, was nichts anderes heißt, als daß es den Bereich menschlicher Angelegenheiten übersteigt und sich den Machtmöglichkeiten des Menschen entzieht.«[107]

Diese jüdischen Autoren und Autorinnen sind sich der Tragödie der jüdischen Existenz bewusst. Es sind die Tragödien ihres eigenen Lebens. Tragödien sind auch einzigartige Geschichten, die verunsichern und die keine klaren und eindeutigen Antworten zulassen. Unsere jüdischen Helden und Heldinnen hier erzählen diese Geschichten. Eine ambiguitätstolerante Erzählung der jüdischen Wunde ist sich der Zukunft der traumatischen und tragischen Vergangenheiten bewusst und auch, dass sich diese traumatischen Vergangenheiten weder ändern noch versöhnen lassen. Dabei geht es auch darum, ob Versöhnung in einem solchen aus Ambiguität bestehenden Universum überhaupt möglich ist. Wie schafft man es also, aus dem fast schon theologischen Versöhnungsbegriff eine politische Praxis zu entwickeln, einen Versöhnungsbegriff also, der die Ambiguität von Politik in Rechnung stellt und trotzdem auch politisch verantwortlich agiert? Gerade für die Juden und den Staat Israel ist das ein zentraler Punkt. Das ist die historische Herausforderung des Zionismus, der darauf bestand, dass die »Normalität« politischen Handelns auch Machtausübung enthält. Dabei geht es auch um politische Virtuosität, die gerade auch die jüdische Denkerin Hannah Arendt so bewundert. Es ging ihr um politischen Mut, und es ging ihr auch um die Inszenierung der Politik, die immer vor Publikum ausgetragen wird. Dabei ging es ihr auch um politische Bewegungsfreiheit, die sich verfolgte Minderheiten oft nicht leisten können. Souverän sein heißt auch, heroisch und frei handeln zu können. Es geht darum, die Konsequenzen des politischen Handelns miteinzubeziehen, es geht um Verantwortung für das eigene Leben und für die Sicherheit und Existenz der eigenen Gruppe. Es geht darum, den Versuch zu machen, die sich antagonistisch gegenüberstehenden Gruppen ins Gespräch zu bringen, ohne dass sie ihre Identitätsbildungen aufgeben müssen. Es geht im wahrsten Sinne des Wortes um die *Übersetzung* der verschiedenen Sprachen und Gesellschaften. Das Prinzip *Versöhnung* mag da sogar im Weg stehen. Dazu gehört es, die politischen Kapazitäten des Staates von den mächtigen religiösen und historischen Kräften der jüdischen Volkszugehörigkeit unterscheiden zu können, obwohl sie gerade am 7. Oktober 2023 in sich zusammenfielen, als die israelische Geschichte auf die jüdische traf. Es geht darum, zu fragen, inwieweit die jüdische Tradition unseres Nathans ein

Verständnis der Besonderheit der Politik ermöglicht, was wiederum bedeutet, politische Entscheidungen treffen zu können, die die Definition der Souveränität sind. Das fordert eine virtuose Politik der Gegenwart, ein Denken ohne Geländer der Vergangenheit und Zukunft, wie Hannah Arendt das ausdrückte. Politisches Handeln ist Handeln in der Gegenwart. Und das ist eigentlich unmöglich, denn die Erinnerung an die Tragödien ist immer da, die Traumata sind nicht wegzudenken. Oder wie der Chor die Tragödie von Antigone beendet: »Lehrt endlich im Alter Besinnung.«

Unser Nathan mag das hören, es hat aber keine Bedeutung für ihn. Für ihn gibt es keine »politischen« Feinde, sondern nur Feinde der Juden, die er aus seiner eigenen Geschichte und den Schriften her kennt. Und Besinnung sagt ihm auch nichts. Diese Art des Denkens mag wohl zu einem Diaspora-Volk passen, aber passt es zu einem souveränen Staat? Politisch (also souverän) zu denken heißt dann auch, imstande zu sein, dynamisch mit dem Feindbegriff umzugehen, auch wenn der existentiell und essentiell die Personifizierung des Anderen ist. Denn wenn der Feind nicht moralisch böse ist, dann kann er auch unter anderen Bedingungen ein politischer Freund werden. Sicher hat Israel Feinde. Aber Feinde können auch politisch betrachtet werden, nicht nur apokalyptisch. Das stimmte sehr wohl bis zum 7. Oktober. Dann hat die Geschichte der Diaspora die israelische Geschichte eingeholt, und die Apokalypse ist in die israelische Lebenswelt eingebrochen. Aber, um die Eingangsfrage des Essays noch mal aufzugreifen, ist die Welt von Nathan, ja die Welt von Israel eine unbekannte Welt von nebenan? Nathan beantwortet die Frage nicht. Es wird ihm zu laut auf der Straße. Er geht zurück ins Haus und macht die Tür hinter sich zu. Es ist Zeit fürs Gebet.

ANHANG

ENDNOTEN

1 NENNEN WIR IHN NATHAN

1 Gotthold Ephraim Lessing (2000 [1779])
2 »Anne Frank wurde allerdings als Opfer sentimentalisiert und universalisiert, denn in den 1950er-Jahren konnte ›ein Massenpublikum die Judenverfolgung [...] nur mit einer versöhnlichen Botschaft ertragen.‹« Katja Heimsath (2013), S. 90
3 Siehe dazu Edward Breuer (2017)
4 So etwa die Produktion des Münchner a.gon-Theaters im November 2023
5 Gotthold Ephraim Lessing (2000 [1779]), S. 132
6 Ebd., S. 133
7 Siehe dazu Salo Baron (1928)
8 Siehe Steven E. Aschheim (2008)
9 Siehe Deborah Feldman (2016)
10 Siehe dazu Oscar Wilde (1986 [1890])
11 Vgl. Jacob Katz (1986)
12 Siehe dazu Gershom Scholem (1992)
13 https://embassies.gov.il/berlin/AboutIsrael/Dokumente%20Land%20und%20Leute/Die_Unabhaengigkeitserklaerung_des_Staates_Israel.pdf
14 https://main.knesset.gov.il/EN/activity/documents/BasicLawsPDF/BasicLawLiberty.pdf. Israel hat keine formale Verfassung, sondern 14 sogenannte Grundrechte, die individuelle Rechte verankern. Gerade diese sind oft Steine des Anstoßes für die politische Klasse, die souverän regieren will.
15 Franz Kafka (1992 [1917]), S. 56
16 Vgl. Jack Fellman (1973) sowie Natan Sznaider (2017), insbesondere Kapitel 8
17 https://archive.org/stream/stenographische01unkngoog/stenographische01unkngoog_djvu.txt
18 Siehe dazu https://www.juedischesmuseum.de/en/nc/visit/museum-to-go/permanent-exhibition/detail/moritz-daniel-oppenheim2/; mehr über Oppenheim siehe hierzu Moritz Daniel Oppenheim

(1800–1882) – Jüdisches Museum Frankfurt, https://www.juedisches museum.de/); vgl. dazu auch Ismar Schorsch (1985); Klaus L. Berghahn (1997); Christoph Schulte (2002)

19 Gotthold Ephraim Lessing (1778), S. 26

20 https://ghdi.ghi-dc.org/pdf/deu/15_TheJews_Doc.2_German.pdf, S. 4

21 Siehe ausführlich hierzu Monika Fick (2016)

22 Gershom Scholem (1995), S. 11

23 Siehe dazu Angelika Overath, Navid Kermani und Robert Schindel (2003)

24 Gotthold Ephraim Lessing (2000 [1779]), S. 64

25 Hans Mayer (2016). Mayer liest die »jüdische Frage« gemeinsam mit der Frauenfrage und der Frage der gleichgeschlechtlichen Liebe.

26 Lion Feuchtwanger (2023 [1933]), S. 11 und 13

27 Gotthold Ephraim Lessing (2000 [1779]), S. 133

28 Zur Einbettung von Hannah Arendts Lebensgeschichte in ihre jüdische Existenz siehe Thomas Meyer (2023)

29 Hannah Arendt (1932), S. 65

30 Ebd.

31 Robert Weltsch (1929), S. 35

32 Ernst Simon (1929), S. 35

33 Ebd.

34 Siehe Theodor Herzl (1896)

35 Vgl. George L. Mosse (1992)

36 Vgl. Jan Kühne (2015), Barbara Fischer (2000), Chaim Shoham (1980)

37 Vgl. Eike Geisel und Henryk M. Broder (1992)

38 Vgl. Ned Curthoys (2013), Willi Goetschel (2000), Aamir R. Mufti (2012)

39 Vgl. Judith Butler (2012)

40 Gotthold Ephraim Lessing (2000 [1779]), S. 137

41 Vgl. Justus Fetscher (2005)

42 Siegfried Kracauer (1990)

43 Leo Pinsker (1882)

44 Vgl. Scott Ury (2011)

45 25-Punkte-Parteiprogramm der NSDAP von 1920, Punkt 4

46 Karl Marx (1843) – http://www.mlwerke.de/me/me01/me01_347.htm

47 Vgl. Hans Mayer (2016)

48 Siehe hierzu Chad Allan Goldberg (2017)

49 Siehe dazu Nicolas Berg (Hrsg.) (2023)

50 Vgl. Heinrich von Treitschke (2023 [1879]), S. 70

51 Ebd., S. 71

52 Ebd., S. 70
53 Erklärung in Nicolas Berg (Hrsg.) (2023), S. 365
54 Theodor Mommsen (2023 [1880]), S. 378
55 Theodor Mommsen (2023 [1880]), S. 404
56 Phillip Wegehaupt (2011)
57 Adolf Sommerfeld (1932)
58 Einer der prominentesten Abgeschobenen dieser Aktion war der 18-jährige Marcel Reich-Ranicki, der 1958 wieder von Polen nach Frankfurt übersiedelte, nachdem er und seine Frau das Warschauer Ghetto überlebt hatten (Reich-Ranicki, 2000).
59 Thomas Mann (1929)
60 Vgl. Anat Feinberg (2011)
61 Rainer Werner Fassbinder (1976)
62 Peter Zadek (1985)
63 Jean Améry (1976)
64 Vgl. Janusz Bodek (1991)
65 John Rawls (1979), insbesondere S. 159–166
66 Welt am Sonntag (4.8.2019), S. 30
67 Twitter *Spiegel*, 1.8.2019, siehe: https://www.diepresse.com/5668558/klischee-vorwurf-kritik-an-spiegel-heft-ueber-juden
68 Hannah Arendt (2021 [1959])
69 Die Beziehung zwischen Arendt und Mannheim wird auch von Thomas Meyer (2023) beleuchtet. Meyer betont zudem den soziologischen Einfluss, den Mannheim auf die junge Philosophin ausübte.
70 Vgl. Jacob Katz (1982 [1935])
71 Für die Publikationsgeschichte siehe Barbara Hahn (2022) und Hannah Arendt (2021); aber auch Hannah Arendt (2021 [1959]); vgl. auch Norma Claire Moruzzi (2000)
72 Insbesondere hierzu Meyer (2023)
73 Hannah Arendt (2021 [1959]), S. 28
74 Hannah Arendt (2021), hier Berliner Fassung, S. 13
75 Lotte Köhler und Hans Saner (Hrsg.) (1985), S. 46
76 Ebd., S. 47
77 Vgl. ebd., S. 228–232
78 Ebd., S. 230
79 Ebd., S. 233
80 Vgl. ebd., S. 235
81 Hannah Arendt (2021 [1959]), S. 256
82 Ebd., S. 109

83 Walter Benjamin (2010 [1940]), insbesondere Das Hannah-Arendt-Manuskript, S. 16
84 Vgl. Seyla Benhabib (2018)
85 Vgl. Lotte Köhler (Hrsg.) (1996), S. 45
86 Hannah Arendt (2021 [1959]), S. 164
87 Ebd., S. 171
88 Ebd., S. 140
89 Ebd., S. 258
90 Hannah Arendt (2019 [1944/48]), S. 133
91 https://www.textlog.de/heine/gedichte/prinzessin-sabbat
92 Hannah Arendt (2021 [1959]), S. 23
93 Vgl. Werner Bergmann (2017)
94 Hannah Arendt (2021 [1959]), S. 256
95 Ebd., S. 247
96 Ebd., S. 251
97 Siehe den Briefwechsel zwischen Hannah Arendt und Klaus Piper (2002)
98 Vgl. Nachwort von Liliane Weissberg in Hannah Arendt (2021 [1959], Nachwort von Barbara Hahn in Hannah Arendt (2021) und Briefwechsel zwischen Hannah Arendt und Klaus Piper (2002)
99 Hannah Arendt (2021 [1959]), S. 228
100 Vgl. Simon Dubnow (1926)

II DIE RÜCKKEHR NATHANS

1 Diese Bilder werden 2011 im Berliner Fotomuseum c/o Berlin ausgestellt, https://www.co-berlin.org/de/programm/ausstellungen/fritz-eschen-berlin-unterm-notdach. Siehe auch https://lehmstedt.de/eschen.htm
2 Geschaffen wurde das Denkmal vom Urgroßneffen Lessings, Otto Lessing, https:///bildhauerei-in-berlin.de/bildwerk/lessingdenkmal-4997/
3 Siehe dazu Ann Schmiesing (2005)
4 Siehe auch Max Czollek (2023)
5 Siehe hierzu Anat Feinberg-Jütte (2016) und auch https://www.degruyter.com/document/doi/10.1515/9783110258219.41/html
6 Insbesondere dazu Henning Rischbieter (1983)
7 Laudatio des Hamburger Kultursenators Biermann-Ratjen für Hannah Arendt, 1959. Siehe hierzu Hans H. Biermann-Ratjen (1982), S. 37

8 Zu Biermann-Ratjen siehe Matthias Wegner (1999) und Joachim Szodrzynski (2013)

9 https://www.hamburgische-buergerschaft.de/rundgang/4409238/kaisersaal/

10 Joachim Schlör (2015)

11 David Jünger (2015), siehe auch https://schluesseldokumente.net/ausstellung/schiffsreisen#home

12 Joseph Carlebach (1929)

13 Fritz Eschen 1947 – Lessing-Denkmal in Berlin

14 Gotthold Ephraim Lessing (2000 [1779]), S. 202

15 Über diesen nicht unumstrittenen Besuch siehe Rainer Nicolaysen (2015). Mann war kein innerer, sondern ein äußerer Emigrant.

16 Hans H. Biermann-Ratjen (1982), S. 36

17 Ebd., S. 37

18 Hanna Leitgeb (1994), S. 340–346. Leitgeb nutzt die Archivalien der Kulturbehörde Hamburg.

19 Vgl. ebd, S. 343

20 Hannah Arendt (2018 [1959]), S. 42

21 Vgl. ebd., S. 43

22 Lotte Köhler und Hans Saner (Hrsg.) (1985), S. 68. Dies ist einer der ersten Briefe, die Arendt nach dem Krieg an Jaspers schrieb.

23 Ebd., S. 90-91

24 Das ganze Interview siehe: https://www.rbb-online.de/zurperson/interview_archiv/arendt_hannah.html

25 World Jewish Congress: »Germany«, in: Resolutions Adopted by the Second Plenary Assembly of the World Jewish Congress, Montreux, Switzerland, June 27th–July 6th, 1948, S. 7. The World Jewish Congress Archives, Series A, Box 46, file 5

26 Siehe Michael Brenner (1995)

27 Siehe dazu auch den Briefwechsel von Hannah Arendt und Dolf Sternberger, in: Udo Bermbach (Hrsg.) (2019). Siehe auch ausführlich Natan Sznaider (2020)

28 Udo Bermbach (Hrsg.) (2019), S. 100–101

29 Sie schrieb einen vernichtenden Bericht über ihre erste Reise ins Nachkriegsdeutschland. Zuerst veröffentlicht in der jüdisch-amerikanischen Zeitschrift *Commentary* (1950). Auf Deutsch erschienen unter dem Titel »Besuch in Deutschland: Die Nachwirkungen des Naziregimes« in Marie Luise Knott (Hrsg.) (1986). 17 Jahre später, 1967, veröffentlichen die Psychoanalytiker Alexander und Margarete Mitscherlich ihre Studie über die deutsche Unfähigkeit zu trauern.

30 Für diese Episode in Arendts Leben siehe Natan Sznaider (2008) und (2022)

31 Hannah Arendt (1986 [1950]), S. 45

32 Siehe Lotte Köhler (Hrsg.) (1996), S. 175

33 Sie korrespondiert darüber auch mit Jaspers, der gleich nach dem Krieg eine Vorlesung an der Universität Heidelberg »Über die Schuldfrage« hielt, die sich mit dem innerdeutschen Diskurs über Schuld auseinandersetzt.

34 Hannah Arendt: »Organisierte Schuld«, in: Hannah Arendt. *Complete Works. Critical Edition. Sechs Essays / Die verborgene Tradition* (Bd. 3). Hrsg. von Barbara Hahn. Webportal version 1 of 14.11.2023. URL: https://hannah-arendt-edition.net/v1/ae8795459.

35 Siehe auch Jacob J. Petuchowski (1968)

36 Hannah Arendt (2019 [1948]), S. 160

37 Siehe vor allem Tony Judt (2010)

38 Hannah Arendt (2018 [1959]), S. 66

39 Ebd.

40 Die Rede ist in folgenden Veröffentlichungen abgedruckt: Hannah Arendt, Rede am 28. September 1959 bei der Entgegennahme des Lessing-Preises der Freien und Hansestadt Hamburg, Hamburg 1999, in Matthias Bormuth (Hrsg.) (2018) und Hannah Arendt (1989).

41 Ausgearbeitet hat sie das theoretisch in einem 1963 veröffentlichten Buch *On Revolution*, deutsch *Über die Revolution*, 1963.

42 Hannah Arendt (2018 [1959]), S. 39

43 Matthias Bormuth (Hrsg.) (2018), S. 96–97

44 Hannah Arendt (2018 [1959]), S. 63

45 Für eine Analyse des Stücks im Zusammenhang mit der Schuldfrage siehe Saskia Fischer (2020); siehe auch Saskia Fischer (2023)

46 Für die Biografie Dürrenmatts in diesem Zusammenhang siehe Ulrich Weber (2020)

47 Auch hier stehen jüdische und nichtjüdische Erinnerungen an das Ereignis quer. Siehe zum Beispiel das Interview mit Wolf Biermann, der die Bombardierung als Kind miterlebte. »Die alliierten Bomber waren unsere Freunde, wie man es kindisch sagt: unsere Verbündeten, die uns befreien sollten, von den Nazis.« Siehe ausführlich hierzu: *Der SPIEGEL* vom 25.7.2003, https://www.spiegel.de/kultur/gesellschaft/wolf-biermann-ueber-den-bombenkrieg-wir-sind-durchs-feuer-gelaufen-a-258522.html

48 Siehe Ulrich Weber (2020) für die Verknüpfungen von Dürrenmatt und dem klassischen griechischen Theater

49 Siehe auch die Ausstellung des Deutschen Historischen Museums – https://www.dhm.de/ausstellungen/archiv/2021/die-liste-der-gottbegnadeten-kuenstler-des-nationalsozialismus-in-der-bundes republik/. Diese Ausstellung zeigt auch die Kontinuität von Künstler und Künstlerinnen, die in der Bundesrepublik nach Ende des Naziregimes weiterhin Karriere machen konnten.

50 https://www.hamburg.de/clp/zwangsarbeiterinnen-valvofrauen/clp1/hamburgde/onepage.php?BIOID=3325. 1971 veröffentlicht Elisabeth Flickenschildt ihre Autobiografie: *Kind mit den roten Haaren. Ein Leben wie ein Traum*.

51 Für die biografische Laufbahn von Gustaf Gründgens siehe Thomas Blubacher (2011)

52 Anatol Regnier (2022)

53 Hannah Arendt (2018 [1959]), S. 67

54 Ebd., S. 65

55 Siehe auch das ausführliche Interview – https://www.rbb-online.de/zurperson/interview_archiv/arendt_hannah.html

56 Hannah Arendt (1964)

57 https://www.rbb-online.de/zurperson/interview_archiv/gruendgens_gustaf.html

58 Ebd.

59 Ebd.

60 Thomas Blubacher (2011), S. 301

61 Hannah Arendt (2018 [1959]), S. 67

62 Siehe hierzu Anatol Regnier (2022) und Eberhard Spangenberg (1986)

63 Für die legale Sprache in diesem Fall siehe: https://openjur.de/u/31670.html

64 Klaus Mann (2006)

65 »Das Mephisto-Urteil« in Torben Fischer und Matthias N. Lorenz (Hrsg.) (2015)

66 Der *Spiegel* widmete Gründgens mit einem Mephisto-Bild von ihm neben einem Hakenkreuz am 28.9.1981 eine Titelgeschichte »Mephisto. Die Gründgens-Legende«. Der *Spiegel*-Essay bezeichnet ihn als Vortänzer und nicht als Mitläufer.

67 Hannah Arendt (1967), S. 236

68 Hannah Arendt (2018 [1959]), S. 69

69 Ebd., S. 67

70 Ebd., S. 70

71 Vgl. ebd., S. 84

72 Ebd., S. 85
73 Siehe hierzu auch Juliane Rebentisch (2022), Avital Ronell (2016) und Liliane Weissberg (2007)
74 Hannah Arendt (2018 [1959]), S. 40
75 Ebd., S. 41
76 Ebd., S. 43
77 Vgl. ebd., S. 47
78 Ebd., S. 63
79 Gotthold Ephraim Lessing (2000 [1779]), S. 128
80 Die Rede ist abgedruckt in Reinhold und Annemarie Mayer (Hrsg.) (1984).
81 Siehe hierzu Martin Jay (1997) und Paul Mendes-Flohr (2012)
82 Franz Rosenzweig (1984 [1919]), S. 451
83 https://gedichte.xbib.de/--27372_27371_33547_63218_63588--.htm
84 Kerstin von der Krone (2015)
85 Theodor W. Adorno (1974)
86 Ebd., S. 100
87 Franz Rosenzweig (1984 [1919]), S. 450
88 Gotthold Ephraim Lessing (2000 [1779]), S. 96
89 Hannah Arendt (2018 [1959]), S. 65
90 Ebd., S. 65–66
91 Ebd., S. 66
92 Vgl. ebd., S. 75
93 Siehe dazu Bertolt Brecht (1996 [1934–1938])
94 Lotte Köhler und Hans Saner (Hrsg.) (1985), S. 398
95 Für die öffentlichen Reaktionen auf die Rede siehe Sara Paulson Eigen (2000)
96 Hannah Arendt (2018 [1959]), S. 64–65
97 Hannah Arendt (2018 [1959]), S. 61
98 Gotthold Ephraim Lessing (2000 [1779]), S. 132
99 Hannah Arendt (2018 [1959]), S. 88
100 Ebd., S. 86–87
101 Lotte Köhler und Hans Saner (Hrsg.) (1985), S. 412 (Jaspers an Arendt, 26. August 1959)
102 Hannah Arendt (2018 [1959]), S. 42
103 Gotthold Ephraim Lessing (2000 [1779]), S. 133
104 Ebd., S. 133
105 Hannah Arendt (2018 [1959]), S. 52
106 Gotthold Ephraim Lessing (2000 [1779]), S. 141
107 Insbesondere in ihren Notizen zu einer Vorlesung an der Univer-

sity of California in Berkeley 1955, also vier Jahre vor ihrer Rede. Auf Deutsch übersetzt und veröffentlicht in Hannah Arendt (1993), S. 180–187

108 Hannah Arendt (1993), S. 185

109 Siehe auch Lisa Jane Disch (1994)

110 Mascha Kaléko (2017), »Deutschland, ein Kindermärchen« (1956)

111 Zitiert in Sarah van der Heusen (2008), S. 223

112 Für ihre Biografie siehe Jutta Rosenkranz (2007); siehe auch Julia Meyer (2018)

113 Siehe hierzu Shachar M. Pinsker (2018)

114 Ruth Klüger (2012) schreibt anlässlich der Herausgabe der gesammelten Werke einen Essay voller Bewunderung über sie. Dort zitiert Klüger Marcel Reich-Ranicki, der es wissen muss: »Ihre Verse sind kess und keck, frech und pfiffig, schnoddrig und sehr schwermütig, witzig und ein klein wenig weise. Ganz natürlich klingt die Stimme der Mascha Kaléko, unverkrampft und immer etwas resigniert.«

115 Julia Meyer (2018), S. 235

116 Gisela Zoch-Westphal (1987)

117 Siehe https://www.rowohlt.de/autor/mascha-kaleko-476. Ihr Porträt wurde von Fritz Eschen aufgenommen, den wir schon beim Lessing-Porträt im Tiergarten kennenlernten.

118 Gisela Zoch-Westphal (1987), S. 163

119 Mascha Kaléko (2017 [1956]), Verse für Zeitgenossen, S. 70. Es ist ein langes Gedicht, wo Kaléko sich klar in Verbindung mit Heine setzt: »Ich sag es mit Stolz, Daß von Urvater Heine ich stamme«. S. 69

120 Für den Antrag siehe: https://kuenste-im-exil.de/KIE/Content/DE/Themen/JungesMuseum/JM-LINA-Kaleko/wiedergutmachung.html. Siehe auch: https://we-refugees-archive.org/archive/mascha-kalekos-brief-an-die-bundesstelle-fuer-entschaedigung-dezember-1957/

121 Hannah Arendt (2018 [1959]), S. 39

122 Sarah van der Heusen (2008), S. 225

123 Einige Jahre später veröffentlicht Holthusen (1966) einen Bericht über sich selbst und seinen Dienst in der SS. Über Holthusen siehe auch Willi Winkler (2019). Auch Paul Celan wollte drei Jahre später, 1962, wegen der Anwesenheit Holthusens nicht in die Berliner Akademie aufgenommen werden.

124 Hans Egon Holthusen (1966), S. 938

125 Die Protokolle darüber sind gesammelt in Stiftung Archiv der Akademie der Künste (Hrsg.) (1997), S. 229–232.

126 Stiftung Archiv der Akademie der Künste (Hrsg.) (1997), S. 229
127 Vgl. ebd., S. 230
128 Ebd.
129 Siehe auch Sarah van der Heusen (2008)
130 Zitiert nach Jutta Rosenkranz (2007), S. 173
131 Lotte Köhler und Hans Saner (Hrsg.) (1985), S. 495
132 Mehr zu Holthusen und seiner Kontroverse über die SS-Mitgliedschaft siehe Nicolas Berg (2012). 1972 erhält Jean Améry den Literaturpreis der Bayerischen Akademie der Künste. Die Urkunde ist von Holthusen unterschrieben, die Debatten und Skandale sind schon vorbei.
133 Hans E. Holthusen (1965)
134 Ebd., S. 181
135 Der Brief an den *Spiegel* blieb lange unveröffentlicht. Veröffentlicht wurde er am 31. Mai 2022 in der *Süddeutschen Zeitung* mit einer Einleitung von Willi Winkler: »Gegen den Schlussstrich«. Sie schrieb diesen Brief einige Monate nach ihrem Auftritt bei Gaus. Es ist dann Karl Jaspers, der im März 1965 dem *Spiegel* ein Interview darüber gibt: »Für Völkermord gibt es keine Verjährung«.
136 Karl Jaspers (1965) – https://www.spiegel.de/politik/fuer-voelkermord-gibt-es-keine-verjaehrung-a-f0f3ba98-0002-0001-0000-0000258037
137 Für Kalékos Jahre in Jerusalem siehe Thomas Sparr (2018)
138 Siehe hierzu Jutta Rosenkranz (Hrsg.) (2012)
139 Zwei Tage nach ihrer Rede gibt Arendt ein Interview im RBB, wo sie noch mal die Verknüpfung zwischen Gewalt und Bewältigung betont: »Antisemitismus gibt es in der ganzen Welt«. rbb Retro – 1959, 30.9.1959 – https://www.ardaudiothek.de/episode/rbb-retro-1959/antisemitismus-gibt-es-in-der-ganzen-welt-oder-hannah-arendt-im-gespraech/rbb/12240189/
140 Siehe dazu Werner Bergmann (1990)
141 Siehe auch Juliane Wetzel (2011) und Shida Kiani (2013), S. 294–310
142 Hannah Arendt im Gespräch 1959 – https://www.ardaudiothek.de/episode/rbb-retro-1959/antisemitismus-gibt-es-in-der-ganzen-welt-oder-hannah-arendt-im-gespraech/rbb/12240189/
143 Lotte Köhler und Hans Saner (Hrsg.) (1985), S. 425
144 Ebd., S. 428
145 https://www.deutsche-digitale-bibliothek.de/item/V5MXJIKXUVSBZ7CPDIG3QBOZG67LWZNS, S, 6
146 https://geschichtsbuch.hamburg.de/epochen/sechziger-jahre/die-antisemitische-welle-19591960/#_ftn1

147 https://www.documenta.de/en/retrospective/ii_documenta. In der eigenen Darstellung: Wo 1933 Hakenkreuze prangten, beherrscht nun das kleine »d« auf Plakaten und Fahnen den Friedrichsplatz.
148 Für einen historischen Überblick siehe Raphael Gross et al. und Deutsches Historisches Museum (Hrsg.) (2021)
149 Siehe hierzu Patrice Neau (2012)
150 Siehe auch Heinz Bude und Karin Wieland (2021)
151 Zitiert nach Marie Luise Knott – http://marie-luise-knott.net/Texte/abstrakter-expressionismus
152 Siehe dazu Steffen Dengler (2010), S. 164–188
153 Werner Haftmann (1962), S. 22
154 Ebd., S. 37
155 Hans H. Biermann-Ratjen (1962), in: Werner Haftmann (1962)
156 Hannah Arendt (2018 [1959]), S. 88

III DIE UMKEHR NATHANS

1 Yosef Hayim Yerushalmi (1997), S. 3–22
2 Die meisten Bilder von Nussbaum können im Museumsquartier in Osnabrück betrachtet werden: https://www.museumsquartier-osnabrueck.de/ausstellung/sammlung-felix-nussbaum/. Über dieses Bild und mehr über Nussbaum siehe Jürgen Joseph Kaumkötter (2023)
3 Marie Luise Knott (Hrsg.) (2010), S. 10
4 Hannah Arendt (2019 [1943]), S. 39
5 Ebd., S. 51–52
6 Ebd., S. 38
7 Diese Metapher prägt Jean Améry, als er 1969 über das Ghetto schreibt: »Der Warteraum des Todes« (1969).
8 Zur ausführlichen Lebensgeschichte von Felix Nussbaum siehe Mark Schaevers (2016)
9 Hans Joachim Schädlich (2018)
10 Hannah Arendt (2000 [1944]), S. 129–132
11 Ebd., S. 132
12 Ebd., S. 130
13 Hannah Arendt (2000 [1941]), S. 20–23
14 Hannah Arendt (2000 [1942]), S. 66–68
15 Siehe hierzu auch Natan Sznaider (2021)
16 Hannah Arendt (2000 [1942]), S. 68

17 Siehe dazu Hanna Krall (1979)
18 Siehe auch den Bericht einer der Widerstandskämpferinnen: Zivia Lubetkin (1949)
19 Siehe hierzu Samuel D. Kassow (2010)
20 Rachela Auerbach (2022)
21 https://www.museumsquartier-osnabrueck.de/ausstellung/sammlung-felix-nussbaum/. Über 200 Werke von Felix Nussbaum und auch 27 Arbeiten von Felka Platek befinden sich dort. Siehe auch Thorsten Heese (2014), S. 225–244
22 Thorsten Heese (2014), S. 233
23 Dies wurde von Heinz Bude und Karin Wieland genau in dem Essay »Kompromisslos und gewaltbereit« in der *Zeit* vom 11. März 2021 nachvollzogen. Siehe auch Heinz Bude und Karin Wieland, »Die Generation Haftmann«, in: *Frankfurter Allgemeine Zeitung* vom 12.2.2022
24 Siehe dazu Carlo Gentile, »Der Krieg des Dr. Haftmann«, in: *Süddeutsche Zeitung* vom 7.6.2021
25 Für biografische und künstlerische Angaben siehe vor allen Steffen Egle, Sören Fischer und Annette Reich (2023)
26 http://werner-haftmann.de/biografie/lebensbeschreibung/. Siehe auch Kirsten Fitzke (2015), S. 151–171. Das Deutsche Historische Museum in Berlin eröffnet 2021 eine Ausstellung zur Geschichte der documenta, in der die Nazivergangenheit der documenta-Gründer aufgearbeitet wird. Siehe den Ausstellungskatalog *documenta. Politik und Kunst* (2021). Siehe vor allem die Beiträge von Julia Voss. Hier bekommt das von Gustaf Gründgens angesprochene Verhältnis von Kunst und Macht noch eine andere Wendung.
27 Mit diesem Zitat beginnt Julia Voss (2021b) ihren Beitrag über »Das Werner Haftmann Modell«. Dort zitiert sie auch einen Brief von 1946, in dem Haftmann sich erkundigt, ob Rudolf Levy noch lebt.
28 Werner Haftmann (2012 [1955]), S. 31–40
29 Ebd., S. 35
30 Vgl. ebd., S. 38
31 Ebd., S. 40
32 Werner Haftmann (2012 [1959]), S. 41–58
33 Ebd., S. 43
34 Vgl. ebd., S. 47
35 Ebd., S. 49
36 Ebd., S. 57
37 Ebd., S. 58

38 Werner Haftmann (1961), S. 122–139

39 Für den Wortlaut der Rede zum Anlass der Woche der Brüderlichkeit um dieselbe Zeit siehe Carlo Schmid, Vizepräsident des Deutschen Bundestags, »Gedanken zur Woche der Brüderlichkeit«, https://av.tib.eu/media/21355

40 Werner Haftmann (1961), S. 139

41 Yael Kupferberg (2022) hat in ihrer Studie gezeigt, dass Max Horkheimer um 1959 begonnen hat, über die philosophische Bedeutung des Bilderverbots für jüdisches Denken nachzudenken. Kupferberg schlägt vor, dass Horkheimers Thesen zum jüdischen Bilderverbot Aufklärung erst möglich machen, weil es immer eine Distanz zum Objekt und eine Form der Selbstbeschränkung fordert. Horkheimer und Arendt sind nie im direkten Dialog gewesen, aber die Lessing-Preisrede von Hannah Arendt geht in diese Richtung eines jüdischen Denkens.

42 Ruth Leys (2000)

43 Jeffrey C. Alexander (2004)

44 Frauke Berndt und Lutz Koepnick (Hrsg.) (2018)

45 Siehe auch Patrice Neau (2012), online abgerufen am 2.1.2024: http://journals.openedition.org/ilcea/1489

46 Bernhard Groß/Verena Krieger/Michael Lüthy/Andrea Meyer-Fraatz (Hrsg.) (2021). Siehe auch Verena Krieger (2010)

47 Ein gutes Beispiel dafür ist Arnold Gehlen, geboren 1904, der eine kontinuierliche Karriere zwischen 1930 und 1969 in Deutschland hat. 1960, ein Jahr nach der documenta II, veröffentlicht er den Band *Zeit-Bilder. Zur Soziologie und Ästhetik der modernen Malerei*, in dem er Verachtung für die moderne Kunst zeigt. Siehe auch Michael Lüthy (1997). Auch wenn Gehlen behauptet, dass die moderne Kunst »kommentarbedürftig« ist, stimmt das nicht. Sie ist ein klarer Kommentar zur Verdrängung der Vergangenheit.

48 Der Begriff »Pogrom« stammt aus dem Russischen und bedeutet so viel wie Zerstörung oder Verwüstung. Für einen begrifflichen Überblick siehe Werner Bergmann (2010). Der Begriff ist in der jüdischen Wahrnehmung partikular konnotiert, kann aber auch im Allgemeinen als gewaltvolle Übergriffe einer ethnischen Mehrheit gegen ethnische Minderheiten verstanden werden.

49 David Roskies (1999)

50 Auf Deutsch 1919 in Wien erschienen: siehe Chaim Nachman Bialik (1919)

51 Steven J. Zipperstein (2019)

52 Chaim Nachman Bialik (1919), S. 6
53 Ebd., S. 22
54 Klagelieder, 1,1: Ach, wie einsam sitzt doch jetzt die Stadt, die einst so stark bevölkert war! Sie ist zur Witwe geworden, sie, die groß war unter den Völkern; die Fürstin der Hauptstädte muß nun Frondienste leisten! In den Synagogen werden bis heute am Jahrestag diese Zeilen gelesen.
55 Für Biografisches siehe Dietmar Paier (1996) und Helga Sprung (2002)
56 Siehe Lutz C. Kleveman (2017). Über das Pogrom von 1918 siehe S. 54–57. Über das Pogrom von 1914 siehe William Hagen (2018) und Christoph Mick (2003)
57 2022 veröffentlicht die Zeitschrift *Serendipities. Journal for Sociology and History of the Social Sciences* ein Sonderheft *Authoritarianism, Ambivalence, Ambiguity. The Life and Work of Else Frenkel-Brunswik*. Hier wird vor allem ihre Rolle in der Studie über den »autoritären Charakter« betont. Ein 2020 in Leipzig gegründetes Institut trägt ihren Namen, https://efbi.de/das-institut.html. Der Name ist nun bekannter, als er in früheren Jahrzehnten war.
58 Ihre paradigmatische Studie dazu: Else Frenkel-Brunswik (1949). Hier auch die Definition: »The existence of ambivalence in a person and the further fact of this person's ability to face his or her ambivalences toward others must be considered an important personality variable. [(S. 115) und umgekehrt] the intolerance of ambiguity must further be related to a reluctance to think in terms of probabilities and a preference to escape into whatever seems definite and therefore safe.« (S. 130)
59 T. W. Adorno, Else Frenkel-Brunswik, Daniel J. Levinson und R. Nevitt Sanford (1950)
60 Ernst Simmel (Hrsg.) (1946). Das ist ein Sammelband von einer Konferenz in San Francisco 1944, an der sowohl Adorno als auch Frenkel-Brunswik teilnahmen. Es ist eine Konferenz, die sich der Vernichtung in Europa noch nicht völlig bewusst ist. Wie bei dem späteren Projekt geht es dabei darum, den Antisemitismus abzuschaffen. Das Buch wird erst 1993 ins Deutsche übersetzt. Siehe die Besprechung dazu von Detlev Claüssen (1993)
61 Siehe Mitchell G. Ash (2005), S. 271–294. Auf Deutsch in einer älteren Version Mitchell G. Ash (1998), S. 251–272
62 Siehe auch Natan Sznaider (2023a)
63 Ausführlicher in Natan Sznaider (2022)
64 Siehe auch Thomas Meyer (2023)

65 Siehe Yuri Slezkine (2006)

66 Zwölf Jahre nach der Veröffentlichung ihres Buches über den Totalitarismus erscheint *On Revolution*, hier gibt sie dieser Hoffnung für die amerikanische Lösung einen theoretischen Rahmen. Siehe Hannah Arendt (1963)

67 Für die Gründe, Zweifel, Ambivalenzen zur Rückkehr von Max Horkheimer nach Frankfurt siehe Yael Kupferberg, (2022), Kapitel 2. Horkheimer wird 1951 Dekan und danach Rektor der Universität in Frankfurt.

68 Siehe hierzu Joachim Perels (2000)

69 Dietmar Paier (1996), S. 64–67

70 Siehe hierzu Wolfgang Kraushaar (1998)

71 Eine der wichtigsten Künstlerinnen der documenta 15, Hito Steyerl, schafft 2012 eine Videoinstallation über diesen Vorfall. »Adorno's Grey«, wo sie die Mehrdeutigkeit dieses »Attentats« verfilmt, https://www.e-flux.com/criticism/234053/hito-steyerl-s-adorno-s-grey. In dieser Installation betont Steyerl die Grautöne des Vorlesungsraumes, in dem Adorno liest und in dem das Attentat geschieht. Adorno lässt in den 1960er Jahren die Wände des Saals in Grau malen, damit nichts von der Philosophie ablenkt. Steyerl lässt auch Zeitzeugen sprechen.

72 Dieter Brumm und Ernst Elitz *(1969) – im Gespräch mit dem Frankfurter Sozialphilosophen Professor Theodor W. Adorno*

73 Ingo Grabowsky (2004)

74 Siehe Frank Grüner (2010)

75 Siehe auch Gerd Koenen (2019), der auch den stalinistischen Antizionismus zu modernen Formen des linken Antizionismus verknüpft

76 Siehe auch Meron Mendel (2023), S. 100–101

77 Siehe dazu Natan Sznaider (2023b) und auch die anderen Beiträge in dem Band

78 Wolfgang Ullrich (2022). Siehe auch den Sammelband von Uta Karstein und Nina Tessa Zahner (Hrsg.) (2017)

79 Die documenta 11 vom 8. Juni bis 15. September 2002 war die erste postkoloniale documenta, und die künstlerischen Perspektiven waren frei von Antisemitismus und Antizionismus (Wolfgang Lenk, 2005).

80 Ruangrupa kuratiert die 15. Ausgabe der documenta. Das Künstler*innenkollektiv aus Jakarta hat der documenta 15 die Werte und Ideen von *lumbung* (indonesischer Begriff für eine gemeinschaftlich genutzte Reisscheune) zugrunde gelegt. Als künstlerisches und öko-

nomisches Modell fußt *lumbung* auf Grundsätzen wie Kollektivität, gemeinschaftlichem Ressourcenaufbau und gerechter Verteilung und verwirklicht sich in allen Bereichen der Zusammenarbeit und Ausstellungskonzeption. Vgl. https://documenta-fifteen.de/

81 Für die Einzelheiten siehe den Abschlussbericht der Expertenkommission, die von den Gesellschaftern der documenta konstituiert wird und Antisemitismus auf dieser documenta untersuchen soll. Der Bericht wird im Dezember 2023 veröffentlicht, https://www.documenta.de/files/230202_Abschlussbericht.pdf. Auch hier wird von den sowjetischen Quellen dieser aktionistischen Kunst gesprochen.

82 https://documenta-fifteen.de/wp-content/uploads/2022/08/Kontextualisierung_Taring-Padi_DE.pdf

83 Siehe auch Natan Sznaider (2023a)

84 https://documenta-fifteen.de/wp-content/uploads/2022/08/Einordnung_Archives-des-Femmes_DE.pdf

85 Vgl. https://www.dw.com/de/ruangrupa-brosch%C3%BCre-eindeutig-nicht-antisemitisch/a-62701145. Siehe auch die relevanten Analysen im Abschlussbericht der Expertenkommission. Auch hier wird mit eindeutiger Sprache gesprochen: »Die documenta fifteen fungierte als Echokammer für israelbezogenen Antisemitismus, und manchmal auch für Antisemitismus pur.« https://www.documenta.de/files/230202_Abschlussbericht.pdf, S. 71

86 https://www.documenta.de/files/230202_Abschlussbericht.pdf, S. 50

87 Ebd., S. 53

88 https://www.e-flux.com/notes/489580/we-are-angry-we-are-sad-we-are-tired-we-are-united-letter-from-lumbung-community

89 Für die detaillierte Analyse der einzelnen Bilder siehe den Abschlussbericht, https://www.documenta.de/files/230202_Abschlussbericht.pdf

90 In der Übersetzung von Martin Buber und Franz Rosenzweig. Die Schrift [Buber-Rosenzweig] (1929) – https://www.obohu.cz/bible/?styl=BRU&vs=ano&lang=de&k=Gn&kap=1. In der Einheitsübersetzung heißt es: *Israel, vertrau auf den HERRN! Er ist ihr Schild und ihre Hilfe.*

91 Siehe dazu Inka Sauter (2021)

92 Nahum M. Sarna (2007)

93 Natan Sznaider (2017), S. 213

94 Marie Luise Knott (Hrsg.) (2010), S. 440

95 Siehe dazu ihre deutschsprachigen Artikel in der Zeitschrift *Aufbau*

in New York in den 1940er Jahren, insbesondere Hannah Arendt (2000 [1941]) und (2000 [1944])

96 Dazu gehört auch die oft beschworene israelische Sicherheit als Deutschlands Staatsräson.

97 *Thomas Hobbes* (1984 [1651]), S. 134

98 Ein Beispiel dafür ist der am 20. November 2023 veröffentlichte Brief in der amerikanischen Zeitschrift *New York Review of Books*, https://www.nybooks.com/online/2023/11/20/an-open-letter-on-the-misuse-of-holocaust-memory/

99 Für die intellektuellen Pfade dieser Entwicklungen siehe Natan Sznaider (2022)

100 Ein gutes Beispiel dafür ist Omri Boehm (2022). Auch der radikale Universalismus von Boehm ist eine partikulare jüdische Position.

101 https://www.hannah-arendt-preis.de/ueber-uns/

102 https://www.newyorker.com/news/the-weekend-essay/in-the-shadow-of-the-holocaust

103 Das führt dann auch zur absurden und selbstgefälligen Behauptung Gessens, dass Arendt den Hannah-Arendt-Preis heute in Deutschland nicht bekommen würde. Ein Beispiel: https://www.fr.de/kultur/gesellschaft/journalistin-masha-gessen-deutschland-hannah-arendt-preis-eklat-92731175.html. Als Beweis dafür wird eine Unterschrift Hannah Arendts in einem offenen Brief gegen den Besuch von Menachem Begin in den USA genommen. Dieser Brief von Albert Einstein ist vom 4.12.1948 und richtet sich offen gegen rechtsradikale Strömungen im neu gegründeten Israel. Für den Brief siehe https://archive.org/details/AlbertEinsteinLetterToTheNewYorkTimes.December41948

104 Vladimir Jankélévitch (2004), Jean Améry (1966), Primo Levi (1994) und Imre Kertész (1996) sind nur einige wenige Beispiel dafür.

105 Insbesondere in diesem Zusammenhang der lange Dokumentarfilm von Claude Lanzmann *Shoah* aus dem Jahre 1985

106 Siehe auch LaCapras Unterscheidung zwischen strukturellem und historischem Trauma; insbesondere in Dominick LaCapra (2014)

107 Hannah Arendt (1967), S. 234

BIBLIOGRAFIE

Adorno, Theodor W. (1974): »Die Wunde Heine«, in: ders.: *Gesammelte Schriften*, Band 11. *Noten zur Literatur* (herausgegeben von Gretel Adorno und Rolf Tiedemann). Frankfurt am Main: Suhrkamp Verlag, S. 95–100

Adorno, T. W./Frenkel-Brunswik, Else/Levinson, Daniel J./Sanford, R. Nevitt (1950): *The Authoritarian Personality*. New York: Harper & Brothers

Alexander, Jeffrey C. (2004): »Toward a Theory of Cultural Trauma«, in: Jeffrey C. Alexander, Ron Eyerman, Bernhard Giesen, Neil J. Smelser und Piotr Sztompka (Hrsg.): *Cultural Trauma and Collective Identity*. Berkeley/Los Angeles/London: University of California Press, S. 1–30

Améry, Jean (1966): *Jenseits von Schuld und Sühne. Bewältigungsversuche eines Überwältigten*. München: Szczesny Verlag

Améry, Jean (1976): »Shylock, der Kitsch und die Gefahr«, in: *Die ZEIT*, Nr. 16/1976

Améry, Jean (2012 [1969]): »Der Warteraum des Todes«, in: ders.: *Werke*, Band 7. *Aufsätze zur Politik und Zeitgeschichte* (herausgegeben von Stephan Steiner). Stuttgart: Klett-Cotta Verlag, S. 450–474

Arendt, Hannah (1932): »Aufklärung und Judenfrage«, in: *Zeitschrift für die Geschichte der Juden in Deutschland* 4(2–3), S. 65–77

Arendt, Hannah (1950): »The Aftermath of Nazi Germany: Report from Germany«, in: *Commentary*, October/1950: 342–353

Arendt, Hannah (1955): *Elemente und Ursprünge totaler Herrschaft.* Frankfurt am Main: Europäische Verlagsanstalt

Arendt, Hannah (1963): *Über die Revolution.* München: Piper Verlag (Originaltitel: Arendt, Hannah (1963): *On Revolution*. New York: Viking Press)

Arendt, Hannah (1964): *Eichmann in Jerusalem. Ein Bericht von der Banalität des Bösen*. München: Piper Verlag

Arendt, Hannah (1967): *Vita activa oder Vom tätigen Leben*. München: Piper Verlag

Arendt, Hannah (1986 [1950]): »Besuch in Deutschland: Die Nachwirkungen des Naziregimes«, in: Marie Luise Knott (Hrsg.): *Zur Zeit. Politische Essays*. Berlin: Rotbuch-Verlag, S. 43–70

Arendt, Hannah (1989 [1959]): »Gedanken zu Lessing. Von der Menschlichkeit in finsteren Zeiten«, in: dies.: *Menschen in finsteren Zeiten* (herausgegeben von Ursula Ludz). München/Zürich: Piper Verlag, S. 17–48

Arendt, Hannah (1993): *Was ist Politik? Fragmente aus dem Nachlaß* (herausgegeben von Ursula Ludz). München/Zürich: Piper Verlag

Arendt, Hannah (1999): *Rede am 28. September 1959 bei der Entgegennahme des Lessing-Preises der Freien und Hansestadt Hamburg* (herausgegeben von Ingeborg Nordmann). Hamburg: Europäische Verlagsanstalt

Arendt, Hannah (2000 [1941]): »Die jüdische Armee – der Beginn einer jüdischen Politik?«, in: dies.: *Vor Antisemitismus ist man nur noch auf dem Monde sicher. Beiträge für die deutsch-jüdische Emigrantenzeitschrift »Aufbau« 1941–1945* (herausgegeben von Marie Luise Knott). München/Zürich: Piper Verlag, S. 20–23

Arendt, Hannah (2000 [1942]): »Keinen Kaddisch wird man sagen«, in: dies.: *Vor Antisemitismus ist man nur noch auf dem Monde sicher. Beiträge für die deutsch-jüdische Emigrantenzeitschrift »Aufbau« 1941–1945* (herausgegeben von Marie Luise Knott). München/Zürich: Piper Verlag, S. 66–68

Arendt, Hannah (2000 [1944]): »Für Ehre und Ruhm des jüdischen Volkes«, in: dies.: *Vor Antisemitismus ist man nur noch auf dem Monde sicher. Beiträge für die deutsch-jüdische Emigrantenzeitschrift »Aufbau« 1941–1945* (herausgegeben von Marie Luise Knott). München/Zürich: Piper Verlag, S. 129–132

Arendt, Hannah (2018 [1959]): »Gedanken zu Lessing. Von der Menschlichkeit in finsteren Zeiten«, in: Matthias Bormuth (Hrsg.): *Hannah Arendt. Freundschaft in finsteren Zeiten. Gedanken zu Lessing.* Berlin: Matthes & Seitz, S. 39–88

Arendt, Hannah (2019 [1943]): *Wir Flüchtlinge*, in: dies.: *Wir Juden. Schriften 1932 bis 1966* (zusammengestellt und herausgegeben von Marie Luise Knott und Ursula Ludz). München: Piper Verlag, S. 37–52

Arendt, Hannah (2019 [1944/48]): Die verborgene Tradition, in: dies.: *Wir Juden. Schriften 1932 bis 1966* (zusammengestellt und herausgegeben von Marie Luise Knott und Ursula Ludz). München: Piper Verlag, S. 126–153

Arendt, Hannah (2019 [1948]): »Zuneigung an Karl Jaspers«, in: dies.: *Wir Juden. Schriften 1932 bis 1966* (zusammengestellt und herausgegeben von Marie Luise Knott und Ursula Ludz). München: Piper Verlag, S. 160–164

Arendt, Hannah (2021): *Rahel Varnhagen. Lebensgeschichte einer deutschen Jüdin / The Life of a Jewish Woman* (herausgegeben von Barbara Hahn. Unter Mitarbeit von Johanna Egger und Friederike Wein). Göttingen: Wallstein Verlag

Arendt, Hannah (2021 [1959]): *Rahel Varnhagen. Lebensgeschichte einer deutschen Jüdin aus der Romantik* (herausgegeben von Thomas Meyer. Mit einem Nachwort von Liliane Weissberg). München: Piper Verlag

Arendt, Hannah/Piper, Klaus (2002): »Briefwechsel über Rahel Varnhagen«, in: Claudia Christophersen: *»es ist mit dem Leben etwas gemeint«. Hannah Arendt über Rahel Varnhagen.* Königstein/Ts.: Ulrike Helmer Verlag, S. 239–279

Aschheim, Steven E. (1982): *Brothers and Strangers: The East European Jew in German and German Jewish Consciousness, 1800–1923.* Madison/Wisconsin/London: University of Wisconsin Press

Aschheim, Steven E. (2008): »Spiegelbild, Projektion, Zerrbild: ›Ostjuden‹ in der jüdischen Kultur in Deutschland«, in: Manfred Sapper, Volker Weichsel und Anna Lipphardt (Hrsg.): *Impulse für Europa. Tradition und Moderne der Juden Osteuropas.* (Sonderheft der Zeitschrift *Osteuropa* 8–10/2008). Berlin: BWV Berliner Wissenschafts-Verlag, S. 67–82

Ash, Mitchell G. (2005): »Learning from Persecution: Émigré Jewish Social Scientists' Studies of Authoritarianism and Anti-Semitism after 1933«, in: Beate Meyer und Marion Kaplan (Hrsg.): *Jüdische Welten. Juden in Deutschland vom 18. Jahrhundert bis in die Gegenwart.* Festschrift für Monika Richarz. Göttingen: Wallstein Verlag, S. 271–294. (Auf Deutsch in einer älteren Version: Ash, Mitchell G. (1998): »Wissenschaftswandel durch Zwangsauswanderung – Kurt Lewin und Else Frenkel-Brunswik nach 1933«, in: Dan Diner (Hrsg.): *Tel Aviver Jahrbuch für deutsche Geschichte*, Band 37: *Historische Migrationsforschung*, S. 251–272)

Auerbach, Rachela (2022): *Schriften aus dem Warschauer Ghetto.* Berlin: Metropol Verlag

Baron, Salo (1928): »Ghetto and Emancipation: Shall We Revise the Traditional View?«, in: *The Menorah Journal* 14(6): 515–526

Benhabib, Seyla (2018): *Exile, Statelessness, and Migration: Playing Chess with History from Hannah Arendt to Isaiah Berlin.* Princeton/Oxford: Princeton University Press

Benjamin, Walter (2010): *Über den Begriff der Geschichte* (herausgegeben von Gérard Raulet). Berlin: Suhrkamp Verlag

Berg, Nicolas (2012): »Jean Améry und Hans Egon Holthusen. Eine Merkur-Debatte in den 1960er Jahren«, in: *Mittelweg 36.* Zeitschrift des Hamburger Instituts für Sozialforschung, Heft 2/2012, S. 28–48

Berg, Nicolas (Hrsg.) (2023): *Der Berliner Antisemitismusstreit. Eine Textsammlung von Walter Boehlich.* Berlin: Suhrkamp/Jüdischer Verlag

Berghahn, Klaus L. (1997 [1769]): »Lavater's Attempt to Compel the Conversion of Moses Mendelssohn Abuses the Friendship Cult Surrounding Jewish and Christian Intellectuals«, in: Sander L. Gilman und Jack Zipes (Hrsg.): *Yale Companion to Jewish Writing and Thought in German Culture, 1096–1996.* New Haven: Yale University Press

Bergmann, Werner (1990): »Antisemitismus als politisches Ereignis. Die antisemitische Schmierwelle im Winter 1959/1960«, in: Werner Bergmann und Rainer Erb (Hrsg.): *Antisemitismus in der politischen Kultur nach 1945.* Opladen: Westdeutscher Verlag, S. 253–275

Bergmann, Werner (2010): »Pogrom«, in: Wolfgang Benz (Hrsg.): *Handbuch des Antisemitismus. Judenfeindschaft in Geschichte und Gegenwart.* Band 3: *Begriffe, Ideologien, Theorien.* Berlin/New York: de Gruyter/Saur, S. 269–270

Bergmann, Werner (2017): »Hep-Hep-Krawalle«, in: Dan Diner (Hrsg.): *Enzyklopädie jüdischer Geschichte und Kultur*. Leiden: Brill Online Ressource

Bermbach, Udo (Hrsg.): *Hannah Arendt – Dolf Sternberger. »Ich bin Dir halt ein bißchen zu revolutionär«: Briefwechsel 1946 bis 1975.* Berlin: Rowohlt Verlag

Berndt, Frauke/Koepnick, Lutz (Hrsg.) (2018): *Ambiguity in Contemporary Art and Theory* (*Zeitschrift für Ästhetik und Allgemeine Kunstwissenschaft*, Sonderheft 16). Hamburg: Felix Meiner Verlag

Bialik, Chaim Nachman (1919): *Nach dem Pogrom*. Wien/Berlin: R. Löwit Verlag

Biermann-Ratjen, Hans Harder (1982): »Politische Kultur und Kulturpolitik. Laudatio auf Hannah Arendt«, in: Volker F. W. Hasenclever (Hrsg.): *Denken als Widerspruch. Reden zum Lessing-Preis*. Frankfurt am Main: Eichborn, S. 33–38

Blubacher, Thomas (2011): *Gustaf Gründgens*. Hamburg: Ellert & Richter Verlag

Bodek, Janusz (1991): *Die Fassbinder-Kontroversen. Entstehung und Wirkung eines literarischen Textes. Zu Kontinuität und Wandel einiger Erscheinungsformen des Alltagsantisemitismus in Deutschland nach 1945, seinen künstlerischen Weihen und seiner öffentlichen Inszenierung.* Frankfurt/Bern/New York/Paris: Verlag Peter Lang

Boehm, Omri (2022): *Radikaler Universalismus. Jenseits von Identität.* Berlin: Propyläen Verlag

Bösherz, Eugenia (2015): »Mephisto-Verbot«, in: Torben Fischer und Matthias N. Lorenz (Hrsg.): *Lexikon der »Vergangenheitsbewältigung« in Deutschland. Debatten- und Diskursgeschichte des Nationalsozialismus nach 1945* (3., überarbeitete und erweiterte Auflage). Bielefeld: transcript Verlag, S. 110–112

Bothe, Alina/Pickhan, Gertrud (Hrsg.): *Ausgewiesen! Berlin, 28.10.1938. Die Geschichte der »Polenaktion«*. Berlin: Metropol Verlag

Brecht, Bertolt (1996 [1934–1938]): »An die Nachgeborenen«, in: ders.: *Reisen im Exil: 1933–1949*. Frankfurt am Main: Suhrkamp Verlag, S. 266–268

Brenner, Michael (1995): *Nach dem Holocaust. Juden in Deutschland, 1945–1950*. München: C.H.Beck Verlag

Breuer, Edward (2011): »Bi'ur«, in: Dan Diner (Hrsg.): *Enzyklopädie jüdischer Geschichte und Kultur (EJGK)*. Band 1: *A–Cl.* Stuttgart/Weimar: Metzler Verlag, S. 355–363

Brumm, Dieter/Elitz, Ernst: (1969): »Keine Angst vor dem Elfenbeinturm – Spiegelgespräch mit dem Frankfurter Sozialphilosophen Professor Theodor W. Adorno«, in: *Der SPIEGEL*, Nr. 19/1969 vom 5.5.1969, S. 204–209

Bude, Heinz/Wieland, Karin (2021): »Kompromisslos und gewaltbereit. Ein neuer Fund zeigt: Werner Haftmann, Mitgründer der Documenta in Kassel, war nicht nur Mitglied der NSDAP. Er war auch SA-Mann«, in: *Die ZEIT*, 11/2021 vom 11. März 2021, S. 48

Bude Heinz/Wieland, Karin (2022): »Die Generation Haftmann«, in: *Frankfurter Allgemeine Zeitung* vom 12.2.2022, S. 12

Butler, Judith (2012): *Parting Ways: Jewishness and the Critique of Zionism*. New York/Chichester, West Sussex: Columbia University Press

Carlebach, Joseph (1929): »Was schulden wir Juden dem Andenken Lessings? Eine Festrede«, in: *Jeschurun* 16 (1–2): 1–20

Claüssen, Detlev (1993): »Analyse des Unheimlichen«, in: *Die ZEIT*, Nr. 28 vom 9. Juli 1993

Curthoys, Ned (2013): *The Legacy of Liberal Judaism: Ernst Cassirer and Hannah Arendt's Hidden Conversation*. New York: Berghahn Books

Czollek, Max (2023): *Versöhnungstheater*. München: Hanser

Dengler, Steffen (2010): *Die Kunst der Freiheit? Die westdeutsche Malerei im Kalten Krieg und im wiedervereinigten Deutschland*. München: Fink Verlag

Deutsche Geschichte in Dokumenten und Bildern (DGDB). Band 2. *Vom Absolutismus bis zu Napoleon 1648–1815. Moses Mendelssohn, Antwort an Johann Caspar Lavater (1769)* – https://ghdi.ghi-dc.org/pdf/deu/15_TheJews_Doc.2_German.pdf

Disch, Lisa Jane (1994): *Hannah Arendt and the Limits of Philosophy*. Ithaca, N. Y.: Cornell University Press

Döblin, Alfred (1968 [1926]): *Reise in Polen*. Olten/Freiburg im Breisgau: Walter Verlag

Dubnow, Simon (1925): »Das alte und das neue Judentum«, in: *Der Jude. Eine Monatsschrift* 3 (1926), Sonderheft *Judentum und Deutschtum*, S. 32–57

Dürrenmatt, Friedrich (1956): *Der Besuch der alten Dame. Eine tragische Komödie*. Zürich: Verlag der Arche

Egle, Steffen/Fischer, Sören/Reich, Annette (Hrsg.) (2023): *Rudolf Levy (1875–1944). Magier der Farbe.* Berlin: Deutscher Kunstverlag

Ehn, Michael und Ernst Strouhal (2017): »Schach«, in: *Enzyklopädie jüdischer Geschichte und Kultur Online*. Im Auftrag der Sächsischen Akademie der Wissenschaften zu Leipzig herausgegeben von Dan Diner. Leiden: Brill – https://referenceworks.brillonline.com/browse/enzyklopaedie-juedischer-geschichte-und-kultur

Eigen, Sara Paulson (2001): »Hannah Arendt's ›Lessing-Rede‹ and the Truths of History«, in: John A. McCarthy, Herbert Rowland und Richard E. Schade (Hrsg.): *Lessing Yearbook* 32/2000 (Proceedings of the Lessing Society Conference »Lessing International – Lessing Reception Abroad«). Göttingen: Wallstein Verlag/Detroit: Wayne State University Press, S. 309–324

Fassbinder, Rainer Werner (1976): »Philosemiten sind Antisemiten« (das Gespräch führte Benjamin Henrichs), in: *Die ZEIT*, Nr. 16/1976

Feinberg, Anat (2011): »Vom bösen Nathan und edlen Shylock. Überlegungen zur Konstruktion jüdischer Bühnenfiguren in Deutschland nach 1945«, in: Zeno Ackermann und Sabine Schülting (Hrsg.): *Shylock nach dem Holocaust. Zur Geschichte einer deutschen Erinnerungsfigur*. Berlin/New York: de Gruyter, S. 41–62

Feinberg-Jütte, Anat (2016): »Drama und Theater von 1933 bis zur Gegenwart«, in: Hans Otto Horch (Hrsg.): *Handbuch der deutsch-jüdischen Literatur*. Berlin/Boston: de Gruyter/Oldenbourg, S. 491–499

Feldman, Deborah (2016): *Unorthodox. Eine autobiographische Erzählung*. Zürich: Secession Verlag für Literatur

Fellman, Jack (1973): *The Revival of a Classical Tongue: Eliezer Ben Yehuda and the Modern Hebrew Language*. The Hague/Paris: Mouton

Fetscher, Justus (2005): »Hiob in Gath: Deutsch-jüdische Lektüren von Lessings ›Nathan der Weise‹«, in: *Zeitschrift für Religions- und Geistesgeschichte* 57 (3), S. 209–231

Feuchtwanger, Lion (1933): *Die Geschwister Oppenheim* (Gesammelte Werke 5). Amsterdam: Querido

Feuchtwanger, Lion (1955): *Die Jüdin von Toledo*. Berlin: Aufbau Verlag

Feuchtwanger, Lion (2023): »Prolog: Bin ich deutscher oder jüdischer Schriftsteller? (1933),« in: ders.: *Bin ich deutscher oder jüdischer Schriftsteller: Betrachtungen eines Kosmopoliten*. Berlin: Aufbau Verlag, S. 9–13

Fick, Monika (2016): *Lessing-Handbuch. Leben – Werk – Wirkung* (4., aktualisierte und erweiterte Auflage). Stuttgart: J. B. Metzler Verlag

Fine, Robert (2014): »Two Faces of Universalism: Jewish Emancipation and the Jewish Question«, in: *Jewish Journal of Sociology* 56 (1–2): 29–47

Fischer, Barbara (2000): »Geburtstagsreden am Sterbebett der Toleranz«, in: dies.: *Nathans Ende? Von Lessing bis Tabori: Zur deutsch-jüdischen Rezeption von »Nathan der Weise«*. Göttingen: Wallstein Verlag, S. 99–116

Fischer, Saskia (2020): »›Denn sie wissen nicht, was sie tun‹. Schuldverdrängung und Schuldbewusstsein in Friedrich Dürrenmatts *Der Besuch der alten Dame*«, in: *KulturPoetik* 20 (1), S. 91–107

Fischer, Saskia (2023): »Versöhnung oder doch Rache? Über die Vereinnahmung jüdischer Stimmen im Erinnerungsdiskurs und die Ambiguität der Literatur (Anne Frank, Nelly Sachs, Ruth Klüger)«, in: Esther Gardei, Hans-Georg Soeffner und Benno Zabel (Hrsg.): *Vergangenheitskonstruktionen. Erinnerungspolitik im Zeichen von Ambiguitätstoleranz.* Göttingen: Wallstein Verlag, S. 279–300

Fitzke, Kirsten (2015): »Auf dem Weg zur documenta. Die Wochenzeitung DIE ZEIT und ihr Autor Werner Haftmann spiegeln und gestalten Positionen bildender Kunst in Westdeutschland«, in: Gerhard Panzer, Franziska Völz und Karl-Siegbert Rehberg (Hrsg.): *Beziehungsanalysen. Bildende Künste in Westdeutschland nach 1945. Akteure, Institutionen, Ausstellungen und Kontexte.* Wiesbaden: Springer VS, S. 151–171

Flickenschildt, Elisabeth (1971): *Kind mit roten Haaren: Ein Leben wie ein Traum*. Hamburg: Hoffmann und Campe Verlag

Frenkel-Brunswik, Else (1949): »Intolerance of Ambiguity as an Emotional and Perceptual Personality Variable«, in: *Journal of Personality* 18 (1): 108–143

Gehlen, Arnold (1960): *Zeit-Bilder. Zur Soziologie und Ästhetik der modernen Malerei*. Frankfurt am Main/Bonn: Athenäum Verlag

Geisel, Eike/Broder, Henryk M. (1992): *Premiere und Pogrom. Der jüdische Kulturbund 1933–1942. Texte und Bilder.* Berlin: Siedler

Gentile, Carlo (2021): »Der Krieg des Dr. Haftmann. Der Kunsthistoriker Werner Haftmann foltert für das NS-Regime«, in: *Süddeutsche Zeitung* vom 7.6.2021, S. 9

Goetschel, Willi (2000): »Lessing, Mendelssohn, Nathan: German Jewish Myth Building as an Act of Emancipation«, in: *Lessing Yearbook* 2000/32, S. 341–360

Goetschel, Willi (2004): *Spinoza's Modernity: Mendelssohn, Lessing, and Heine*. Madison: University of Wisconsin Press

Goetschel, Willi (2005): »Lessing and the Jews«, in: Barbara Fischer und

Thomas C. Fox (Hrsg.): *A Companion to the Works of Gotthold Ephraim Lessing*. Rochester, NY: Camden House, S. 185–208

Goldberg, Chad Allan (2017): *Modernity and the Jews in Western Social Thought*. Chicago/London: University of Chicago Press

Grabowsky, Ingo (2004): *Agitprop in der Sowjetunion. Die Abteilung für Agitation und Propaganda 1920–1928*. Bochum: Projektverlag

Groß, Bernhard/Krieger, Verena/Lüthy, Michael/Meyer-Fraatz, Andrea (Hrsg.) (2021): *Ambige Verhältnisse. Uneindeutigkeit in Kunst, Politik und Alltag*. Bielefeld: transcript Verlag

Gross, Raphael et al./Deutsches Historisches Museum (Hrsg.) (2021): *documenta. Politik und Kunst.* München/London/New York: Prestel Verlag

Grüner, Frank (2010): »Russia's Battle Against the Foreign: The Anti-Cosmopolitanism Paradigm in Russian and Soviet Ideology«, in: *European Review of History – Revue européenne d'histoire* 17 (3): 445–472

Haftmann, Werner (1961): »Die bildende Kunst«, in: Leonhard Reinisch (Hrsg.): *Die Juden und die Kultur. Eine Vortragsreihe des Bayerischen Rundfunks.* Stuttgart: Kohlhammer Verlag, S. 122–139

Haftmann, Werner (1962): *Gotthold Ephraim Lessing oder Über den Auftrag des Schriftstellers in kritischen Zeiten.* München: Prestel Verlag

Haftmann, Werner (2012 [1955]): »Über das moderne Bild«, in: Evelyn Haftmann und Wouter Wirth (Hrsg.): *Werner Haftmann. Das antwortende Gegenbild. Ausgewählte Texte 1947–1990*. München: Hirmer Verlag, S. 31–40

Haftmann, Werner (2012 [1959]): »Von den Inhalten der modernen Kunst«, in: Evelyn Haftmann und Wouter Wirth (Hrsg.): *Werner Haftmann. Das antwortende Gegenbild. Ausgewählte Texte 1947–1990*. München: Hirmer Verlag, S. 41–58

Hagen, William W. (2018): *Anti-Jewish Violence in Poland, 1914–1920*. Cambridge: Cambridge University Press

Hahn, Barbara (2022): »Rahel Varnhagen: The Life of a Jewess – oder: Lebensgeschichte einer deutschen Jüdin aus der Romantik«, in: Wolfgang Heuer und Stefanie Rosenmüller (Hrsg.): *Arendt Handbuch. Leben – Werk – Wirkung* (2., aktualisierte und erweiterte Auflage). Stuttgart: J. B. Metzler Verlag, S. 28–30

Heese, Thorsten (2014): »Felix Nussbaum und der gemalte Holocaust. Biografie – Sammlung – museale Vermittlung«, in: Claudia Müller, Patrick Ostermann und Karl-Siegbert Rehberg (Hrsg.): *Die Shoah in Geschichte und Erinnerung. Perspektiven medialer Vermittlung in Italien und Deutschland*. Bielefeld: transcript Verlag, S. 225–244

Heimsath, Katja (2013): *»Trotz allem glaube ich an das Gute im Menschen«.*

Das Tagebuch der Anne Frank und seine Rezeption in der Bundesrepublik Deutschland. Hamburg: Hamburg University Press/Verlag der Staats- und Universitätsbibliothek Hamburg Carl von Ossietzky

Herzl, Theodor (1896): *Der Judenstaat. Versuch einer modernen Lösung der Judenfrage*. Leipzig/Wien: Breitenstein

Heusen, Sarah van der (2008): »Mascha Kaléko und der Fontane-Preis. Ein Fallbeispiel«, in: *Berliner Hefte zur Geschichte des literarischen Lebens* 8/2008, S. 222–231

Hobbes, Thomas (1984 [1651]): *Leviathan oder Stoff, Form und Gewalt eines kirchlichen und bürgerlichen Staates* (herausgegeben und eingeleitet von Iring Fetscher). Frankfurt am Main: Suhrkamp Verlag

Holthusen, Hans E. (1965): »Hannah Arendt, Eichmann und die Kritiker«, in: *Vierteljahrshefte für Zeitgeschichte* 13 (2), S. 178–190

Holthusen, Hans Egon (1966): »Freiwillig zur SS«, in: *Merkur. Deutsche Zeitschrift für europäisches Denken*, Heft 223, S. 921–939, und Heft 224, S. 1037–1049

Jankélévitch, Vladimir (2004): *Das Verzeihen. Essays zur Moral und Kulturphilosophie*. Frankfurt am Main: Suhrkamp Verlag

Jaspers, Karl (1946): *Die Schuldfrage. Ein Beitrag zur deutschen Frage*. Heidelberg: Lambert Schneider Verlag

Jaspers, Karl (1965): »Für Völkermord gibt es keine Verjährung«, in: *Der SPIEGEL*, 11/1965 – Online: *Der SPIEGEL* vom 9.3.1965, https://www.spiegel.de/politik/fuer-voelkermord-gibt-es-keine-verjaehrung-a-f0f3ba98-0002-0001-0000-000025803766

Jay, Martin (1997): »1920 The Free Jewish School Is Founded in Frankfurt am Main Under the Leadership of Franz Rosenzweig«, in: Sander L. Gilman und Jack Zipes (Hrsg.): *Yale Companion to Jewish Writing and Thought in German Culture, 1096–1996*. New Haven/London: Yale University Press, S. 395–400

Judt, Tony (2010): *Postwar: A History of Europe Since 1945*. London: Vintage

Jünger, David (2015): »An Bord des Lebens. Die Schiffspassage deutscher Juden nach Palästina 1933 bis 1938 als Übergangserfahrung zwischen Raum und Zeit«, in: *Mobile Culture Studies. The Journal* 1/2015: 147–163

Kafka, Franz (1992 [1917]): »Das dritte Oktavheft – 4. Dezember 1917«, in: ders.: *Kritische Ausgabe. Nachgelassene Schriften und Fragmente II*. Frankfurt am Main: S. Fischer Verlag

Kaléko, Mascha (2012): *Sämtliche Werke und Briefe in vier Bänden*. München: Deutscher Taschenbuch-Verlag

Kaléko, Mascha (2017 [1956]): »Deutschland, ein Kindermärchen«, in: dies.: *Verse für Zeitgenossen*, München: Deutscher Taschenbuch-Verlag

Karstein, Uta/Zahner, Nina Tessa (Hrsg.) (2017): *Autonomie der Kunst? Zur Aktualität eines gesellschaftlichen Leitbildes.* Wiesbaden: Springer VS

Kassow, Samuel D. (2010): *Ringelblums Vermächtnis. Das geheime Archiv des Warschauer Ghettos*. Reinbek: Rowohlt Verlag

Katz, Jacob (1982 [1935]): *Zur Assimilation und Emanzipation der Juden. Ausgewählte Schriften.* Darmstadt: Wissenschaftliche Buchgesellschaft

Katz, Jacob (1986): *Aus dem Ghetto in die bürgerliche Gesellschaft. Jüdische Emanzipation 1770–1870.* Frankfurt am Main: Jüdischer Verlag bei Athenäum

Kaumkötter, Jürgen Joseph (2023): *Felix Nussbaum und die Holocaust-Kunst. Das Selbstbildnis mit Judenpass.* Göttingen: Wallstein Verlag

Kertész, Imre (1996): *Roman eines Schicksallosen*. Berlin: Rowohlt Verlag

Kiani, Shida (2013): Wiedererfindung der Nation nach dem Nationalsozialismus? Konfliktlinien und Positionen in der westdeutschen Nachkriegspolitik. Wiesbaden: Springer VS

Kleveman, Lutz C. (2017): *Lemberg. Die vergessene Mitte Europas*, Berlin: Aufbau Verlag, S. 54–57

Klüger, Ruth (2012): »Heimweh nach dem Kurfürstendamm. Eine Dichterin kommt nach Hause: Erstmals erscheinen die gesammelten Werke von Mascha Kaléko mit vielen unbekannten Briefen«, in: *Die WELT* vom 6.10.2012

Knott, Marie Luise (2009): »Abstrakter Expressionismus, die documenta II und das Ende des Kalten Kunstkriegs«, in: Michaela Ott und Harald Strauß (Hrsg.): *Ästhetik + Politik. Neuaufteilungen des Sinnlichen in der Kunst.* Schriftenreihe der HFBK Hamburg. Hamburg: Textem Verlag – http://marie-luise-knott.net/Texte/abstrakter-expressionismus

Knott, Marie Luise (Hrsg.) (2010): *Hannah Arendt / Gershom Scholem. Der Briefwechsel.* Unter Mitarbeit von David Heredia. Berlin: Jüdischer Verlag im Suhrkamp Verlag

Koenen, Gerd (2019): »Mythen des 19., 20. und 21. Jahrhunderts«, in: Christian Heilbronn, Doron Rabinovici und Natan Sznaider (Hrsg.): *Neuer Antisemitismus? Fortsetzung einer globalen Debatte.* Berlin: Suhrkamp Verlag, S. 92–127

Köhler, Lotte (Hrsg.) (1996): *Hannah Arendt – Heinrich Blücher, Briefe 1936–1968.* München/Zürich: Piper Verlag

Köhler, Lotte/Saner, Hans (Hrsg.) (1985): *Hannah Arendt und Karl Jaspers, Briefwechsel 1926–1969.* München/Zürich: Piper Verlag

Kracauer, Siegfried (1990): »Die Photographie«, in: ders.: *Schriften 5/2. Aufsätze 1927–1931* (herausgegeben von Inka Mülder-Bach). Frankfurt am Main: Suhrkamp Verlag, S. 83–97

Krall, Hanna (1979): *Dem Herrgott zuvorkommen. Ein Tatsachenbericht.* Berlin: Verlag Volk und Welt

Kraushaar, Wolfgang (1998): *Frankfurter Schule und Studentenbewegung. Von der Flaschenpost zum Molotowcocktail. 1946 bis 1995.* Band 1: *Chronik.* Hamburg: Rogner & Bernhard bei Zweitausendeins

Krieger, Verena (2010): »›At war with the obvious‹ – Kulturen der Ambiguität: Historische, psychologische und ästhetische Dimensionen des Mehrdeutigen«, in: Verena Krieger und Rachel Mader (Hrsg.) (2010): *Ambiguität in der Kunst. Typen und Funktionen eines ästhetischen Paradigmas.* Köln/Weimar/Wien: Böhlau Verlag, S. 13–49

Krone, Kerstin von der (2015): »Verein für Cultur und Wissenschaft der Juden«, in: Dan Diner (Hrsg.): *Enzyklopädie jüdischer Geschichte und Kultur (EJGK).* Band 6: *Ta–Z.* Stuttgart/Weimar: Metzler Verlag, S. 256–259

Kühne, Jan (2015): »›Deutschlands besseres Selbst‹? Nathan der Weise in Israel«, in: Dirk Niefanger, Gunnar Och und Birka Siwczyk (Hrsg.): *Lessing und das Judentum. Lektüren, Dialoge, Kontroversen im 18. und 19. Jahrhundert* (Kamenzer Lessing-Studien, 1). Hildesheim: Olms, S. 431–456

Kupferberg, Yael (2022): *Zum Bilderverbot. Studien zum Judentum im späten Werk Max Horkheimers.* Göttingen: Wallstein Verlag

LaCapra, Dominick (2014): *Writing History, Writing Trauma.* Baltimore: Johns Hopkins University Press

Leitgeb, Hanna (1994): *Der ausgezeichnete Autor. Städtische Literaturpreise und Kulturpolitik in Deutschland 1926–1971.* Berlin/New York: de Gruyter

Lenk, Wolfgang (2005): »Die erste postkoloniale documenta«, in: Michael Glasmeier und Karin Stengel (Hrsg.): *50 Jahre / Years documenta 1955–2005.* Kunsthalle Fridericianum Kassel, 1. September – 20. November 2005 (Texte deutsch und englisch). Teil: *Archive in motion.* Göttingen: Steidl Verlag, S. 375–387

Lessing, Gotthold Ephraim (1778): *Eine Parabel: Nebst einer kleinen Bitte, und einem eventualen Absagungsschreiben an den Herrn Pastor Goeze, in Hamburg.* Braunschweig: Buchhandlung des Fürstl. Waisenhauses

Lessing, Gotthold Ephraim (2000 [1779]): *Nathan der Weise. Ein Dramatisches Gedicht, in fünf Aufzügen.* München: Deutscher Taschenbuch-Verlag [1779 – Berlin: Voß]

Levi, Primo (1994): *Ist das ein Mensch? Ein autobiographischer Bericht.* München: Deutscher Taschenbuch-Verlag

Leys, Ruth (2000): *Trauma: A Genealogy.* Chicago/London: University of Chicago Press

Lubetkin, Zivia (1949): *Die letzten Tage des Warschauer Ghettos.* Berlin: VNN Verlag

Lüthy, Michael (1997): »Die innere Galeere der Freiheit. Zu einigen Motiven in Arnold Gehlens ›Zeit-Bildern‹«, in: *Neue Zürcher Zeitung*, Nr. 159 vom 12./13.7.1997, S. 66

Mann, Klaus (1956): *Mephisto. Roman einer Karriere*. Berlin: Aufbau Verlag [1980 – Reinbek: Rowohlt Verlag]

Mann, Klaus (2006): *Der Wendepunkt. Ein Lebensbericht. Mit unbekannten Texten aus dem Nachlass*. Reinbek: Rowohlt Taschenbuch-Verlag

Mann, Thomas (1929): »Rede über Lessing«, in: *Neue Schweizer Rundschau/ Nouvelle Revue Suisse* 22 (2): 89–102 – http://doi.org/105169/seals-759759

Mayer, Hans (2016): *Außenseiter*. Berlin: Suhrkamp Verlag

McCarthy, Mary (2018): »Abschied von Hannah (1906–1975)«, in: Matthias Bormuth (Hrsg.): *Hannah Arendt. Freundschaft in finsteren Zeiten. Gedanken zu Lessing*. Berlin: Matthes & Seitz, S. 89–102

Mendel, Meron (2023): *Über Israel reden. Eine deutsche Debatte*. Köln: Kiepenheuer & Witsch Verlag

Mendes-Flohr, Paul (2017): »Freies Jüdisches Lehrhaus«, in: *Enzyklopädie jüdischer Geschichte und Kultur Online*. Im Auftrag der Sächsischen Akademie der Wissenschaften zu Leipzig herausgegeben von Dan Diner. Leiden: Brill – https://referenceworks.brillonline.com/entries/enzyklopaedie-juedischer-geschichte-und-kultur/freies-juedisches-lehrhaus-COM_0239?lang=de

Meyer, Julia (2018): *»Zwei Seelen wohnen, ach, in mir zur Miete«. Inszenierungen von Autorschaft im Werk Mascha Kalékos*. Dresden: Thelem Universitätsverlag

Meyer, Thomas (2023): *Hannah Arendt. Die Biografie*. München: Piper Verlag

Michaelis-König, Andree (2023): *Das Versprechen der Freundschaft. Politik und ästhetische Praxis jüdisch-nichtjüdischer Freundschaften in der deutschsprachigen Literaturgeschichte seit der Aufklärung*. Heidelberg: Universitätsverlag Winter

Mick, Christoph (2003): »Ethnische Gewalt und Pogrome in Lemberg 1914 und 1941«, in: *Osteuropa. Zeitschrift für Gegenwartsfragen des Ostens* 53 (11), S. 1810–1829

Mitscherlich, Alexander/Mitscherlich Margarete (1967): *Die Unfähigkeit zu trauern. Grundlagen kollektiven Verhaltens.* München: Piper Verlag

Mommsen, Theodor (2023 [1880]): »Brief an die Nationalzeitung (November 1880)«, in: Nicolas Berg (Hrsg.): *Der Berliner Antisemitismusstreit. Eine Textsammlung von Walter Boehlich*. Berlin: Suhrkamp/Jüdischer Verlag, S. 378–379

Mommsen, Theodor (2023 [1880]): »Auch ein Wort über unser Judenthum (Dezember 1880)«, in: Nicolas Berg (Hrsg.): *Der Berliner Antisemitismusstreit. Eine Textsammlung von Walter Boehlich*. Berlin: Suhrkamp/Jüdischer Verlag, S. 382–404

Moruzzi, Norma Claire (2000): *Speaking Through the Mask: Hannah Arendt and the Politics of Social Identity.* Ithaca, NY/London: Cornell University Press

Mosse, George L. (1992): *Jüdische Intellektuelle in Deutschland. Zwischen Religion und Nationalismus.* Frankfurt am Main/New York: Campus Verlag

Mufti, Aamir R. (2010): »Jewishness as Minority: Postcolonial Perspectives on the Limits of Enlightenment«, in: *Lessing Yearbook* 2010/39: 25–36

Neau, Patrice (2012): »Abstraktion. Weltsprache oder Ausdruck der ›dekadenten westlichen Moderne‹«?, in: *ILCEA. Revue de l'Institut des langues et cultures d'Europe, Amérique, Afrique, Asie et Australie 16/2012* – https://journals.openedition.org/ilcea/1489

Nicolaysen, Rainer (2015): »Auf schmalem Grat. Thomas Manns Hamburg-Besuch im Juni 1953«, in: *Zeitschrift des Vereins für Hamburgische Geschichte* 101/2015: 115–161

Overath, Angelika/Kermani, Navid/Schindel, Robert (2003): *Toleranz. Drei Lesarten zu Lessings »Märchen vom Ring« im Jahre 2003.* Göttingen: Wallstein Verlag

Paier, Dietmar (1996): »Einleitung«, in: Else Frenkel-Brunswik: *Studien zur autoritären Persönlichkeit. Ausgewählte Schriften* (herausgegeben und eingeleitet von Dietmar Paier). Graz/Wien: Nausner und Nausner Verlag, S. 7–69

Perels, Joachim (2000): »Verteidigung der Erinnerung im Angesicht ihrer Zerstörung – Theodor W. Adorno«, in: Michael Buckmiller, Dietrich Heimann und Joachim Perels (Hrsg.): *Judentum und politische Existenz. Siebzehn Porträts deutsch-jüdischer Intellektueller*. Hannover: Offizin Verlag, S. 271–291

Petuchowski, Jacob J. (1968): »The Concept of ›Teshuva‹ in the Bible and Talmud«, in: *Judaism* 17/1968: 175–185

Pinsker, Leo (1882): *Autoemanzipation: Mahnruf an seine Stammesgenossen*. Berlin: Commissions-Verlag von W. Issleib G. Schur

Pinsker, Shachar M. (2018): *A Rich Brew: How Cafés Created Modern Jewish Culture*. New York: New York University Press

Rawls, John (1979): *Eine Theorie der Gerechtigkeit*. Frankfurt am Main: Suhrkamp Verlag

Rebentisch, Juliane (2022): *Der Streit um Pluralität. Auseinandersetzungen mit Hannah Arendt.* Berlin: Suhrkamp Verlag

Regnier, Anatol (2022): *Jeder schreibt für sich allein. Schriftsteller im Nationalsozialismus*. München: C.H.Beck Verlag

Reich-Ranicki, Marcel (2000): *Mein Leben*. München: Deutscher Taschenbuch-Verlag

Rischbieter, Henning (1983): »Nathan – als Märchen. Lessings ›Nathan der Weise‹ am Deutschen Theater in Berlin, September 1945«, in: *Theater heute* 24 (3), S. 24–29

Ronell, Avital (2016): »Hannah Arendt Swallows the Lessing-Prize«, in: *MLN – Comparative Literature Issue: The Bestowal: What is a Prize?* 131 (5): 1164–1180

Rosenkranz, Jutta (2007): *Mascha Kaléko. Biografie*. München: Deutscher Taschenbuch-Verlag

Rosenkranz, Jutta (Hrsg.) (2012): *Mascha Kaléko. Sämtliche Werke und Briefe*. München: Deutscher Taschenbuch-Verlag

Rosenzweig, Franz (1984): »Lessings Nathan [1919]«, in: ders.: *Zweistromland. Kleinere Schriften zu Glauben und Denken* (herausgegeben von Reinhold und Annemarie Mayer). Dordrecht: Nijhoff, S. 449–455

Roskies, David G. (1999): *Against the Apocalypse: Responses to Catastrophe in Modern Jewish Culture*. Syracuse, N. Y.: Syracuse University Press

Sarna, Nahum M. (2007): »Psalms, Book of«, in: Michael Berenbaum und Fred Skolnik (Hrsg.): *Encyclopaedia Judaica*. Band 16: *Pes-Qu*, 2. Auflage. Detroit: Macmillan Reference USA/Keter Publishing House, S. 663–675

Sauter, Inka (2021): »›Ein modernes Verdeutschungs-Unternehmen‹. Über die historische Semantik der Buber-Rosenzweig-Bibel«, in: *Naharaim. Journal of German-Jewish Literature and Cultural History* (*Zeitschrift für deutsch-jüdische Literatur und Kulturgeschichte*) 15 (2): 243–267

Schädlich, Hans Joachim (2018): *Felix und Felka*. Reinbek: Rowohlt Verlag

Schaevers, Mark (2016): *Orgelmann. Felix Nussbaum – ein Malerleben*. Berlin: Galiani Berlin

Schlör, Joachim (2015): »Die Schiffsreise als Übergangserfahrung in Migrationsprozessen«, in: *Mobile Culture Studies. The Journal* 1/2015: 9–22

Schmiesing, Ann (2005): »Lessing and the Third Reich«, in: Barbara Fischer und Thomas C. Fox (Hrsg.): *A Companion to the Works of Gotthold Ephraim Lessing.* Rochester, NY: Camden House, S. 261–282

Scholem, Gershom (1966): »Juden und Deutsche«, in: *Neue Rundschau* 77 (4), S. 547–562

Scholem, Gershom (1992): *Sabbatai Zwi. Der mystische Messias*. Frankfurt am Main: Jüdischer Verlag

Scholem, Gershom (1995): »Wider den Mythos vom deutsch-jüdischen

Gespräch«, in: ders.: *Judaica* 2. Frankfurt am Main: Suhrkamp Verlag, S. 7–11
Schorsch, Ismar (1985): »Art as Social History: Moritz Oppenheim and the German Jewish Vision of Emancipation«, in: Isadore Twersky (Hrsg.): *Danzig, Between East and West: Aspects of Modern Jewish History.* Cambridge, MA: Harvard University Press, S. 141–172
Schulte, Christoph (2002): *Die jüdische Aufklärung. Philosophie, Religion, Geschichte*. München: C.H.Beck Verlag
Serendipities. Journal for Sociology and History of the Social Sciences (2022): *Authoritarianism, Ambivalence, Ambiguity. The Life and Work of Else Frenkel-Brunswik*. (Sonderheft), 7 (1–2)
Shoham, Chaim (1980): »›Nathan der Weise‹ unter Seinesgleichen. Zur Rezeption Lessings in der hebräischen Literatur des 19. Jahrhunderts in Osteuropa«, in: *Lessing Yearbook* 1980/12, S. 1–30 [Shoham, Chaim (1981): *Natan hehakham bēn bni mino / Nathan der Weise Among His Own.* Tel Aviv: Eked Publishing House]
Simmel, Ernst (Hrsg.) (1946): *Anti-Semitism: A Social Disease*. New York: International University Press (deutsch 1993: *Antisemitismus*. Frankfurt am Main: Fischer Taschenbuch-Verlag)
Simon, Ernst (1929): »Lessing und die jüdische Geschichte«, in: *Jüdische Rundschau* 34 (1929), Nr. 6, S. 35
Slezkine, Yuri (2006): *Das jüdische Jahrhundert*. Göttingen: Vandenhoeck & Ruprecht
Sommerfeld, Adolf (1932): *Das Ghetto von Berlin. Aus dem Scheunenviertel* (Kriminalroman). Berlin-Lichterfelde-Süd: Continent Ed.
Spangenberg, Eberhard (1986): *Karriere eines Romans. Mephisto, Klaus Mann und Gustaf Gründgens. Ein dokumentarischer Bericht aus Deutschland und dem Exil 1925–1981*. Reinbek: Rowohlt Verlag
Sparr, Thomas (2018): »›Heimat – du wievielte?‹ Mascha Kaléko in Jerusalem«, in: ders.: *Grunewald im Orient. Das deutsch-jüdische Jerusalem*. Berlin: Berenberg Verlag, S. 147–153
Der SPIEGEL (1981): Titelbild – »Mephisto. Die Gründgens-Legende«. Nr. 40/1981 vom 28.9.1981
Der SPIEGEL GESCHICHTE (2019): »Jüdisches Leben in Deutschland. Die unbekannte Welt nebenan«. Nr. 4/2019 vom 29.7.2019
Sprung, Helga (2002): »Else Frenkel-Brunswik. Wanderin zwischen der Psychologie, Psychoanalyse und dem Logischen Empirismus«, in: Sibylle Volkmann-Raue und Helmut E. Lück (Hrsg.): *Bedeutende Psychologinnen – Biographien und Schriften*. Weinheim/Basel: Beltz Verlag, S. 250–265

Stiftung Archiv der Akademie der Künste (Hrsg.) (1997): *»... und die Vergangenheit sitzt immer mit am Tisch«. Dokumente zur Geschichte der Akademie der Künste (West). 1945/1954–1993* (ausgewählt und kommentiert von Christine Fischer-Defoy). Berlin: Henschel Verlag

Sznaider, Natan (2008): *Gedächtnisraum Europa. Die Visionen des europäischen Kosmopolitismus. Eine jüdische Perspektive*. Bielefeld: transcript Verlag

Sznaider, Natan (2017): *Gesellschaften in Israel. Eine Einführung in zehn Bildern*. Berlin: Suhrkamp Verlag

Sznaider, Natan (2020): »Wir Juden und Ihr Deutsche. Arendt, Sternberger und das jüdisch-deutsche Gespräch«, in: Matthias Bormuth (Hrsg.): *Offener Horizont. Jahrbuch der Karl Jaspers-Gesellschaft* 6/2019. Göttingen: Wallstein Verlag, S. 481–489

Sznaider, Natan (2021): »Zivia Lubetkin und Hannah Arendt. Die Beschreibungen des Holocaust in Israel«, in: Christian Wiese, Stefan Vogt, Doron Kiesel und Gury Schneider-Ludorff (Hrsg.): *Die Zukunft der Erinnerung. Perspektiven des Gedenkens an die Verbrechen des Nationalsozialismus und die Shoah*. Oldenbourg: de Gruyter, S. 157–175

Sznaider, Natan (2022): *Fluchtpunkte der Erinnerung. Über die Gegenwart von Holocaust und Kolonialismus.* München: Hanser

Sznaider, Natan (2023a): »Das Trauma der Versöhnung«, in: Esther Gardei, Hans-Georg Soeffner und Benno Zabel (Hrsg.): *Vergangenheitskonstruktionen. Erinnerungspolitik im Zeichen der Ambiguitätstoleranz.* Göttingen: Wallstein Verlag, S. 301–314

Sznaider, Natan (2023b): »Ambiguitätstoleranz auf dem Prüfstand: documenta fifteen und die jüdische Frage«, in: Martin Köttering und Sabine Boshamer (Hrsg.): *Kontroverse documenta fifteen. Hintergründe, Einordnungen und Analysen.* (Hochschule für bildende Künste, Hamburg). Hamburg: material-Verlag, S. 14–29

Szodrzynski, Joachim (2013): »Kulturhochburg Hamburg? Skizze einer unverhofften Chance«, in: Forschungsstelle für Zeitgeschichte in Hamburg (Hrsg.): *Zeitgeschichte in Hamburg 2012*. Freiburg: Freiburger Graphische Betriebe (Druck und Bindung), S. 13–26

Ullrich, Wolfgang (2022): *Die Kunst nach dem Ende ihrer Autonomie*, Berlin: Klaus Wagenbach Verlag

Ury, Scott (2011): »Autoemancipation«, in: Dan Diner (Hrsg.): *Enzyklopädie jüdischer Geschichte und Kultur (EJGK)*. Band 1: *A–Cl*. Stuttgart/Weimar: Metzler Verlag, S. 209–213

von Treitschke, Heinrich (2023 [1879]): »Unsere Aussichten (November 1879)«, in: Nicolas Berg (Hrsg.): *Der Berliner Antisemitismusstreit. Eine*

Textsammlung von Walter Boehlich. Berlin: Suhrkamp/Jüdischer Verlag, S. 61–74

Voss, Julia (2021a): »How documenta 1955 Almost Never Happened. The History of Events Leading to the Most Successful German Art Exhibition and How It Came About«, in: Raphael Gross et al./Deutsches Historisches Museum (Hrsg.): *documenta. Politik und Kunst*. München/London/New York: Prestel Verlag, S. 36–45

Voss, Julia (2021b): »The Werner Haftmann Model. How documenta Became a Platform for the Politics of Memory«, in: Raphael Gross et al./ Deutsches Historisches Museum (Hrsg.): *documenta. Politik und Kunst*. München/London/New York: Prestel Verlag, S. 68–76

Weber, Ulrich (2020): *Friedrich Dürrenmatt. Eine Biographie*. Zürich: Diogenes

Wegehaupt, Phillip (2011): »Pogrom im Scheunenviertel (1923)«, in: Wolfgang Benz (Hrsg.): *Handbuch des Antisemitismus. Judenfeindschaft in Geschichte und Gegenwart*, Band 4: *Ereignisse, Dekrete, Kontroversen*. Berlin/ Boston: de Gruyter/Saur, S. 299–300

Wegner, Matthias (1999): »Kunst als Religion. Der Hamburger Kultursenator Hans Harder Biermann-Ratjen«, in: Ludwig Fischer, Klaas Jarchow, Horst Ohde und Hans-Gerd Winter (Hrsg.): *»Dann waren die Sieger da«. Studien zur literarischen Kultur in Hamburg 1945–1950*. Hamburg: Dölling und Galitz Verlag, S. 193–206

Weissberg, Liliane (2007): »Humanity and Its Limits: Hannah Arendt Reads Lessing«, in: Richard E. Schade and Dieter Sevin (Hrsg.): *Practicing Progress: The Promise and Limitations of Enlightenment. Festschrift for John A. McCarthy*. Amsterdam/New York: Rodopi B. V., S. 187–198

WELT am Sonntag (2019): Kritik an »Spiegel« – Cover. Zentralrat: Darstellung befördert Vorurteile, 4.8.2019, S. 30 – https://www.welt.de/wirtschaft/article197896763/Spiegel-Geschichte-Kritik-am-Cover-Klischeevorstellungen-von-Juden-bedient.html

Weltsch, Robert (1929): »Zum 200. Geburtstag von G. E. Lessing«, in: *Jüdische Rundschau* 34 (1929), Nr. 6, S. 35

Wetzel, Juliane (2011): »1959 als ›Rückfall‹? Die neue Antisemitismuswelle«, in: Matthias N. Lorenz und Maurizio Pirro (Hrsg.): *Wendejahr 1959? Die literarische Inszenierung von Kontinuitäten und Brüchen in gesellschaftlichen und kulturellen Kontexten der 1950er Jahre*. Bielefeld: Aisthesis Verlag, S. 77–92

Wilde, Oscar (1986 [1890]): *Das Bildnis des Dorian Gray*. München: Deutscher Taschenbuch-Verlag

Winkler, Willi (2019): *Das braune Netz. Wie die Bundesrepublik von früheren Nazis zum Erfolg geführt wurde.* Berlin: Rowohlt Verlag

Winkler, Willi (2022): »Gegen den Schlussstrich. Kann die Schuld von NS-Verbrechern verjähren? Die Frage beantwortete die Philosophin Hannah Arendt 1965 eindeutig – in diesem bislang unveröffentlichten Brief«, in: *Süddeutsche Zeitung* vom 31. Mai 2022

Yerushalmi, Yosef Hayim (1997): »Exile and Expulsion in Jewish History«, in: Benjamin Gampel (Hrsg.): *Crisis and Creativity in the Sephardic World. 1391–1648*. New York: Columbia University Press, S. 3–22

Zadek, Peter (1985): »Aufführen!«, Leserbrief, in: *Die ZEIT*, 13. September 1985 [auch in: Heiner Lichtenstein (1986) (Hrsg.): *Die Fassbinder-Kontroverse oder Das Ende der Schonzeit*. Königstein/Ts.: Athenäum, S. 65–66]

Zipperstein, Steven J. (2019): *Pogrom: Kishinev and the Tilt of History*. New York/London: Liveright Publishing

Zoch-Westphal, Gisela (1987): *Aus den sechs Leben der Mascha Kaléko. Biographische Skizzen, ein Tagebuch und Briefe*. Berlin: arani Verlag

Zweig, Arnold (1988 [1920]): *Das ostjüdische Antlitz.* Mit Zeichnungen von Hermann Struck. Wiesbaden: Fourier Verlag

BILDNACHWEIS

akg-images: S. 35 und 162

© SLUB/Deutsche Fotothek: S. 89 (Foto: Fritz Eschen, 1947), 92 (Foto: Abraham Pisarek, 1945)

© mpk: S. 173

SPIEGEL GESCHICHTE, Sonderheft 4/2019, Titelbild: S. 13